● 广东省教育厅广东教育教学成果奖（高等教育）培育项目“高职专业教育与创业教育深度融合人才培养模式研究”

● 广州市教育科学“十二五”规划课题“基于学生能力培养的高职院校多维度的人才培养质量评估系统”

高职院校
创新创业教育研究

GAOZHI YUANXIAO

CHUANGXIN CHUANGYE JIAOYU YANJIU

范琳 著

中国出版集团

世界图书出版公司

广州·上海·西安·北京

图书在版编目（CIP）数据

高职院校创新创业教育研究 / 范琳著. —广州：世界图书出版广东有限公司，2016.6
ISBN 978-7-5192-1661-0

Ⅰ. ①高… Ⅱ. ①范… Ⅲ. ①职业选择—教学研究—高等职业教育 Ⅳ. ①G718.5

中国版本图书馆CIP数据核字（2016）第174874号

高职院校创新创业教育研究

责任编辑：魏志华
出版发行：世界图书出版广东有限公司
（广州市新港西路大江冲25号 邮编：510300）
电 话：（020）84451969 84453623 84184026 84459579
http://www.gdst.com.cn E-mail：pub@gdst.com.cn
经 销：各地新华书店
印 刷：广州市德佳彩色印刷有限公司
版 次：2016年6月第1版
印 次：2016年6月第1次印刷
开 本：787mm × 1 092mm 1/16
字 数：320千
印 张：15.75
ISBN 978-7-5192-1661-0/G · 2122
定 价：48.00元

咨询、投稿：020-34201910 weilai21@126.com

内容提要

在知识经济时代，高等职业教育的主要任务是为社会培养所需的高素质、应用型、创新型人才。创新创业已成为一个全球性的话题，各国政府都开始逐渐认识到了创新创业的重要性。在当下的中国，经济发展速度放缓，大学生就业困难加剧，使得我国政府和各大高校都特别积极地倡导大学生自主创新创业和创新创业人才的培养。高职院校越来越重视创新创业人才的培养，力推创业教育的开展，培养学生的创新创业意识和创新创业能力，提高学生的综合素质，促进更多的学生走上自主创新创业的道路。而如何构建和优化高职院校创新创业人才培养教育，以培养出大量的创新创业人才就显得尤为重要。结合知识经济时代对高职人才的素质要求和国内外高职人才培养模式的比较研究，依据人才培养模式的构建原理，从高职创新创业教育认识论基础、高职创新创业人才培养目标的定位、高职创新创业人才培养的策略、创新创业教育多层次课程体系构建、创新创业多元化师资队伍建设、创新创业教学质量监控系统的构建、创新创业教育实践体系建设、创新创业教育人才培养质量评估、高职院校的协同创新几个方面，来研究高职创新创业教育，对我国高职创新创业人才培养教育有一定的参考价值。

前言

“十二五”期间，高职院校学生毕业的就业问题日显突出，高校毕业生就业形势更加严峻，引发了高职院校创新创业教育的重大变革。2012年6月，教育部颁发《国家教育事业发展第十二个五年规划》，对我国高职教育人才培养方向进行了新的定位：“要不断完善中等和高等职业学校的布局结构，明确中等和高等职业学校的办学定位，在各自层面上办出特色，不断提高人才培养质量。”同时指出推进高等学校创新创业教育和大学生自主创业工作，是贯彻落实党的十七大提出的“提高自主创新能力，建设创新型国家”和“以创业带动就业”发展战略的重大举措。创新创业教育要面向全体学生、结合专业教育、融入人才培养全过程。要以转变教育思想、更新教育观念为先导，以提升学生的社会责任感、创新精神、创业意识和创业能力为核心，以改革人才培养模式和课程体系为重点，不断提高高职院校人才培养质量。

如今国家正在进行教育事业发展第“十三五”规划的编制时期，国务院办公厅2015年下发了《关于深化高等学校创新创业教育改革的实施意见》（国办发［2015］36号），同时教育部也印发了关于《高等职业教育创新发展行动计划（2015—2018年）》（教职成[2015] 9号）的通知，对高职教育的发展目标给出了明确的定位，高职院校的创新创业人才培养的目标越来越明确。

在这种情况下，对我国高职院校创新创业教育的情况进行研究总结，对于提高高职院校人才培养的质量具有重要的意义。

1. 增强高职院校毕业生的竞争能力。对高职开展创新创业教育研究，总结高职创新创业教育人才培养的模式，从而更好地培养学生的创新能力、创造能力以及创业能力，进而增强学生在社会中的竞争能力。

2. 扩大高职毕业生的就业路径。研究高职的创新创业教育，总结高职在自主创业、扩大毕业生就业的路径上，如何把对高职学生的创新创业能力培养放在首位，对创业教育与专业教育进行深度融合，在提高学生自身素质的过程中培养学生的创新创业能力，从而有效地解决高职毕业生的就业问题。

3. 提高高职院校持续的生存发展能力。高职院校人才培养必须适应人力、物力等资源协同创新的需求，在人才培养的过程中，要把创新创业教育融入高职的人才培养目标中，建立高职院校教学质量的监控体系和创新创业人才培养质量的评估系统，培养既具备专业知识和专业技能，又有创业精神和创业能力的高素质人才，才能更好应对日趋激烈的国际竞争，实现高职院校持续的生存与发展。

创新创业教育是一项可以复制的工程，在探索适合高职院校创新创业教育与专业教育深度融合人才培养模式的基础上，对高职院校创新创业人才培养教育进行全面的研究，找出能为高职院校所用、能为社会所用的创新创业教育方法，以期为高职院校创新创业人才培养提供更多的借鉴与指导，实现高职院校人才培养质量的提高，从而进一步推动我国教育事业的发展。

范　琳

2016年1月24日

目录
Contents

第一章　绪　论

第一节　时代背景

随着科技的进步和资讯时代的到来，世界经济发生了巨大变化。知识经济作为一种新的经济形态，开创了一个新的世界时代。在知识经济的社会里，创新创业是知识经济的灵魂。创新创业已成为一个全球性的话题，各国政府都开始逐渐认识到了创新创业的重要性。

知识经济时代，经济发展的原动力不再是大企业，而是转向更具适应性并能提供多元化服务的小企业，就业格局与职业结构正在快速变化以适应社会改革浪潮。激烈的社会竞争、严峻的就业压力促使高校亟需转变人才培养模式，以满足社会对优秀人才的需求缺口。高职院校的学生与普通高等院校的学生相比，其竞争力较弱，所以，在高职院校开展创新创业教育，已成为了高职院校改革发展的重要方向。创新创业教育作为一种新的教育理念，对我国高职院校的发展、缓解社会就业压力、对学生创造力的提升等方面都具有重要作用。

一、知识经济

所谓知识经济，世界经济合作与发展组织（OECD）将其定义为“以知识为基础的经济”，其基本特征是“以智力资源的占有、配置，以科学技术为主的知识生产、分配和使用为最重要因素的经济”。

知识经济也称智力经济，它的发展主要取决于智力资源的占有和配置。它不再以劳力、土地、资源和资本作为生产的主要因素，而是以知识创新、积累和应用作为生产的主要因素。因此，发展知识经济的根本是对人力资源的开发，是对人的智慧的开发。

知识经济理论形成于20世纪80年代初期。1983年，美国加州大学教授保罗·罗默提出了“新经济增长理论”，认为知识是一个重要的生产要素，它可以提高投资的收益。“新经济增长理论”的提出，标志着知识经济在理论上的初步形成。知识经济的特点表现为知识经济是促进人与自然协调、持续发展的经济，其指导思想是科学、合理、综合、高效地利用现有资源，同时开发尚未利用的资源来取代已经耗尽的稀缺自然资源；知识经济是以无形资产投入为主的经济，知识、智力、无形资产的投入起决定作用；知识经济是世界经济一体化条件下的经济，世界大市场是知识经济持续增长的主要因素之一；知识经济是以知识决策为导向的经济，科学决策的宏观调控作用在知识经济中有日渐增强的趋势。与依靠物资和资本等这样一些生产要素投入的经济增长相区别，现代经济的增长则越来越依赖于其中的知识含量的增长。知识在现代社会价值的创造中其功效已远远高于人、财、物这些传统的生产要素，成为所有创造价值要素中最基本的要素。知识经济的提法可以说正是针对知识在现代社会价值创造中的基础性作用而言的。

经济时代的划分重要的不是生产什么而是用什么生产，知识对现代经济增长的基础性作用，准确地反映了知识经济的现实。知识经济开启了继自然经济、工业经济在人类财富创造形式上的崭新时代。

二、高职发展背景

我国的高职教育从1980年建立职业大学到现在，已经经历了30多年的发展历程。1999年《中共中央国务院关于深化教育改革全面推进素质教育的决定》明确指出：高等教育要重视培养大学生的创造能力、实践能力和创业精神；2002年教育部及与会专家在“创业教育”试点工作中提出：创业教育是素质教育的一个重要方面；2005年我国又提出了建设创新型国家的战略；2006年1月，胡锦涛总书记在全国科技大会上指出“进一步深化科技改革，大力推进科技进步和创新，带动生产力质的飞跃，推动我国经济增长从资源依赖型转向创新驱动型，推动经济社会发展切实转入科技发展的轨道。这是摆在我们面前的一项刻不容缓的重大使命”。2006年底，全国共有高职高专院校1 147所，招生人数289万人，占普通高校招生数的53%；截至到2012年全国共有高职高专院校1 288所，招生人数1 000万人。这反映出我国社会经济发展对高等职业教育的强劲需求，这段时期已成为我国高等职业教育发展的重要机遇。伴随着高职院校的不断发展和壮大，高等职业教育已占到高等教育的“半壁江山”了。职业教育服务于社会经济的能力不断增强，但同时我们也看到了职业教育的发展与社会需求的吻合度还有一定的差距，我国高等职业教育培养的人才现状不容乐观。据资料统计：我国目前在生产一线的劳动者素质偏低和技能型人才紧缺的问题十分突出。现有技术工人只占全部工人的1/3左右，而且多数是初级工，技师、高级技师仅占4%。技能人才紧缺的问题十分突出。面对知识经济的形势，我国产业结构调整后对人才要求的进一步提高，这已成了我国高等职业教育面临的新课题。2010年5月教育部提出了：“高等学校要更新教育教学观念，将创业教育面向全体大学生，纳入教学诸渠道，结合专业教育，贯穿于人才培养全过程”，党中央、国务院实施扩大就业的发展战略，强调促进以创业带动就业。2014年12月，教育部又出台新政，鼓励扶持在校大学生开设网店等多种创业形态，允许在校学生休学创业。因而创新创业教育作为一种新的高等教育理念已经进入了职业教育中。

在当下的中国，经济发展速度放缓，大学生就业困难加剧，使得我国政府和各大高校都在特别积极地倡导大学生自主创新创业和创新创业人才的培养。近几年越来越多的高职学院开始重视创新创业人才的培养，力推创新创业教育的开展，以培养学生的创新创业意识和能力，提高学生的综合素质，促进更多的学生走上自主创业的道路。而如何构建和优化高职学院创新创业人才培养模式，以培养出大量的优秀创业人才就显得尤为重要。

（一）经济转型对大学生创新创业教育的需要

如今我们生存在一个以知识、信息和技术为基础，以创新创业为动力的知识经济时代。知识经济的兴起不仅仅要求新型的生产方式，还因为要求人要适应新型的生产方式，从而也对教育产生了深远的影响。所谓新型的生产方式，是指主要依靠无尽无休的“创新”驱动起来的生产，它与资源驱动相对。创新驱动和资源驱动来自于哈佛商学院教授迈克尔·波特的钻石理论，认为前者主要依赖于人力资本，后者主要依赖便宜劳动力和自然资源，因而是不可持续的。

在佛里茨·马赫卢普发表《美国的知识生产和分布》近40年和波特提出钻石理论6年后，我国在“九五”规划中第一次提出了“经济增长方式转变”。之前我国经济增长由于受到经济发展所处的特殊历史阶段和整体技术水平不高的制约，以增加投入生产要素和粗放型物质消耗的增长方式来实现。之后在十七大中明确提出了进一步转变我国国民经济发展方式的重要方针，即：国民经济发展方式由经济增长转变为经济发展方式。这也是第二次历史性经济发展方式的转变。以提高我国经济发展的质量为其主要目的所在，即实现速度、质量、效益的相互协调，投资、消费、出口的相互协调，人口、资源、环境互相协调，经济发展和社会发展互相协调，从而真正做到全面又好又快的发展，这要求在不断优化结构、提高效益、降低消耗、加强环境保护的基础上，实现科技的不断创新和进步。2011年党的十七届五中全会在《中共中央关于制定国民经济和社会发展第十二个五年规划的建议》中明确提出，要坚持把科技进步和创新作为加快转变经济发展方式的重要支撑。急切要求我们将自主创新摆在突显的地位，使其成为国家经济发展的内驱动力，加快推进科技进步，努力提高创新能力，同时加快调整经济结构，增强科学技术在社会经济发展过程中的功绩，顺利步入可持续发展的重要阶段。为加快转变经济发展方式提供重要支撑，这也是“十二五”期间，中国极为重要的战略决择。

随着社会的发展，社会对“经济发展方式转变”的重要性和迫切性逐渐达成共识：由于人口红利消失、老龄化社会渐近、资源枯竭等原因，资源驱动经济已经面临增长的极限，经济发展方式迫切要求从“资源驱动”阶段向“创新驱动”阶段转变。“资源驱动”重视的是劳动力、生产原材料、资金等要素，而“创新驱动”重视的是全体受教育者的创造力、创新精神与能力。实质就是从原来的对物质资源耗损增加的依赖向对先进的科学技术、全面提升劳动人员素质及创新管理现状依赖的转变。这一切的变化，首先离不开高等教育对知识创新和创新型人才的培育和造就，尤其离不开高水准、高质量的高职院校对国家整体自主创新的能力提高所给予的巨大支持，从而为实施我国科教兴国和人才强国战略奠定巩固的资源和科技根基。至“十二五规划纲要”出台，国家已经明确提出把“创新驱动”作为“转变经济发展方式”的主线。2007年国家将“经济增长方式转变”的提法调整为“经济发展方式转变”，意在强调经济发展的质量而不是速度。转变经济发展方式是我国国民经济迅猛发展的必经之路，同时提高自我创新能力是转变经济发展方式的关键环节。要求必须在转变经济发展方式、调整经济结构上努力，促进发展中深层次矛盾的解决，真正使自主创新成为经济社会又好又快发展的内在动力，同时迫切的把自主创新摆在极为突出的重要位置，加快提高现代科技进步对社会经济增长的贡献率。

创新驱动所要求的是人的创新创业才能。即：实现转变经济发展方式，实质就是原来的对物质资源耗损增加的依赖向对先进的科学技术、全面提升劳动人员素质及创新管理现状依赖的转变。但在自发秩序下，全社会创新创业才能的总存量同“转变经济发展方式”的需要相比，过于短缺了。在意识到这个问题之后，我国政府调整了高等教育政策，将注意力迅速从通过高等教育扩张积累人力资本，转移到对大学生开展“创新创业教育”上来，它有别于以往专门为培养创业者的精英式的传统创业教育，它更多是以一种大众化、广谱式来培养创新精神和能力为目的的创业教育。新概念常常蕴含着新理念，“创新创业教育”表达着一种与人的发展、与社会经济发展相适应的新理念，契合了知识经济的大潮，与时代精神和历史走向相吻合。“创新创业教育”正是在这种背景下应运而生的。

创新创业教育以提高人的创新创业素质为宗旨。在这方面它与素质教育是一致的，它是对当前国家发展战略在教育领域中的新响应。《创业教育在中国：试点与实践》研究报告从“学生培养”与“人才需求”的角度阐述了创业教育的重要意义，并认为“创业教育是一种新的教育观念，高校开展创业教育是知识经济时代培养学生创新精神和创造能力的需要，是社会和经济结构调整时期人才需求变化的需要”。在“2010全球创新型经济高层论坛”上，成思危指出创业教育不仅是促进经济发展方式转变，而且还是启动新一轮经济增长的动力。当今经济社会生活中的主力军已经是创新、创业和创造，国家要抓紧加强培育劳动者的创新与创业意识，勇于探索并推进创业教育。转变经济发展方式的经济发动机迫切需要人的创新创业才能，而这首先离不开高等教育对知识创新和创新型人才的培育和造就，尤其离不开高质量的高职院校对国家整体自主创新的能力提高所给予的巨大支持，从而为实施我国科教兴国和人才强国战略奠定巩固的资源和科技根基。这就自然要求高职院校教育进行相应的深化改革，以能够大规模地培养输出相应的人力资本，使创新创业教育成为高等教育创新的一个亮点，高等学校应不断提升对创新创业教育的认识，树立创新创业教育理念，将大学生的创新创业精神和能力培养作为高等学校人才培养的基本内容之一，进而形成适应本土创新驱动，并能促进人的实际发展的创新创业教育理论与实践体系，使更多大学生成为具有创新精神的知识劳动者、面向知识要素的创业者和通过创新创业活动实现自我全面发展的人。高等教育从来没有像今天这样和社会经济发展如此深刻地联系在一起，甚至通过人力资本积累过程成为社会经济发展的“发动机”。好的高等教育是能够不断调整自身去适应乃至引领未来的教育。但是，过往的高等教育实践证明，那种只追求大学的外在组织或管理形式的变化而不去探讨大学的内在精神的改革，往往流于失败。“十二五”时期国家对教育事业科学发展整体部署，令全国人民深深感受到国家对高等教育事业所寄托的殷切期望。它是中国高等教育改革发展的一个新的历史出发点，也是两个五年规划的交替点，更是实行十年教育规划纲要的起程点。由此可见，直接通过教育的自身发展可以很好的拉动经济发展，人力资本存量的增加，也可以影响经济发展的方式。如何培养受教育者的创新精神和创业能力是创新创业教育根本目标，它是一种新的教育理念和教育改革的实践。转变经济发展方式和大学生创新创业教育是政府、教育部门和全社会都非常重视的两个战略问题，它们关乎到国计民生和中国社会的可持续发展，是服务于创新型国家建设的重大战略举措。

（二）创新驱动对创新创业教育问题的提出

创新创业教育的提出，既有经济上外在的政策导向因素，也有教育自身服务于人成长成才的内在诉求。在知识经济条件下，二者相互促进的关系和作用日益凸显。高校创新创业教育既是在资源驱动向创新驱动转变的国家战略下提出与推进的，也是高等教育发展改革与人的发展，迫切的需要弘扬人的开拓精神、自主性和创造性，大规模培养具有“开创性的个人”。根据若干公认的前提成果，同率先迈入创新驱动的国家相比，我国大学生在创新创业上普遍存在着创新精神不够、创新能力偏低、创业意愿不足、实战能力较弱、生存型多社会型少、资源型多知识型少等问题。处于新旧经济发展方式转换的历史结点上，教育必须承担起它应有的历史责任，通过开展面向全体学生的公共创新创业教育，来大规模地复制和再生产创新创业精神与能力。诚然，教育部于2002年确定在清华大学、北京航空航天大学、中国人民大学等9所高校开展创业教育试点院校以来，创业教育已经得到一定地探索与积累，尤其是在2012年5月，教育部出台了《教育部关于大力推进高等学校创新创业教育和大学生自主创业工作的意见》，提出了“创新创业教育是适应经济社会和国家发展战略需要而产生的一种教学理念与模式”。但迄今为止，我们还鲜有看到专门针对如何适应创新驱动来开展创新创业教育的理论研究，使得创新创业教育的实践缺乏相应的理论支撑与指导。

因此，探究建设和开展适应转变经济发展方式的创新创业教育，必须对我国高校创新创业教育的现状，存在问题、影响因素及其成因、适应创新驱动的高校创新创业教育等问题有所思考，以期大力推进高等学校创新创业教育发展，提高大学生自主创业的能力。

三、研究意义

高职创新创业教育研究有其一定的理论意义和实践意义。

(一)理论意义

1. 为创新创业教育实践提供理论支撑

中国创业的第一次浪潮始于20世纪80年代，虽然很多人投入到创业队伍中，但这些创业者的创业行为大多是没有经过任何培训的自发行为，然而自发性行为带来的问题也十分明显。近年来，我国的创业活动十分活跃，创业已是一种发展趋势，对创业进行规范系统学习与培训的创业教育越来越受到重视，创业教育已被纳入高职院校作为长远发展的一种战略。创业教育需要扎根于理论支撑的土壤，才能焕发生命力。目前，对创业教育进行有针对性的研究十分有限，还没有形成研究体系。所以，针对目前在创业教育的实施运行过程中遇到的一系列问题进行提炼升华，加强对创业教育的理论研究，对创业教育整个体系进行科学探索，为创新创业教育的实践提供重要的理论支撑，是推动高职院校持续创业教育深化发展的必由之路。

2. 为持续创新创业教育搭建理论架构

合理的创业教育体系架构能够指导教学工作的科学安排、管理工作的积极协调，实践环节的合理开展，以及建立与之相对应的科学完善的创业教育评价体系及公共服务体系等一系列的问题，这是一项复杂的工程，需要很长的研究时间才可以完成的。通过对目前正在开展的相关创业教育活动、创新创业教学课程、创业教育实践操作环节等研究，不断地深化总结，强化理论性研究，能够提炼出相对科学、合理、完整的创业教育体系架构，为创业教育的全面开展提供有力的理论体系依据，使创业教育能够积极稳妥地推进下去。

3. 为创新创业教育的实施提供操作指导

目前各大高职院校开展的创新创业教育都遇到了各种各样的问题，如在认识上的不足，缺乏相应的领导机制，制度建设的缺失，师资队伍不健全，经费得不到保障，实践基地供给有限等。创新创业教育体系的构建不仅需要系统的理论支撑，还需要能经得起推敲、切实可行的可操作性指导，没有可操作性指导，创新创业教育体系也将停留在理论架构阶段，无法为实践所运用。对创新创业教育体系的构建，还可以从目标体系、教学体系、监控体系、评价体系等几个层面进行深化，通过上述几个层面互相配合及协调的论证，能从理论上深化创新创业教育体系的可操作性，从而进一步促进创新创业教育体系的有效实施。

（二）实践意义

1. 开展创新创业教育，缓解就业压力

高等教育已是大众化的教育，面对每年都呈增量增长的毕业生人数，大学生就业形势已日趋严峻。我国处于劳动力总量供大于求的状态，每年有很多大学生因找不到合适的工作处于待业状态，也有很多大学生面临失业的危机，尤其是竞争能力相对较弱的高职院校的毕业生，毕业即失业的现象并不少见。在知识经济时代，信息飞速发展的背景下，越来越多的新兴经济应运而生，为新时代的创业者提供了大量的创业机会；随着科技成果的的不断研发，也需要一批高素质的创业者把科技成果转化成生产力，保持国家的竞争力。为此，党的十八大报告强调，要转变观念，鼓励创业，要加大创新创业人才培养支持力度，“促进创业带动就业”。培养创新人才是鼓励创业的重要举措，这是国家发展战略，有利于提高国家综合实力。在高职院校开展创新创业教育，一方面对缓解因就业所带来的压力有重要作用，创业教育能使大学生的综合素质获得提升，进而立足社会并成为行业的领军人，当他们给社会带来更多的就业岗位时，就能实现创业带动就业；在另一方面，可以促进经济的繁荣和经济活力，创业已经成为经济发展的驱动力，当越来越多的人开启自己的事业，这意味着国家的创业水平高，经济效益好。

2. 开展创新创业教育，增强社会竞争力

大学生就业难的原因之一是因为当前产业升级转型，原因之二是因为人才培养模式的缺陷。随着教育改革的深入发展，其人才培养的功能也不断深化，培养学生的创新精神和创新能力的创业教育势在必行。把提高人才培养质量贯穿在创新创业教育的全过程，是一种必然的趋势。近年来，创新创业教育虽然在高职院校取得跨越式发展，然而因各方面条件不成熟，办学条件、办学经验、办学经费都相对落后，直接导致培养出来的学生无法适应社会发展的需求，办学质量和学生就业竞争力普遍偏低。为解决学生就业难的问题，提高社会的认可度，作为高校重要组成部分的高职院校，需要通过提炼与塑造自身特色来提高竞争力。高职院校的核心竞争力是别人无法复制的，其中，改变传统的教育思维模式，大力发展创业教育，是人才培养的重要举措，也是增强高职教育竞争力的一个关键，能有效地彰显高职教育的优势和特色。创新创业教育作为一种新的理念，能促进学生意识、能力、素质等多方面的综合性发展，有利于学生立足就业岗位，更有利于学生创造就业岗位。深入开展创业教育，积极探索创业教育体系的构建，能增强学生的竞争力。

3. 开展创新创业教育，满足自我发展的需要

随着我国经济水平的提高，生活环境的改善，当代大学生越来越注重个性化的发展和自我价值的实现。面对激烈的就业竞争，越来越多的大学生选择掌握创新创业知识、培养创业能力，拓宽自身的职业发展空间，通过提高自己的竞争力来不断适应社会的发展。高职院校可以通过开展创新创业教育，传授学生创新创业教育专业知识，让学生掌握创业技能，再通过基层实习与实践提高自身能力。通过创新创业教育能提高大学生的竞争力，让更多的大学生走上自主创业的道路，解决其谋求生存，满足自我发展的需要。然而，大学生的价值观是多元化的，选择的方向也不尽一样，这就要求高职院校在开展创新创业教育的同时不要千篇一律，而应因材施教、注重引导，充分考虑学生的个体差异，体现学生的主体地位，真正把创新创业教育与学生的发展有机结合起来，满足大学生生存、发展及自我价值实现的需要。创新创业是综合能力的运用，需要大学生有熟练的驾驭知识的能力，因此，大学生需要不断地学习与锻炼，在社会中发挥特长及释放能量，才能适应社会的发展，真正实现人生价值。

第二节　国外研究现状

国外高职教育起步较早，目前主要发达国家的创新创业教育的研究已经取得了丰硕成果。其创业教育体系是针对环绕企业自身的生命周期而进行架构，并根据最终计划的决定来展开的过程。其创新创业教育的理论与实践极为重视学生内在企业家精神的孕育和培养，而且，整体社会舆论也极为尊崇创新创业的企业家精神。

一、国外高校创新创业教育的概况

1998年《世界高等教育宣言》曾明确提出，当高等学府的学位不再等同于我们未来的工作时，受教育的大学生已不再单单是现有工作岗位的竞争者，还应成为工作的创造者。工作创造者的人才培养目标的提出标志着一个新的教育时代的到来，一种新观念的诞生。这就是联合国教科文组织提出的创新创业教育的新理念，即“第三张教育通行证”。它的核心就是事业心与开拓技能的培养。“第三张教育通行证”与原有学术的、职业的通行证处于同等重要的地位，但它是以前面的两张通行证为基础的。然而在新的时代，面对社会生活的挑战，如果没有拥有“第三张教育通行证”的能力，就无法与时俱进。西方高等学校创新创业教育活动的开展源于20世纪早期，一些发达国家的经济学家们与教育家们很早以前已经意识到知识与科技创新、孕育培养创新人才间有着紧密不可裂割的关系，他们一直认为教育的重要传统是为了培养受教育者的创新能力和精神。古希腊哲学家亚里士多德认为人的心理只有经历了教育才能得到解放和发展，倡导自由式的教育，最高尚的教育应该以理性的发展为终极目标，这种认识对发达国家的教育发展形成了深刻的影响。欧美一些国家比较早就进行了创业教育活动的研究，到目前已有30多年的历史了。国外最早的创业教育的研究是以研究创业开始的，研究的内容是创业者、创新精神、资源配比结合以及最初创业的运行机制、投资与风险等一系列问题的研究。创业活动在20世纪90年代后，进入了一个蓬勃发展期，大家不仅关注系统的研究和理论、实践的全面进展，还更热衷于一些零散的创业教育课程及政府鼓励创业而颁布的政策法规。不同的创业行为和成绩引起了研究者的关注，学者们开始陆续关注创业教育的研究，创业实践体系已有很大进展。

随着发达国家在经济社会的进一步发展，对于培养创新创业人才有着许多的经验，并形成了相对成熟的模式。创业教育专业化模式是比较成熟的模式之一。

创业教育专业化模式是将创业教育专业化，通过设置创业学专业学位，实现创业教育与专业教育的完全融合，培养专门化的创业人才和创业教育人才。美国和澳大利亚的部分大学采用这种模式，如美国的哈佛商学院、西北大学、芝加哥大学以及百森商学院；澳大利亚的莫道克大学等。该模式的培养对象

(学生)必须经过严格筛选，课程内容呈现出高度系统化和专业化的特征。如，百森商学院创业学专业的课程体系包括五部分：战略与商业机会、创业者、资源需求与商业计划、创业企业融资和快速成长。莫道克高校的创业学专业课程体系包含4个部分：基础单元、核心单元、专业内选修和专业外选修。其中，基础单元包含管理学原理、商业法原理、市场学原理、金融与银行学原理；核心单元包含市场管理学、创业的可行性分析与经营理念、市场与广告法；专业内选修课程包含技术与法律、组织内部创业、组织发展和人力资源管理、创业与可持续发展；专业外选修可在全校范围内选修9门课程。高度专业化的创业课程体系通过分析综合、比较研究的方法，把一个成功创业者所必需具备的意识、个性特质、核心能力和社会知识结构系统地进行了整合，体现了创业教育所具有的科学教育与人文教育的融合，智力开发与非智力教育的融合。这种系统化的课程设计，有效地保证了创业教育理念的落实和教育目标的实现。

与创业教育专业化的完全融合模式不同的是，国外很多大学选择了面向全校不同专业学生的创业教育与专业教育一般融合模式，即把创业教育融入日常的专业教育中。该模式表现为：明确将创业教育目标纳入专业人才培养目标中。如斯坦福工学院将其人才培养目标设计为培养具备创业技能的(未来)工程师和科学家；印度理工学院将因素整合和创业领域作为其人才培养重点，培养目标为具有创新创业精神的国际高科技领域里最受欢迎的人才；巴黎中央理工大学将其人才培养定位于具有高科技素质的通用人才、能够领导创新项目的专家以及具有广阔文化视野的“国际人”。其次，根据不同学科的专业背景设置创业课程以实现专业教育与创业教育的融合。如斯坦福工学院在高校中开设的《技术创业企业的管理》和《高技术创业入门》等介绍性的课程，为研究生开设了《高技术创业管理》《全球创业营销》《技术创业》等更为深入讨论的课程。康奈尔大学针对不同专业背景学生设置了“创业学和化学企业”“设计者创业学”等创业课程，吸引大量非商科专业的学生参加。印度理工学院围绕信息技术开设了相关的创业教育课程，并有创业的研讨会、讲座等辅助课程。此外，跨专业创业师资或者企业界师资参与创新创业教育，促进二者的有效融合。如法国巴黎中央理工大学创新创业课会特别聘请企业总裁或者企业的创始人亲自传授创业经验。麻省理工学院创业教育中心由成功企业家担任高级讲师，为学生提供实用的建议。

二、典型国家创新创业情况分析

我们就美国、英国、澳大利亚、德国等几个国外典型国家的情况进行具体的分析。

(一)美国大学生创新创业教育概况

国外一些发达国家的创新创业教育活动实施得比较早，最早实施创新创业教育的国家是美国，已有60多年的历史了，它的社会经济与发展的速度也最快。美国创业教育首先在商学院(即所谓的管理学院)兴起并获得发展，这个特殊的发展道路为商学院外部的创新创业教育积累了“原始资本”，即教师、教材、案例、基础理论及研究成果。美国高校创新创业教育发生和发展的独特之处也使商学院成为创新创业教育的重要学科依托。创新创业教育被美国的大学生们称为国家经济发展的“直接驱动力”。同时美国的创业教育理论研究和实践走在了世界各国的前列。美国的高校演进过程也是从教学型、研究型到创业型大学的线性发展过程。早至1876年,《薪酬问题》(《The Wages Question》)由弗朗西斯·沃克(Franeis Walker)出版。此书可谓是美国创新创业教育的萌芽，它为美国高等院校的学术触角延至创业者在创业过程中资金等一系列问题做出了极其重要的贡献。美国于1887年公布了激发在农业领域的创业活动的《孵化法案》,由此可见以农业为主的创业是早期美国的创业活动。美国哈佛大学于1945年在《自由社会中的一般教育》中指出知识与能力的协调发展的原则，极为关注学生们创新能力的挖掘、提升与训练。创业教育活动的发展与研究，受到各发达国家的注重与支持。哈佛大学更要求学生要完成社会、艺术与人文等领域至少8–10门课程。上个世纪70年代，美国教育界就已经明确提出了将培养具有创新精神的人才作为教育目标。哈佛大学的学者迈奥斯·梅斯于1947年，开设了《新企业管理》(Management of New Enterprises)，该门课程是美国首门创业教育活动课程，当时该课程共计有188名MBA学员参与，这也是开了创业教育的先河。该课程由一位专业教授和一位企业管理与创业经验丰富的客座教授讲授。大部分创业者将其视为美国大学首门创业学科的课程，这也成为创业教育在美国高校起源的标志。哈佛大学开办创新创业教育以来，经过60多年的发展，已经趋于成熟状态。创新创业教育体系是1967年由纽约大学与斯坦福大学联合创立的。

该体系是关于研究创建企业与创造财富等问题而构建的。

美国的《创业史探索》杂志于1949年开始创刊。科尔曼基金会（Coleman Foundation）于1951年成立，它是第一个以研究创业教育为主要内容的基金会。至此类似的出版物课程陆续递增，研究领域深度不断加强。美国百森商学院1968年率先在高校教育中开设了创业方向（Entrepreneurship concentration）的课程。1969—1970年两年间，因为美国硅谷地区成功的创新和创业案例，使得各类大学对创新创业教育的要求不断增加，前后出现12所大学开设与创业相关的一系列课程。1970年以来，《财富》五百强企业所设的固定岗位工作在逐年缩减。在此期间所有新的就业岗位“基本上都是由中、小规模的机构提供的，大多数是中、小型企业，在20年前甚至还没有出现”。这为创新创业教育的发展提供了经济和社会基础。1971年，南加州大学设立了创业学硕士，授予工商管理学位。到1980年，近170所大学都开设了创业相关课程。从1997年的400所学院到1999年增加到约1 100所学院都已开设了创业领域相关课程并设置教学计划，部分学校还设置了创业相关的研究专业和方向。1983年世界上第一届商业计划大赛，也称为创业计划大赛，由当时美国得克萨斯州大学的奥斯汀分校的两位MBA学生创办。它类似于我国的“挑战杯”创业计划大赛。从此，美国的许多高校开始举办类似的创业计划大赛。其中斯坦福大学、麻省理工学院和加州大学伯克利分校的创业计划大赛有较强的影响力。斯坦福大学的创业计划大赛已有十几年的历史，曾诞生过Yahoo这类的大公司；影响力非常大的麻省理工学院的“5万美金商业计划竞赛”也在其中，美国表现最优秀的50家高新技术公司中有46%是出自麻省理工学院的创业计划大赛，其对麻省与美国的经济发展有着极为深远的功绩。

1985年，纽约大学的彼得·德鲁克出版了《创新与创业精神》一书。从1990年开始，全美每年都会有几家新公司从大赛中诞生，或由商业计划直接孵化出来，或以高价形式转让给部分高新技术公司。部分公司仅几年时间就成为营业额超亿元的大企业。美国学校除了筹办创业计划大赛以外，还有组织创业交流会、创业俱乐部等相关内容。例如斯坦福大学每学期都安排创业俱乐部与投资俱乐部等活动，内容丰富多彩，学生有较高的参与积极性。加州大学洛杉矶分校为了更好的对学生们的创业计划提供直接咨询和指导服务，特别邀约几十位创业成功人士与选课同学单独组合成团队，针对性指导咨询。百森商学院建立了“创立人之日”活动，把全球有影响力的创业家邀请到现场，与在校同学们一起座谈交流，成立了创业家协会。大部分美国高校从80年代开始纷纷构建创业教育课程体系。截至到2005年，美国已有1 600多所院校设立了2 200多门创业相关课程，创办了40多种创业教育相关学术刊物以及百余个创业教育研究中心。美国大量的孵化器和科技园、风险投资机构、创业培训中心、创业者校友联合会等外部联系网络有效地跨越了传统的学术边界，成为了高校与外界保持联系的重要纽带。到2007年，全美创业课程排名前三位的分别为百森学院、宾夕法尼亚大学沃顿商学院和印第安纳大学伯明顿分校。美国考夫曼基金会提交的《高校的创业教育：理论与实践》研究报告认为，“创业教育应该成为美国高等教育的主流与动力”，“创业与高等教育具有天然的联系，创业教育是一种能力教育，将二者相结合，将为人类从独立和创新的学习中带来巨大的效益”。

美国的创业教育受到重视有一定的历史原因：在20世纪60年代末，美国经济发展放缓，其经济结构开始逐渐发生转变，求职人数与大型企业所需求的就业岗位数量不断发生矛盾，中小型企业创业者的增多以及硅谷地区创业的迅猛发展，使企业发展对其创业活动的要求不断加强，人们也越来越重视创业教育。20世纪80年代，以比尔·盖茨作为代表的科技创新创业者掀起的“创业革命”热潮，加快推动了高校创业教育活动的发展。1999年美国考夫曼创业领导中心的报告显示，在美国有91%的人认为创业是一项令人敬重的职业，每12个人中就有1人有创办自己企业的梦想，如今，美国大学生创业比例达25%，远远高于中国的水平。

在20多年的发展历程中，创业学成为工程学院与商学院里发展得非常迅速的学科领域。美国的创业热潮中，大学生创业者多数是在风险投资下造就成为当下非常成功的高科技大公司创始人，比较有代表性的创业者们的典范有Intel公司的摩尔、Dell公司的戴尔、Microsoft公司的比尔·盖茨和艾伦、Yahoo公司的杨致远等等。由学校师生创办的公司有惠普、升阳、思科、硅谷图文和雅虎等公司。创业教育在实践中为美国创业经济的兴起发挥了强有力的推动作用，也成为了其经济的直接驱动力。“创业”在美国被视为一门学问，它处处都需要精妙的管理技巧与正确的商业认知，创业不仅需要美好的构想，更需要细致周密的策划，创业的构想只不过是一个好的种子，而创业策划是种子生根、开花、结果的土壤。在美国几乎所有大学均已开设了创业课程，并根据各学校情况创设了创业相关专业。美国的创业教育陆续构建起一个健全、系统的教学研究体系与社会体系，并涵盖了从小学至本科、研究生的正规教育。美国高等学校的创业教育活动从最开始的一本研究创业者资金问题的著作，发展成为一股推动全球教育与经济趋向的新思潮。美国将创业教育从初等教育、高等教育、研究生教育乃至终身教育都开设了有关创业教育的课程，已经深深融入国民教育的体系中。而当中国还尚未开始进行创新与创业教育的时候，美国的大学就已普遍开设了创业教育一系列的相关课程，共计已有千余所大学在本科生中开设了创业或小企业管理的相关课程，还培育了许多硕士、博士研究生来从事此领域的研究和探索。创业教育体系做得最好的是柏森商学院，其完备程度已成为全世界高校的榜样。如今的美国创业教育已经成为全世界成效最为突出的模版。

1. 美国的典型的模式：CBE模式

CBE是英语Competency-Based Education的缩写，直译为“以能力为基础的教育”，一般译作“能力本位教学模式”，它吸收了当代职业技术教育的改革成果，反映了一种新的教育观念，在世界各地特别是在北美国家——加拿大和美国较为流行，深受产业界欢迎，是一种适用于高、中等职业教育和在职培训的教学形式，于20世纪80年代末、90年代初传入我国。CBE模式的特点是：

（1）以岗位（岗位群）的职业能力作为培养目标和评价标准。

（2）以能力作为教学的基础。

（3）强调学生自我学习和自我评价。

（4）教学的灵活性和管理的科学性。

2. CBE的培养目标

CBE的整个教学目标的基点是如何使受教育者具备从事某一特定的职业所必需的全部能力。这里所说的能力，不是只是操作能力、动手能力，而是一种综合的职业能力。它起码要包括4个方面：知识、态度、经验、反馈。

3. CBE的理论基础

CBE的理论支柱可以归纳为3点：一是系统论和行为科学，这些研究认为，人的需要、动机、信念、态度与期望，在人的行为中起着至关重要的作用；二是美国教育学家布鲁姆提出的有效的教学始于准确希望达到的目标；三是教育目标分类学认为只要在提供恰当材料和进行教学的同时，给以适当的帮助和充分的时间，90%的学生都能掌握规定的目标。

4. CBE的课程开发与设置

CBE的课程开发是一个严密科学的过程，它是在职业分析的基础上，采用模块式结构，把理论知识与实践技能训练结合起来，打破了僵化的学科课程体系。CBE按职业目标分析制定模块式教学大纲，即“学习包”。“学习包”的制定以教育专家为主，吸收企业界人士和技术专家参与，它包含专项能力及其在工作中的意义、确定其他相关能力及关系、完成专项能力学习活动的各项指标、明确学习效果的评价标准、提供教与学的各种参考资料索引。CBE是模块加学分的课程运作方式，不同的学生根据自身的能力和需要，选择不同的学习模块，制定不同的课程方案。

5. CBE的师资

CBE教学中，学生是主体，要充分发挥学生的积极性、主动性，要求教师的讲授量减少到最低限度。但这并不意味着对教师的要求降低，相反，对教师的要求更高了。CBE教学模式中的教师，不再是学生学习过程中全部信息的给予者，而是学生学习过程中的主持人和指导者。教师不仅要掌握丰富的理论知识，具备课堂讲授能力，而且必须熟练掌握各项操作技能，具备较强的组织、管理能力，及时了解、吸收、掌握生产上的新技术、新成果。

6. CBE的考核评价

CBE教学管理的突出特点是为学生服务，同一期可以接收入学水平相差较大的学生，每一个学生可以有不同的学习计划、学习期限和结业时间。CBE采用一套新方法，如用目标分析法进行职业目标分析，用层次设计法设计模块大纲和建立评价标准等等，这些都能明显提高教学管理、评估工作的效益和水平。

（二）英国大学生创业教育概况

英国是较早开展创业教育的国家。英国高等教育从研究生知识能力拓展的培养到研究生自身潜质的激发，其教育理念渐渐发生着转变，尤其是政府和企业对高层次人才的需求量加大，高等教育由于经费的不断减少，促使学校和企业的联系也日渐紧密，并且有了新办学模式与形式，兴建各种创业园区。也为英国创业教育的繁荣发展而夯实了根基，推动了英国创业教育前进的步伐。

在英国，创业教育开端于1982年的“大学生创业”项目，其目的是为了解决高校毕业生就业难的问题，提高就业率，鼓励大学毕业生在当地就业并尝试自主创业创造新的工作岗位。在苏格兰创业基金的赞助下，大学生创业项目于1982年在英国斯特林大学启动，通过创业教育讲座，选拔学生进行指导，最后通过考察学生促使其进入创业课程培训班。该项目的动机主要是为了解决就业问题，具有很强的功利性目的，并以企业家速成为目标，所以理念片面，缺乏动力。后来随着失业率降低以及创业教育成本的升高，1990年英国政府停止了该项目。英国政府在意识到创业教育对教育改革的必要性后，选取一种自上而下的政府推进形式，并获得了显著效果。英国的牛津大学与剑桥大学将自己办学思想设定为不断探究、发现、开辟学生们的内在潜能，鼓励自身的创造精神。随着社会的发展，英国逐渐意识到功利性的创业教育不能适应时代发展和学生个人的需要。80年代末，创业教育的目标转变为培养创业者的素质和品质，并普及企业成长发展的一般规律。“高等教育创业计划”（EHC）于1987年启动，此计划为英国创业教育的政府政策行为，着重指出通识性知识的传授，应该和工作关联的学习互为渗透融合，并纳入课程中，要激励受教育者学习是为自己负责的宗旨，要提高学生们的可迁移性创业能力。这算是英国创业教育政策的正式开端。之后英国政府的创业教育政策经由隐晦渐渐步入清晰，并相继出台了很多创业教育相关政策，大学也开展一系列的教学教育改革，对英国大学的创业教育给予了引领、支撑与保障。

英国政府于1998年启动大学生创业项目，该项目一方面组织大学生进入创业课堂。将企业家和学生们汇合起来，提供与创业者进行面对面交流、研讨，利用一天或半天的时间共同倾听创业者演讲，共同讨论参与活动的机会。另一方面教学生如何去创建企业，在讨论与活动中学生们会自发去构思商业设计，通过创业团队创建、创业资金筹措、市场开拓、产品研发、企业开办中企业顾问服务指导与创业导师的意见咨询，以此获得创建企业全过程的体验，收获整个创建企业过程的经验。这类创业课堂深深受到英国学生们的广泛欢迎和喜爱。

英国政府制定了科学创业挑战计划（SEC），1999年英国创业教育开始步入高速发展阶段。为了促进受教育者的创业教育发展，在贸工部的科学创业挑战基金的资助下，于1999年创立了英国科学创业中心（UK-SEC），其目的是在高校传统教学中融入创业教育，完成高等教育文化的改革和创新，并对其进行管理与实施。科学创业中心由早期8家英国教育机构、涉及英国60多所高校，增至到现在涉及80多家教育机构和500多家参与企业。目前，英国科学创业中心已更名为英国企业教育（Enterprise Educators UK），各个科学创业中心关键在（1）创业教育的开展；（2）增大和各类产业界相互联系的力度；（3）鼓励受教育者创办新企业；（4）激励科学技术到生产力的转化这4个领域内实施活动。英国科学创业中心当时被称之为“英国大学文化变革的催化剂”。不难看出，英国的科学创业中心在高校和各企业之间，起着不可割裂的联系，以提升高校在英国生产力、经济发展与就业状况的贡献度。同年财政大臣公布，剑桥大学与美国麻省理工学院建立了教育研究的合作伙伴关系，英国政府为此投资7 000万元英镑，此项目的任务是吸收美国现有的创业成果与体验，鼓励学生们创业，提升英国经济的竞争力与生产力。

伴随着经济的发展，英国政府深深意识到，一个全国性大学生创业教育组织机构的创建的必要性与迫切性，关乎英国高校创业教育的兴盛与发展，2000年4月政府创立了由20个具有实践经验创业家构成，运用商业连接网络服务，互为创业活动，提出一对一的咨询及各自跟踪式服务的专业组织，即“小企业服务”(SBS)。这种“商业连接”在各高校间交流沟通，填补各高校间的不足与差异。青少年的创业和商业连接的结合逐步成为英国创业教育发展的一大特色。英国政府于2004年6月推出了一项“Make Your Mark”创业竞赛活动，直至今日已开展了600多次创业竞赛活动，共有百万多受教育者参加竞赛活动。使1/3的青少年在此项活动中发生了创业态度的转变，真正意识到创业对每个人自身成长的影响，对受教育者创业的素质和激情有了很大的提升。

同年，英国创立了全国大学生创业委员会(NCGE)，由教育与技能部、“小企业服务”一起筹集70万元英镑作为启动基金。它本着创业理论不断研究开展；激励青少年将创业技术能力融入到学科课程中；推动大学与企业商业间的互相联动；将对青少年创业各重要因素起作用的各类信息反馈给决策机构，以上是该项创业委员会的首要目标。同年“小企业服务局”出资15万元英镑，由英国著名商业机构和组织共同创立了全国性的运动“创业远见”的组织机构，以此来提高、增强英国的创业文化，以此激励青少年们的创业精神。

英国比较先进的是创业园孵化器，如英国的牛津大学科学园、剑桥中英创业园、伯明翰科技园、圣约翰创新中心、曼彻斯特中英创业园是较为有名气的。它们的模式各不相同，各具特色，在实践中为各大企业提供了全方位的服务。同时，英国创业投资业的繁荣发展依托于英国政府的重视和多种优惠政策的扶持。其中在促进创业资本形成方面采用了别具一格的方式，即“创业投资信托计划(VCT)”，也就是它能够获取抵减所得税、延迟上缴资本所得税的一系列优惠待遇，只要在计划中满足其要求的创业投资公司均可享受。英国政府在出台了一些关于鼓励中小企业发展优惠政策后，政府又公布了会放宽其破产的界限，准许破产后6个月以内，已破产的企业和企业家可重新再次开业，它是令上万的破产者为之振奋和激动的计划。在树立其创业教育的指导思想之后，政府陆续公布了有关的立法，为开展创业教育活动开拓了路径。为确保执行力度，政府还创立了许多用来扶持、赞助创新与创业的基金会和各类奖学金与基金，并和相互关联的一些国家组织机关联系，以确保落实效果。在模仿美国创业教育中心的前提下，产生具有自己特点的“优异中心”，即：白玫瑰创业优异中心。这对英国教学改革、青少年不断学习进步与研发商业项目都提供了强大的帮助和支撑。

通过英国政府这20多年的推动，英国的创业教育自20世纪80年代以来，在观念和具体实施上发生了很大变化，注重创业型人才的培养在英国高校中已逐步产生了共鸣，其创业教育也逐步从课程的规范教育转入专业和学位的系统化教育队伍中。从初期的功利性教育到非功利性的创业意识、品质精神的教育，再到后来的创业文化的起源和建立，这区别于美国创业资金以企业与个人赞助为主要来源，英国的创业教育80%以上的资金主要来自于公共资源，其中只有少部分资金来自于校友、企业的赞助及科研项目的经费。由此可见，在英国创业教育的发展历程和路径都能对我国的创业教育发展提供有益的参鉴，避免我们走上功利性的弯路。

1. 英国的典型模式：BTEC模式

BTEC——英国商业与技术教育委员会（the Business and Technology Education Council）最初成立于1986年，由英国两大职业评估机构——商业教育委员会（the Business Education Council）与技术教育委员会（the Business and Technology Education Council）合并而成，是英国首要的资格开发和颁证机构。BTEC在中等、高等职业教育和人才培训方面具有世界领先的地位，在关键技能教育的拓展方面有着卓越的表现和权威性。在英国，有超过300万学生接受过BTEC教育。目前，该机构在全世界有40万在册学生。

2. BTEC的培养目标

英国BTEC把通用能力和专业能力相结合作为人才培养的目标。“通用”的含义不是针对某一具体的职业，而是从事任何工作的任何人要获得成功所必须掌握的技能，即跨职业的、可变的、有助于终身学习的、可发展独立性的能力。BTEC明确要求培养学生7种能力：自我管理和自我发展能力、与人合作共事能力、交往和联系能力、安排任务和解决问题能力、数字运用能力、科技运用能力、设计和创新能力。通用能力作为BTEC证书课程的核心要点，并不采用单独开课的方式，而是落实在所有课程的教学活动中，有计划、有步骤地培养学生。

3. BTEC的教育理念

与传统教育相对应，BTEC确立了“以学生为中心”的教育理念，即提倡个性充分自由地表现和发展，鼓励学生表现出与众不同的个性，在学术上标新立异。他们认为教育的真正价值在于使学生通过思考已有的知识，发展理解力、判断力和独创精神；重视心智的发展在于知识的获取；发展学生的理性精神；鼓励学生独立思考、大胆质疑；反对学生把知识看作是无需证明就理所当然地加以接受的教条。

4. BTEC的课程标准

BTEC的课程模式基于多元整合型课程形态，是当代先进的课程形态之一。这种课程形态不仅强调基础观，而且重视“整合的能力观”，认为“一般素质对于有效的操作能力行为至关重要”，强调“一般素质为迁移或养成特殊素质提供了基础”。BTEC课程以单元（unit）为单位。每个专业由若干个单位（unit）组成，单元分必修（core unit）和选修（option unit），既有统一要求，又能适应不同专业发展方向的需求，非常便于学习者灵活选择。学习者可以是针对专修某项特定的学术领域、或以进一步的深造为目的、或为将来的就业做准备、或以就业为目的选修课程。

5. BTEC的考核评价

BTEC有一套严格的质量评估与审核制度，这种体系包括评估、内审与外审的制度，有评估员、内审员分别负责评估内审与外审工作。这种严格的质量评估与审核体系，使BTEC具高效性。BTEC从根本上改变了传统的以分数为标准，以卷面成绩为依据的考核方式。其考核评估的目的是考核学生解决实际问题的能力，主要通过课业的完成过程全面评估学生学习达到了什么专业能力，并测量通用能力的发展水平，所有这些都以成果展示的形式作为教学评价的依据，而不是以最后的考试作为唯一考核依据，BTEC以平时作业作为考核的主要形式，给予课业举足轻重的地位。

6. BTEC的师资

BTEC教师转换传统的“教授”角色，承担“导”的角色，要求教师充分发挥管理、指导、服务、组织的作用，成为学生学习的引导者、组织者，成为学生的学习伙伴。

（三）澳大利亚大学生创业教育概况

在澳大利亚这个国家，其创业教育以青少年创业素质与精神为教育主题的培养目标，以项目为核心，培养主渠道以创业活动课程为途径，其师资力量以创业型专业教师为主，以社区、家长与学校老师的组织管理、参与和推进为其特色。澳大利亚的政府倡导要为开展创业教育活动创设一个良好向上的社会氛围，并将广义的创业教育理念推广到基础教育阶段，同时应该设计广泛受学生们欢迎喜爱并能收获明显成效的创业活动课程。首先，在基础教育阶段融入创业教育的意义与内容已超于高等教育阶段。在基础教育阶段它的核心内容是孩子们的创业素质与创业精神的发展与培养，并附于课堂教学为基础，课外活动课程为辅的形式，激励孩子们从小设立自己未来的创业梦想与职业选择。当然这并非是让所有受教育者们都在毕业后去当老板开创公司。只是需要学生们从小就有一种创业的意识、思维，以此聚集创业知识与技术能力，以保证学生们将来走入职场后，能够奠定稳固、坚实的基础。

澳大利亚创业教育课程中让青少年们勇于参加某些特定活动的同时，更要使全体青少年拥有一个积极乐观向上的生活态度，坚信无论发生什么情况都要勇于面对，积极投入去解决，掌控其生活的主动权和决定权。用自身的思想和行为影响与熏染他们周围的人，潜移默化中培养和提升青少年创业态度与创业价值观，最终培养为全社会的优秀人才。可见，创业教育在这个国家里就是对具有上述类型特质的新世纪公民的孕育与造就。

澳大利亚的创业教育以创业项目的开展为主要教授方式。由此可见，课外活动时间大多被排在课堂学习以外的时间，以此成为课堂教学内容的添补，令学生们的整体学习框架变得较为完备和完善。在课外活动中学生们会把课堂教学中的理论知识在课外活动中更好地体会与吸收，进而使学生们基础教育质量得到较为有效的保障，使学生们对创业教育的学习过程有积极的感情需求和认可。更好推动学生们对学校课堂内外学习生活的渴望和期盼，并有学以致用的归属感和成就感。具体说澳大利亚的创业教育活动以各个重要学习领域之间相互交叉、融入的形式开展，以提供给青少年们全方位、全过程的学习经历和体会。为了确保青少年已有知识水平的常规发展，同时又能使青少年的创业素质与创业精神一并得以提升和教育，它的创业教育活动主要是通过渗透式的教学与课外活动这两种教学形式来进一步完成其培养目标。

总体来说创业教育的课外活动具体分为下面3种情况：

（1）开展创业教育项目活动。在开展项目活动时，将青少年已有的知识与自己感兴趣项目活动互为融合，使青少年亲自动手、开动脑筋、全过程独自完成，这项活动并非仅限于活动本身来开展，而是真正实现学以实用，以勉励青少年们勇于加入的热情，实现青少年们的创业素质与综合能力提高。

（2）开展创业教育专题活动。依照创业教育的教学任务与课程目标，制定了针对性的社会调查、演讲报告、参观等一系列相关的教育活动。

（3）开展常规创业相关活动。把创业教育渗透于小产品设计制造、艺术表演等一系列相关的常规活动内容里。

在澳大利亚创业教育发展过程中，学校领导、教师、家长与社区起着极为重要的作用。首先，高校相关机构领导的管理与有力扶持为创业教育顺利实施提供了强有力的保障，并承担着极其关键的责任。其中一校之长对创业教育的认知和强调力度，也是确保创业教育顺利开展和实施的重要成分。学校对从事创业教育的教师进行学术发展、教育教学研究、在职培训等专业深造并提供系统服务。其次，学生家长和各区域社区要勇于加入创业教育活动。每个孩子所在家庭的氛围，如父母的理念、思想、行为及关注程度都会对孩子的终生成长过程中起着熏染和催化作用。家长与学校老师间的持续交流与沟通，会令家长在平日的生活中将创业理念与素质渗透到孩子们生活与学习的各个领域，并将其紧密联合。最终将创业素质和精神实现在一种润物细无声的培养与提升中。

澳大利亚的创业教育最终目标是开办小企业。由技术和继续教育（TAFE）学院针对创立小企业，积极开展小企业创业教育来实现。TAFE的小企业培训中的兼职与专职老师的比例为6∶4，兼职教师大部分是小企业家，他们都具有高等教育背景，有较强的理论与实践经验，能够指导学生们经过自身的奋斗去创办自己的企业，实现自己创业梦想。澳大利亚的创业教育活动到现在已有了40多年的历程。可见，澳大利亚创业教育是以学生创业素质的培养为宗旨；以创业活动、创业课程为主要渠道；以创业型教师为师资力量；以学校领导的有效管理和家长与社区积极参与等为重要特色。

澳大利亚创业教育的发展路径为我国创业教育的发展提供了参考价值。

1. 澳大利亚的典型模式：TAFE模式

TAFE（Technical and Further Education），即技术与继续教育，产生于20世纪70年代，是澳大利亚政府认可及监督的职业培训教育体系。现在TAFE已经成为澳大利亚职业教育体系中的重要支柱，形成了一种在国家框架体系下以产业为推动力量的，以客户为中心进行灵活多样办学的、与中学和大学进行有效衔接的高质量的教育培训体系。

目前澳大利亚有230多所TAFE院校，TAFE是澳大利亚三级教育中最大的部门，有70%的澳大利亚中学毕业生进入TAFE学院学习。通过培训，学生可获得行业认可的资格证书，目前有Ⅰ～Ⅳ级证书、文凭和高级证书。TAFE的文凭证书在全国范围内是互通与承认的，获得文凭证书可以申请进入大学学习。

2. TAFE的办学理念

现在，澳大利亚的TAFE教育已成为澳大利亚教育的骨干和亮点，调节着政府与社会的关系，职业教育与培训是全社会的共同责任的观念已成为共识。在解决部分失业问题、调节和延缓就业压力、实现教育平等以及提高全民综合素质和生活等方面起着重要的作用。澳大利亚TAFE成功的关键是建立了在终身教育思想基础上以能力为本位，以就业为导向的教育理念。

3. TAFE的培养目标

TAFE的培养目标非常明确，以就业为导向，以市场需求为动力，以工业部门、行业协会和雇主对专业人才的需要为依据，学习内容以应用性为主，所有课程按行业职业能力标准提出的要求实施。因此，TAFE的整个教学体系围绕学生动手能力的培养而建立，不论是全日制学习，还是半工半读的学生，都是以岗位要求为目标，开展教育与培训，使学生毕业时完全具备上岗所必需的技能。

4. TAFE的课程开发与设置

澳大利亚聚集了众多资深的政府官员、企业家、行业协会专家、TAFE学院的知名学者，他们一起确立澳大利亚国家职教框架体系，制定国家培训框架、认证框架和国家资格认证标准——培训包（training packages），开发相应的专业课程。

5. TAFE的考核评价

澳大利亚具有一套科学化、规范化的职业教育培训质量评估体系。国家培训局严格按标准审批全国教育培训院校和机构，每年定期检查已注册的培训单位。各州均设有教学评估机构，根据培训规范监督和检查教育培训质量。除了经常性地深入到教育培训机构实地考察外，还要求培训部门向评估委员会写出教育工作年报，并且经常通过发动企业雇主对职业教育和培训满意程度进行调查。

6. TAFE的师资

TAFE学院对教师要求相当严格，要求是既懂教育又具有行业背景的“双师型”教师。全职教师有成人教育的学位或证书，还要至少有3年实践经验。兼职教师比例较大，约占教师总数的2/3，兼职教师必须有评定及现场培训证书。作为TAFE的合格教师，除必须具备教师资格、实践经验、专业岗位工作经历外，还必须掌握熟练的教学方法，尤其要具备培养学生创新能力、教育学生如何做人等条件。总之，TAFE的教师队伍具有广泛的实践经验和技能，有较强的职业能力，有助于职业教育、培训和就业的紧密衔接。

(四)德国创业活动概况

德国具有非常完善的创业服务体系，德国中小规模的企业占国家企业总数的99.7%，这些企业为国家提供了70%的就业岗位和82%的培训机会，而德国中心规模企业的繁荣得益于其成熟的创业促进体系。

与美国和英国相比，德国在构建国家创业体系的过程中显示了更加强硬的态度。德国对于中小规模的企业有着极其特殊的偏爱，相继出台了大量的法律法规用于保护中小企业。例如，德国政府设立联邦卡特尔局和托拉斯局，禁止大企业合并和对中小企业的兼并，时刻检查并监督大企业是否利用自身的竞争优势打压或者限制中小企业的发展。20世纪60年代末70年代初，德国制定了《改善地区经济结构法》、《落后地区振兴政策》、《改革中小企业结构的基本纲领》、《中小企业组织原则》、《反对限制竞争法》、《反垄断法》及《关于提高中小企业的行动计划》等法规，为中小企业的发展营造了广阔的空间。同时，德国政府还为创业阶段的中小企业提供了很方便的优惠政策。例如，在落后地区新建的企业可以免交5年营业税；积极实施就业补贴政策，凡失业者创办中小企业的，给予2万马克的资助，每招收一名失业者再资助2万马克。除此之外，德国政府还为创业者提供了多种形式的融资渠道。例如由复兴信贷银行和平衡银行两大政策性银行牵头的银行类金融机构的融资和国家为新创企业设立的创新基金（ERP）等都可以帮助新创企业实现简单、快速的融资。

同时德国政府在创业教育的开展和社会支持的构建方面也体现出了其强有力的支持力度。德国政府非常重视学生的创业意识和创业精神，他们认为国人缺少的不是创业知识、创业能力、创业资源，而是创业精神，所以，创业意识的培养必须从小抓起。德国政府和金融研究机构联合在中学、大学开设了创业课程，让学生尽早接触创业规划、企业经营管理等相关知识。德国经济研究所还发起了“青年企业家”项目，鼓励中学生创立微型公司，激发学生的创业热情，磨练学生的创业能力。德国在构建社会支持体系方面也有着独特的做法，包括政府在内的各种类型的组织在国家整体创业的呵护支持体系中承担着各种不同的角色。例如，德国联邦经济和贸易管理局负责中小企业的新创、经营和环保事务；德国经济发展和培训基金会在海外为德国企业寻找合作伙伴；德国联邦外贸信息处负责搜集世界经济信息，促进中小企业贸易出口；德国工商联合会和行业协会还为新创企业提供各种力所能及的服务。

所以这些组织的努力形成了德国纵横交错的创业支持网络，保证了德国新企业的成活率。由此可以看出，在国家创业体系的形成过程中，政府的指引与帮助可以起到强大的推动作用。

1. 德国的典型模式：双元制模式

德国双元制职业教育的形成和发展是社会经济发展和科学进步的产物，是通过几百年的职业教育实践逐步形成的。德国职业培训“双元制”的正式称谓始于1948年，德国教育委员会首次使用了这一名称。在1969年，德国政府又在《职业教育法》中对其作了有关规定，使其逐步制度化和法制化。20世纪70年代以后，“双元制”职业教育进入了一个新的发展时期，特别是1990年10月两德统一之后，出现了双元制的职业学院和专科大学，从而实现了双元制职业教育向高等教育领域的延伸。

2. 双元制职业教育内涵

（1）两个培训主体，即企业和职业学校；

（2）两种教学内容，即在企业主要是传授职业技能和与之相关的专业知识和职业经验；职业学校的教学内容包括专业理论知识和其他普通文化知识；

（3）两种教材，即实训教材和理论教材；

（4）两种实施方式，即企业遵循联邦职教所制定的培训条例；职业学校遵循所在州文教部颁布的教学计划组织教学；

（5）两类教师，即实训教师和理论教师；

（6）两种身份，即企业学徒和职校学生；

（7）两类考试，即技能考试和资格考试；

（8）两类证书，即考试证书、培训证书和毕业证书；

（9）两种经费来源，即在企业的培训费用完全由企业承担；职校的经费则由国家和州政府负担。

3. 双元制的培养目标

双元制的培养目标是使学生经过理论和实践两方面的职业教育，使学生获得广泛的专业知识、跨专业的合作能力、管理能力和面向国际的职业资格，成为高级实用性人才。为了培养适应现代社会企业要求的现代技术工人，双元制模式不仅注重基本从业能力——专业能力、方法能力、社会能力的培养，还特别强调综合职业能力、即关键能力的训练。关键能力是指劳动者能够在变化了的环境中重新获得新的职业技能和知识的能力，包括独立计划、独立实施、独立控制与评价的能力等。

4. 双元制的理论基础

教育是文化传递的一种重要形式，通过这种教育传递，形成社会文化的积淀。从社会习俗的角度看，起源于中世纪的“师傅制”在日耳曼民族中有着良好的传统。直到现在，德国继承了重视手工艺和技艺、重视技术和实践的良好传统。并且，德国接受“双元制”培训人数非常广泛，更重要的是整个社会对双元制培训一致的认识和法律的支撑。

5. 双元制的课程开发与设置

双元制理论课程的设计是以职业活动为中心选择课程内容，并确定了以职业活动为核心的阶梯式课程结构。纵向上，所有课程分为基础培训、专业培训和专长培训3个层次，呈阶梯式逐渐上升。在21世纪初世界经济结构调整的过程中，德国政府与社会各界都意识到职业教育的课程必须进行改革。一方面要弘扬双元制的优良传统；另一方面针对传统职业教育与新时期要求之间的冲突进行创新改革。因而，新时期德国职教课程目标的设计中，专业内容的传授与关键能力的培养已成为核心，21世纪职业人才必须具备跨岗位、跨专业、跨职业的基本素质。

6. 双元制的师资

从教师方面来看，包括实训教师和理论教师两类教师。培训企业的实训教师是企业的雇员，有专职、兼职两种。职业学校的理论教师是国家公务员，包括专业理论课教师和普通文化课教师。总之，双元制中不管是学校的理论课教师、实践课教师还是企业的实训教师，都要求成为职业教育中的精兵强将，为培养高素质劳动者创造良好的师资条件。

7. 双元制的考核评价

德国双元制是以客观、公正、规范的考试考核体系为保障。为了确保考试的客观性和不受培训机构影响的独立性，“双元制”职业教育考试由与培训无直接关系的行业协会承担。行业协会专门设有考试委员会，该委员会由雇主联合会、工会及职业学校教师三方代表组成。由委员会制定或组织制定考卷、监考及评分。

第三节　国内研究现状

从我国高等职业教育人才培养模式的发展历史来看，真正严格意义上的高等职业教育开始于20世纪80年代，这也是我国现代高等职业教育的孕育与发展时期。进入20世纪90年代中期，在大量吸收和借鉴国外先进的理论和经验基础之上，我国高等职业教育理论探讨和实践探索不断取得新的进展，出现了比较系统的有关高职创新创业教育的各种理论，创新创业教育的改革探索，已成为高等职业教育改革与发展的重要旋律。

一、国内高校创新创业教育研究的概况

创新创业教育在我国起步较晚，但目前正处于迅猛发展的态势，对其开展研究能进一步促进创新创业教育自身的发展。总的来说，我国的创新创业教育经过了初步试验、逐步探索和全面发展3个阶段。1989年，联合国教科文组织在北京召开了一次“面向21世纪教育国际研讨会”，创业教育在此次会议中被首次提出。1990—1996年，我国原国家教委基础教育司、江苏省教科所课题组相继在成人教育、职业教育、基础教育领域开展了创业教育的研究项目，并取得了一定成果。1998年，中国大学生创业计划竞赛“挑战杯”在清华大学首次举行，拉开了高校对创新创业教育进行自主研究的序幕。虽然这阶段政府和高校都已经意识到创新创业教育的分量，但由于创业教育活动的开展形式比较单一，主要是以项目试点及竞赛方式开展，对创业教育的内涵、内容、模式、体系等研究还比较贫乏，致使创业教育因缺乏理性指导而进展缓慢。自1999年以来，随着我国高校扩招政策的深入发展，大学毕业生的就业形势渐趋严峻，如何促进大学生就业成了国家亟需解决的问题。在这一背景之下，加强我国创新

创业教育的探索开始走入高校。2002年，国家教育部确立了清华大学、中国人民大学、北京航空航天大学等9所院校，作为创业教育的试点院校。我国高校积极展开了对创业教育包括内涵界定、体系构建、课程改革、策略研究等方面的深入研究，并针对专业融合、区域发展、职业教育与创业教育相结合的方面展开了初步研究。这一阶段我国创新创业教育因得到政府的支持与投入，创新创业教育的研究成果内容丰富、形式多样，创新创业教育处于快速发展阶段。从2010年开始，我国政府推出了一系列的政策，包括《关于大力推进高等学校创新创业教育和大学生自主创业工作的意见》等，并制定了3年内引领45万大学生实现自主创业的发展目标，创业教育开始进入全面推进阶段。这一阶段对创业教育的认识是建立在解决就业问题、打造成功企业家的基础上，更深层次地挖掘创新创业教育对于大学生在创新能力、综合素质等方面的人才培养模式，对创业教育的理念研究、模式研究、机制研究有了更为成熟的探究，为推动创业教育的规范化、制度化、科学化发展起了重要作用，有利于打开创业教育走向全面开放、协同推进的局面。

1999年之前，对我国创新创业教育方面的论文研究并不多，创新创业教育方面的基金项目支持、专著与教材也比较少，创新创业教育研究内容主要集中在创业教育的意义、创业教育的培训等，研究范围以宏观研究为主。2001—2009年间，开始出现大量研究创新创业教育的教材及专著，国家也开展相关的创新创业教育课题，加大对创业教育的扶持力度，同时各种创新创业教育的研讨会也在全国各地相继开展，创新创业教育研究内容主要集中在创业教育的目标研究、人才培养模式、实践基地建设、环境建设、保障体系、评估体系、策略与方法等，研究的内容更为系统并不断地朝广度与深度发展。自2010年以来，我国创新创业教育进入高歌猛进阶段，对创新创业教育的文献研究呈井喷状态，从国家到各省市地方都纷纷开展了的支助课题与科学基金，各地还开设创业教育的论坛进行交锋，创新创业教育的理论与实践研究可谓硕果累累，研究的内容更是朝多元化的方向发展。

二、国内高职教育模式的类型

我国高校创新创业教育起步比较迟，仍然处在探索阶段，还没能像发达国家一样，将创业作为研究方向或专业。目前暂时没有形成一个完善的适合我国国情的完整化和制度化的教育体系和模式。尽管高校创新创业教育相关理论方面的研究日渐增新，但是很多内容并没有通过实践来验证，所以其教育模式还没有在全国各高校普遍推广，仍是处在一种比较分离的形式。

伴随我国高等院校创新创业教育活动的不断发展，其教育模式的实践验证也不断增多，目前我们所说的高等职业教育人才培养模式主要是从人才培养的过程来分类的，主要可分为产学研结合模式、订单式人才培养模式、以就业为导向的人才培养模式、双证书制人才培养模式等。

下面就这几种主要模式的特征作简要介绍。

（一）产学研结合人才模式

产学研结合人才模式是学校与企业合作，以培养学生的专业素质、应用操作能力和就业竞争力为主，以合作开发与研究实际技术问题为辅，利用学校和企业以及研究机构不同的教育环境和教育资源，理论教学以学校为主，技能培训和实践教学以企业为主，课堂理论教学与学生参加企业实际工作有机结合，培养适合企业和用人单位需要的、有较强综合应用能力人才的一种职业技术教育培养模式。

我国产学研人才培养模式具有以下的特征：

一是建立产学结合、校企联合的办学体制，注重学生实践能力的培养；

二是专业设置、教学体系和教学内容与企业的需求相吻合；

三是教学与科研紧密结合，为企业提供智力支持。

（二）订单式人才培养模式

订单式人才培养模式是建立在校企双方相互信任、紧密合作的基础上，就业导向明确，企业参与程度深，能极大地调动学校、学生和企业的积极性，提高人才培养的针对性和实用性，实现学校、用人单位与学生三赢的一种具有明显特色的培养形式。订单式人才培养模式是最近几年我国高等职业教育领域中人才培养模式改革与探索的新热点。

我国订单式人才培养模式具有以下的特征：

一是校企双方签订人才培养协议；

二是校企双方共同制定人才培养计划、共同培养人才；

三是企业按照协议约定安排学生就业，学校对就业学生做好“售后”服务。

（三）以就业为导向的人才培养模式

以就业为导向的人才培养模式，是指以提高毕业生就业率和就业质量为目标，以市场所需要的人才素质为出发点和归宿，建立与社会就业价值取向相适应的教学体系的一种人才培养模式。

我国以就业为导向的人才培养模式具有以下的特征：

一是根据就业需要来设置专业。就业是高等职业教育的根本目的，以就业为导向，就是根据就业的需要来设置专业，对于高等职业院校的办学者来说，就业应该是一切教育教学活动的一根“指挥棒”。

二是根据就业需要来开设课程和组织教学。以就业为导向的高等职业教育人才培养模式要求强化教育的应用性、技能性和实践性，从而决定了课程改革应与培养目标以及专业能力有机结合。

（四）双证书制人才培养模式

所谓双证书制是指高等职业院校毕业生在完成专业学历教育取得毕业文凭的同时，必须通过与其专业相衔接的国家就业准入资格考试，并获得相应的职业资格证书。高等职业教育是一种就业教育，其首要目标就是使学生获得从事某个职业和行业的实际技能与知识，并能在生产实践中熟练运用和得到发展，适应生产一线需要的生产、经营、管理、服务一线的高等技术应用型人才。高等职业院校实行“双证书制”是提高毕业生职业素质和就业竞争力、实现职业教育与劳动就业对接的重要举措。

我国双证书制人才培养模式具有以下的特征：

高等院校双证书人才培养模式使得学生毕业后获得了毕业证书和职业资格证书两种证书，将学历教育和职业技能教育进行了有机的结合，缩短了学生与用人单位之间的衔接时间，对于企业用人单位和学生来讲都具有重要的意义。

三、我国高校创新创业教育的发展变化

我国的创新创业教育发展经历了不同的阶段，每个阶段都有着不同的发展变化。

（一）提高创新创业素质的教育

提高学生创新创业素质必须要培养学生创新精神和实践能力。创新创业教育是设定创新创业精神的重要途径。中国高校创新创业教育从起步阶段就已经确立了面向全体学生的教育价值取向，将创业教育的目标定位在培养学生的创新意识、创新精神和创业能力。在《创业教育试点工作座谈会纪要》文件中强调："创业教育是知识经济时代培养学生创新精神和创造能力的需要，是社会和经济结构调整时期人才需求变化的需要"；"高等学校要不断提高人才培养的质量和社会适应性，同时更要加强对学生的创新意识、精神和能力培养。"但由于受传统教育思想影响，加之大学生就业压力不断增大，高校创新创业教育并没有将这种正确认识上升为理论自觉，在实践过程中确实出现了一些功利性做法。一些高校希望通过创业教育，产生出大大小小的"老板"，或复制一个比尔·盖茨。把创业教育当做缓解就业压力的权宜之计，试图以当老板来开辟就业的另一个战场。事实已证明，这种浮躁的教育理念会使"学生创业公司"一哄而起，又一哄而散，无法使创业教育活动持续发展下去。如果片面理解"以创业促进就业"的科学内涵，简单开展一些创业培训活动，更无法培养出适应社会需要的创业型人才。正是因为意识到这些现实问题，2010年教育部下发《关于大力推进高等学校创新创业教育和大学生自主创业工作的意见》，再次强调了"以培养学生创新精神、创业意识和创业能力为核心"的价值定位。将培养"高素质创新型人才"作为面向全体学生的首要目标，而将培养"自主创业者"作为对"一部分学生"将来的"期待"。从仅仅培养少数自主创业的"毕业生企业家"转变为培养全体学生"具有创业精神和心态"。可见，自主创业毕竟永远是少数人，而让学生具有开创性精神和能力素质的培养更具有普遍意义，因为社会和企业倾向于重视受雇者的创新精神、冒险精神、创业能力、独立工作能力及其他技能。这也是对我们高校创新创业教育目标的一个非常明确和准确的表述。正是这一新的目标定位，推动中国高校再次掀起创新创业教育的高潮，而且更加理性和稳健。

当下学界普遍认为，我国高校存在大学生创新精神不够、创新能力偏低、创业意愿不足、创业规模偏小、生存型居多、知识型创业偏少等问题。在西方创业教育并不特别关心价值观念方面的内容，一个原因是在人本主义的整体教育观之下，每一个个体的观念都得到了充分发展，另一个原因是生涯教育的普遍介入，使得学生已经能够较好地选择自身的发展道路。不过，中外创业教育的外部环境差异较大。我们知道，在"学而优则仕"、"君子喻于义，小人喻于利"

等传统文化心理的影响下，优秀人才的从业倾向是偏重于体制内，而不是民营经济等，是“稳定压倒一切”而不是“机会险中求”，是倾向于投机和寻租而不是脚踏实地的创新创造，以至于非竞争性生产领域过多地吸引和浪费了青年人的创造性。持续多年的“公务员热”和“国企热”生动的说明了这个问题。这个问题在“资源驱动”阶段并不十分突出，因为那时经济所看重的是物资与自然资本，而不是具有创新创业才能的人，因而这个时期的创业教育主要集中在商学院，只是培养少量具有明确创业意向的个人。但在“创新驱动”时代，最重要的因素是多多益善的创新创业人才，所以创新创业教育必须面向全体学生开展，以使尽可能多的优秀人才主动倾向于运用他们的创新创业能力，这就要求创新创业教育必须在开放平等和非灌输的环境下开展价值观念教育，即：价值的思维能力和做出价值选择的决定能力；澄清他们人生发展的原则、价值、理想；帮助他们将创新创业行为同一个连贯的、有原则的生活理想联系起来。换而言之，创新创业教育既要指导学生“把事情做得正确”，更要引领学生对创业是否为“正确的事”做出判断。

（二）促进就业的创新创业教育

创新创业教育是实现“以创业促进就业”的基础工程。我国高等教育从20世纪起，为了更好地满足广大人民群众接受高等教育的愿望，同时拉动内需，借以刺激消费，孕育新的消费意识和消费热点，拓宽消费市场，从1999年开始对高等学校开始扩大招生规模，虽然高等教育对经济发展产生了“即期拉动作用”，但经过十余年的观察与科学论证，扩招拉动经济效应的同时，也使毕业生面临着就业困难的问题。自2003年之后，当扩招后的大学毕业生走进就业市场的时候，大学毕业生供需比例出现了失衡，就业难的问题开始突显出来。10年来，全国普通高校毕业生从2003年的145万一路攀升，2013年总数达到近700万人，平均每年增长20.86%，总扩展比例高达45.5%。与此同时，我国社会同期大约保持在900万个新增加的就业岗位。高校毕业生总数量占社会新增加就业岗位数的比率从12.1%一路飙升到65%。据了解，2007年也成为了普通高等学校毕业生就业的转折点。为什么这么说，2007年，普通高等学校毕业生达到495万人，比2006年增加近82万人，毕业生人数占900万个社会新增加就业岗位数的55%，它第一次超出社会新增加就业岗位的半数多，社会新增就业岗位的主要竞争者半数以上都是高校毕业生，而现今中国社会的就业难问题，具体来自于高校毕业生、国有企业深度改革中下岗失业、分流、登记失业、农业产业化和城镇化造成的农村富余劳动力的转移、军队转业人员等一并成为我国当前主要新增求职群体。尽管毕业生就业普遍出现了就业岗位层面扩大、下移和分化的情况，完成了从“精英就业”到“大众化就业”的转换，但是从2003年以来，官方提供的初次就业率始终在70%上下浮动，这就意味着大学生毕业时的失业率约为30%，加上未被统计的隐性失业和往年失业的毕业生人数，中国社会科学院在《经济蓝皮书》中估计，每年有近200万的大学生失业，而且在受国际金融危机冲击和危机仍未见底的情况下，大学生失业规模仍有继续扩大的趋势。这加剧了国家经济结构调整过程中出现的就业压力的问题，同时严重影响了全社会和谐稳定，更不利于高等教育自身的发展与改革。

同时，一些企业提出了大学毕业生因缺少创造思维等职业能力而不能适应企业竞争的需要，世界经济合作组织（OECD）在《中国科学技术的发展趋势和政策挑战》中指出，中国的教育系统在大学生的创造思维培训方面较弱，有些企业经常抱怨中国的大学生只懂理论，而动手能力较差，缺乏创新意识、创新思维和创新能力等状况。面对日渐突显的职业能力不足的问题与日益严峻的大学生就业问题，人们逐渐开始反思我国高等教育发展过程，如何能够培养出既可以求职于社会岗位，又能够创造新的社会工作岗位；既能通过在工作岗位创业并创造价值，又能做到岗位创新并推进企事业单位发展的毕业生等一系列的问题进入我国教育视野。这种传授了学生创业相关知识，在就业、创业过程中却不能完全适应社会发展变化需要的问题成为了高等教育在创业教育领域中存在的突显问题。

中国社会正经历着经济体制、社会结构、社会形态三方面的转型变迁，社会经济生活在这种整体转型期间，一边实现不断地迅猛发展，一边让我们陷入了史无前例的困境，高校毕业生就业困难的问题显见成为我国当下亟待解决的难题之一，也是我国步入新世纪以来面临的一个重要的教育与社会问题。各种研究表明，高校毕业生就业困难是一种结构性的就业困难，是大学生的素质与能力无法适应转变经济发展方式需要的就业困难，从而引发了政府、社会以及高等教育本身对我国高等教育人才培养的思考，经研究、挖掘、沉淀，创新精神与创业能力成为适应转变经济发展方式的人才培养关键内容，引起多方面的重视，并开展了众多的实践和研究。

因此在转变经济发展方式的背景下、在当前金融危机冲击下，积极鼓励学生自主创业，在创业过程中创新，将创新意识、视野、思维、理念和能力融入到创业的整个过程中，从而使高等教育在人才培养的模式上，审视过去的同时开始新的尝试与探索，如何培养出更多更优秀的具有创新精神、创业能力的人才。

事实证明，经受了创新创业教育的学生其主动性和创新精神得到了提高，更便于其成功就业或在岗位上获得很好的发展。同时，经过创新创业精神洗礼的学生，在其内心深处已经种下了创业的种子，这颗种子会在其就业几年后的某一个合适机会，发芽、开花结果。可见，要解决我们高校毕业生就业的问题，只有大力开展创新创业教育，才能更好地实现“以创促就”。创新创业教育不是一般的教育，它能培养出更具有创造性、想象力、创新精神和开拓能力的人才，这些人才不仅是适应社会，更是要改造社会，他们是未来社会政治经济生活的积极参与者，社会文化的积极创造者。

（三）服务创新型国家建设的创新创业教育

创新创业教育是培养创新型人才的重要途径。胡锦涛在全国科技大会上的重要讲话中指出“培养大批具有创新创业精神的优秀人才，充分发挥科技人才的积极性、主动性、创造性，是建设创新型国家的战略举措”，“坚持走中国特色的自主创新道路，建设创新型国家的战略决策”。在知识经济时代，一个国家国际竞争力的标志将是创造力。一个国家创新人才的数量、质量和结构，决定着一个国家整体创造力的大小。而培养创新人才过程中，教育处于主导地位。只有教育创新，才能培养创新型人才，才能建设创新型国家，而创新创业教育正是教育创新的具体成果，成为培养创新型人才的重要途径。在高等学校开展创新创业教育，积极鼓励高校学生自主创业，是教育系统深化学习与实践科学发展观，为创新型国家建设而服务的重大战略举措。

第一，开展创新创业教育必须要转变传统教育思想和理念，它是对自由、民主、公正等现代教育理念呼应的一种新的教育理念；也是对传统教育模式扬弃的一种新的教育模式。

第二，创新创业教育深化、促进了高等教育的改革发展与实践创新。提高人才培养质量和创业教育管理水平，是促进大学生创新精神和实践能力的不断提升，最终实现其全面发展的重要途径。创业与高等教育具有天然的联系。创新创业教育是一种能力教育，将二者相结合，将会为人类从独立和创新的学习中带来巨大的效益。

第三，创新创业教育的独特之处在于，创新创业是政府、企业、社会与大学之间关系的纽带与桥梁，在一定程度上创新创业也是落实以创业带动就业、进一步促进高校毕业生充分就业的重要措施。

在创新驱动发展方式下，加强大学生创新创业观的教育，引导大批优秀的大学生参加创新，投身创业，利用所学的知识参与到转变经济发展方式的过程中去，已显得尤为关键和必要。推进创新创业教育在普通高等学校深入的开展，是我国对高等教育的现实需求；更是发达国家正在兴起的一个高等教育趋势。创新创业教育最终为国家加快转变经济发展方式服务，为深化高等教育教学改革、提高人才培养质量、促进大学生全面发展服务，为落实以创业带动就业、促进高校毕业生充分就业服务。创新创业教育是适应经济社会发展和高等教育自身发展需要应运而生的教育理念，是培养创新型人才的独特方式，服务于创新型国家的建设，成为创新型国家建设的基础工程，并具有非常重要的教育价值及战略意义。

我国创新创业教育经历了多年的发展，尽管转变经济发展方式从资源驱动转变到创新驱动的这种变化在国际上已有较多实践，但我国转变经济发展方式的历程不会完全与其他国家相同。我国的创新创业教育在创新驱动发展中有自己的共性和特殊之处，从而为适应于转变经济发展方式的中国创新创业教育赋予了自己的特色。

我国的创新创业教育具有如下特点：

（1）政府重视和支持的力度渐增。各级政府为鼓励大学生们自主创业，更好地开展创新创业教育活动，陆续制定颁布了一系列相关规章、政策，并给予很多相关的资金资助和保障服务。

（2）课程设置初成体系。从2012年8月，教育部明确规定将《创业基础》作为高校必修课。部分学校开设了理论、实务和实践类的相关课程。同时创新创业教育的相关教材从以往依靠翻译为主的情况，逐渐转为国内编写，并初具规模和水平。

（3）教学方法和手段渐渐丰富多彩。为全面开展创新创业教育，高校教师在教学过程中逐步采用角色模拟、师生互动、案例分析、计划大赛、实地见习等手段和形式，来提高学生们创新创业的综合素质和能力。

（4）创新创业教育规范化。各高职院校逐步出台了创新创业教育的管理规章制度，例如《创业教育学分管理条例》等，同时为学生们制定了创业必备的《创业教育读本》、《学生创业手册》等，以此更好引领学生们创新创业教育活动。

（5）创新创业教育研究机构和实践教学活动数量渐多。由科技部和教育部联合启动的国家大学科技园建设项目及高校自建的创业园数量快速增长。国内很多大学校园为进行实践教学，建立了创业者协会、创新创业中心、大学科技园、“双实双业”、基地和创业孵化园。各省部级高职院校还专门设置了创新创业教学机构，为更好的开展创新创业教育提供了大量的智力支持。

总之，不管从哪个角度来审视，创新创业教育都是为了满足不同主体的需要，这也是党的十八大报告指出的，经济发展方式转变依赖于创新创业活动，提出要“鼓励创业”、“促进创业带动就业”、“实施就业优先战略”、“支持青年创业”等方针政策。随后发布的《中共中央关于全面深化改革若干重大问题的决定》再次提出：“形成政府激励创业、社会支持创业、劳动者勇于创业新机制。”切实加强创新创业教育的管理工作，进而更好的改革创新创业教育人才培养模式，这已成为全世界教育改革和发展的新趋势。

第四节　国内外高校创新创业教育的比较

一、国外教育模式的比较

尽管国外教育模式有多种，但仍然有许多的相同与不同之处。

（一）相同之处

1. 体现了以学生为主体的思想

发达国家的人才培养模式在整个高等职业教育的专业教学过程中均表现出以学生为主体的教育思想。

BTEC强调学生是学习的主人，强调学生的自主学习，使学生学会学习，学校应为学生的学习服务，教学过程重视学生的个性发展，鼓励个人潜能的开发。

TAFE在教学过程中实行的是以人为本的教学策略，承认学员之间存在着差异。对同一个培训，要求达到同一标准。但学员付出的学习时间则因人而异，教师予以指导的量和提供的学习资源支持也有很大的不同，提倡个性化学习。

CBE模式重视个别化学习，以学生为中心，注重学而非注重教。在教学中，承认学生的个体差异，为学生提供充足的教学资料、设施和时间，学生可根据自己的基础和接受能力安排学习进度、选择适合自己的学习方式，并且根据每个学员的不同入口层次，逐一确定。

“双元制”的教学方法以受训者为主体，在职业教育的教学过程中，学生处于中心地位，教师更多地承担着咨询者、组织者的角色。

2. 培养目标以职业能力为本位

BTEC突出通用能力的培养，通用的含义不是针对某一具体的职业，而是从事任何工作的任何人要获得成功所必需掌握的技能，即跨职业的、可变的、有助于终身学习的、可发展独立性的能力。

TAFE学院着重对学员职业能力进行培养，使他们能较快适应社会职业岗位的要求，为此，澳大利亚政府专门研究并制定了国家能力标准，就是按照就业要求的操作标准，对所涉及的知识和能力及其知识和技能的应用所作的明确说明。

CBE教学培养的是职业能力，可概括为整个教学目标的基点是如何使受教育者具备从事某一特定的职业所必须的全部能力，即教学基础、教学目标、教学流程、教学策略和测评标准等的制定均与职业能力密切相关。

“双元制”的培训目标也是以职业能力为本位。职业能力既包括专业能力又包括方法能力和社会能力。

3. 注重实践能力

BTEC重视培养学生的实践能力，要求教师设计丰富多彩的教学活动，教学场所不仅在学校，还有计划地安排学生到工作现场学习实践，到社会上去采访、调查研究、以课业或专题的形式表现出来。

TAFE教育没有理论教学体系和实践教学体系之分，其理论与实践是密切结合的，课程的目标就是达到技能标准，采用适宜的方式有利于技能的获得，这种方式可以称为理论实践的一体化。

CBE教学注重实践技能的培养，并非排斥理论知识，而是以为专业实践技能服务和“够用”为原则，根据岗位要求的能力确定传授理论知识的度。

“双元制”的教学活动同生产实践紧密结合，学生大部分时间在企业进行实践操作技能培训，而且培训在很大程度上是以生产性劳动的方式进行

4. 注重校内外教育资源的整合

国外这几种典型的人才培养模式都强调整合现有教学资源，实现专业内课程资源整合，专业之间教学资源的整合，校内教学资源的整合，校园、社会相

关资源的整合。

5. 重视师资队伍的建设

在师资队伍建设方面，国外高等职业教育对职业技术教育的师资任职资格都有严格的标准，要求教师具有教育家、工程师、熟练工人三种职业所需要的素质与能力。同时，对从事职业技术教学的教师提出了更高的要求，教师不仅要完成教学任务，而且应该有学校管理、组织开发、处理与外部培训企业以及与学生之间的关系等各方面的能力。

（二）不同之处

1. 理论基础不相同

与传统教育相对应，BTEC确立了“以学生为中心”的教育理念，即提倡个性充分自由地表现和发展，鼓励学生表现出与众不同的个性，在学术上标新立异。

澳大利亚TAFE成功的关键是建立了在终身教育思想基础上，以能力为本位，以就业为导向的教育理念。TAFE突破传统一次性教育的局限，建立“学习—工作—再学习—再工作”的终身教育模式。

CBE的理论支柱可以归纳为3点：一是系统论和行为科学，这些研究认为，人的需要、动机、信念、态度与期望，在人的行为中起着至关重要的作用；二是美国教育学家布鲁姆提出的“有效的教学始于准确希望达到的目标”；三是教育目标分类学，认为“只要在提供恰当材料和进行教学的同时，给予适当的帮助和充分的时间，90%的学生都能掌握规定的目标”。

德国教育有两个原则，一是职业教育与普通教育原则上是等值的。这一原则实际上确立了德国“双元制”模式的地位，其理论基础源自德国的传统观念、教育体制、经济发展和相关法律。二是整个教育体系有较大的渗透性，普通教育与职业教育等各类教育之间相互沟通。德国作为一个职业教育高度发达的国家，高度重视改行、晋升和进修三类职业继续教育，职业教育也不再被看作终结性教育，职前与职后实现了有机衔接。

2. 课程模式不相同

课程开发不同：BTEC课程模式遵循能力本位的开发方法，将职业岗位的能力和学生自我发展应具备的能力需求作为开发基础。TAFE的课程是由各州依据国家行业培训咨询机构制定和开发的培训包，根据行业和课程的类别设置不同的教育服务部门来统一进行课程开发工作。CBE的课程依据本职业专家组成的DACUM委员会进行综合能力分析，综合能力确认后，再深入分析每项综合能力中的各专项能力，并列出DACUM大表。德国双元制课程编制以企业为主，企业参与、指导、协调编制的全过程，并采用工作岗位目标法，以企业工作岗位目标要求为基础来进行课程编制。

课程设置不同：BTEC课程体系采用模块化编排。每个模块都是各自包含、完整的整体。课程模式被分为核心模块和可选模块。TAFE的课程设置中不设公共基础课，只设有专业基础课和专业课。CBE模式更注重确立以职业活动为核心的阶梯式课程结构，课程不统一学习内容和学习进度，而是强调适应学生的个体差异，不同的学习者可以有不同的课程。

3. 培养途径不相同

BTEC课程教学大纲明确规定了课程的专业能力目标及教学时间要求，教师课堂活动讲解的时间不得超过1/3，2/3的时间留给学生进行活动、查阅资料、市场调查和企业实践等。

TAFE的人才培养途径非常灵活，不管年龄多大，是否有工作，都可以根据自己的工作、生活情况选择全日制、半日制、函授或远程教育等学习方式。也就是说，学生可以在校学习，也可以在工作场所学习，在家里学习或在任何地方学习。

CBE的人才培养主要是通过学校和教师为学生提供完善的学习条件和帮助，由学生自己努力来完成。学员入学后，根据DACUM大表的各项要求，完成学习任务。

双元制采用校企合作的方式培养学生，在教学中以企业为主，学校为辅，充分调动了企业办学的潜力和积极性。注重专业理论与职业实践密切结合，突出技能的培养。

4. 评价方法不相同

BTEC考核评估方法独特，采用以课业为形式，以证据为依据，以成果为标准。BTEC从根本上改变了传统的以分数为标准，以卷面成绩为依据的考核方式。

TAFE学院的教学质量认证和评估由国家和州的行业培训顾问委员会负责操作。TAFE建议教师采用12种标准测试方法中的某几种作为对课程的考核手段，这些方法是：观测、口试、现场操作、第三者评价、证明书、面谈、自评等，考核结果要求符合“五性”，即有效性、权威性、充分性、一致性、领先性。

CBE制定全面的质量标准，建立完善的学生自我评估体系，它强调学生的自我评估，重视学生反馈能力的培养，将自我评估列入考核制度。

德国“双元制”采取培训与考核相分离的考核办法。考试由与培训无直接关系的行业协会承担。行业协会专门设有考试委员会，该委员会由雇主联合会、工会及职业学校三方代表所组成。

二、国内高职教育模式的比较

我国高等职业教育4种典型的人才培养模式也有着相同和不同之处。

（一）4种模式的共同特征

1. 重视市场在人才培养中的导向作用

从4种模式的基本特征看，在专业设置、人才培养目标定位、人才能力素质分析、课程体系构建等方面，都强调对市场人才需求信息的调查和分析，在充分掌握市场需要的前提下构建人才培养模式。

2. 以职业能力的培养设计人才培养方案

4种模式都强调从职业岗位（群）对人才的要求入手，分析适应职业岗位应该具备的职业能力，并将各项能力具体化，形成技能模块，并以此设计课程模块，形成课程体系和整体培养方案。

3. 强调通过产学研结合的途径培养人才

在人才的培养途径上，4种模式都将产学研结合作为基本途径，强调通过生产实践和高等职业教育人才的应用型特征。

4. 鼓励学生获取双证制

在人才培养的终端设计中，把毕业证和职业资格证作为对学生毕业的基本要求，鼓励学生获取毕业证的同时，获得相关行业的职业资格证。同时，把职业资格认证的相关课程纳入到课程体系中。

5. 重视“双师型”教师的培养

在师资队伍建设中，结合我国人才流动机制不健全的情况，高等职业教育院校都十分重视双师型教师的培养和引进工作，重视其在人才培养中的地位和作用。

（二）4种人才培养模式的差异

1. 企业的参与程度和方式不同

在“产学研结合模式”中，校企联合的企业为学生提供生产实践场所，与学校共同创办生产性实习工厂，联合开发产品，让学生参与其中，培养实践能力。同时，强调发展校办产业，为学生提供生产实践服务。在“订单式模式”中，则要求企业实质性参与人才培养和就业的全过程，双方以协议的方式约定人才培养的全部历程。企业从专业设置、目标设计、课程开设、教学过程、教育教学管理、毕业就业全程进入，成为人才培养的主体之一，与校方共同承担人才培养质量和就业的责任。在“以就业为导向模式”中，企业主要参与专业和课程的开发，成为专业和课程开发的重要主体。同时与学校建立长期合作关系，为学校开展产学合作提供基地。在“双证书制人才培养模式”中，学校直接对接企业需求的技能证书。

2. 专业设置、培养目标和课程设计的理念有差异

“产学研结合模式”强调对市场的开发，根据市场需求设计产学研培养方式的具体路径。“订单式模式”主要根据合作企业的小市场来设计专业、目标和课程。“以就业为导向模式”则主要是以就业为中心设置专业和课程体系。“双证书制人才培养模式”是根据企业需求的证书设置一定的课程和培训内容。

三、国外国内研究启示

创新创业教育在欧美等发达国家几十年的历史长河中，一直深受重视，其发展和实施现今已非常成熟并颇具规模，国外各学术界专家对创新创业教育相关领域的研究已经完成从定性深入到定量层面的转化。美国、英国、澳大利亚等国家的创新创业教育相对于我国已经有几十年的发展历史。他们以创业过程为核心，构建一个从内至外的完整的教育课程体系与传授创业相关技能的模式，造就出大批拥有首创观念、冒险精神、创业意识与工作的自立能力等创新型的开创性人才。发达国家的创新创业教育已经呈现出从生存型到发展型的承接、从阶段性教育延至到终身教育、从经济领域到文化领域拓展、从宏观内容到细化内容等一些特点。他们从科学认识创业的高度上，推动整个经济发展、科技进步与社会创业进程的步伐，突显了社会公益性的特征。

经过近几十年的发展和完善，发达国家已建立以全日制课程模式为主的正

规学历型职业教育和以短期特殊培训课程模式为辅的非正规学历型职业教育的、完备的、形式多样的高等职业教育体系。纵观发达国家高等职业教育发展历程，可以得到如下几点启示：

1. 社会经济和科技的不断进步是高职教育发展的直接动因

20世纪六七十年代，世界范围的一些经济发达国家，由于产业结构的调整、生产方式的转型以及新的管理制度的引进等原因，都促使生产一线迫切需要补充大批既懂理论又具有较高水平的高等职业技术应用性人才，而这种类型的人才是普通高等教育培养出来的人才所不能与之相适应的。为此，各国产业界强烈呼吁大力发展高等职业教育，培养高层次的职业人才，这就是高等职业教育在世界发达国家和地区迅速兴起、蓬勃发展的直接动力。

这要求我们在制定高等职业人才培养模式时，应充分考虑社会经济的现状和发展趋势，做到与时俱进，这样才能保证高职人才培养模式适应的长期性和发展性。

2. 课程教学体系的灵活性和职业功能性是高职教育发展的重要保证

课程教学体系的灵活性和职业功能性是发达国家高等职业教育课程教学体系所共有的基本特征。发达国家许多高等职业技术学院均设有可提供高级文凭、证书或证明的课程，课程内容广泛，既着眼于专业能力的培养，又注重基本知识的学习和基本职业技能的培养。在课程设置方面，十分注重增强课程的弹性，兼顾理论和实务，广泛增设选修课数量，注重学生个性的发展和职业适应性的需要，在课程内容方面，注重围绕社会的需要，坚持以职业对技能和知识的实际需求为课程内容的依据，重视课程的职业功能性。

3. 课程体系实施方式的针对性和实效性是高职教育发展的基本特色

课程实施目标明确、理论与实践结合贯穿始终、教学方法独特实用是发达国家高等职业教育课程实施方式的基本特色。课程实施最终通常体现在两个方面：一是实行面向社区、面向行业、面向地方经济的“三面向”方针；二是保证课程体系的完整性和保证满足学生上岗、就业的需要。

课程是教学内容的集中体现，而教学内容又是人才培养模式的关键部分，因此，课程体系的改革将是人才培养模式创新中重要的体现。

4. 多样化的产学合作教育形式是高职教育发展的必经之路

发达国家高等职业教育多样化的合作办学形式，有利于学校与企业之间在人力、物力、财力和实践场所方面的资源共享，缩短高级专门人才从理论到实践的距离，加速了高级专门人才的培养。企业拥有物力、财力和实践场所，但需要智力和人才支持；而学校搞教学和科研又需要财力、物力和实践场所的帮助，科研成果也急需投入应用，特别是应用性科研成果，必须尽快投入应用才具有真正的价值。通过多种形式的产学合作，把两者的优点结合起来，做到一举多得、共同发展。

从中外高等职业教育的发展和经验来看，产学合作教育是办好高等职业教育的必由之路。要实现高等职业教育的人才培养模式创新，应该正确处理两者的关系。

5. 实现办学层次适度高移是社会经济和科技进步对高职教育发展的必然要求

人才的合理结构是社会和经济正常运行和发展的基础，而教育类型的合理结构是社会人才合理结构的根本保证。从发达国家职业技术教育发展来看，高等职业教育正逐渐向高层次延伸。

从高等职业教育的产生和发展来看，它总是随着社会和经济的不断发展而不断变化和适应，办学层次的提升是适应当今经济社会发展的有效对策。因此，我国高等职业教育人才培养模式中应及时关注到这个趋势。

通过对国外高校创新创业教育的比较研究，我们知道在世界范围内高等职业教育蓬勃发展的大格局下，可从国外多样化的人才培养模式中吸取宝贵的经验，并准确把握高等职业创新创业教育的发展趋势，这对于我国高等职业创新创业教育的发展和改革会起到重要的借鉴作用。

第二章 高职创新创业教育认识论基础

第一节 高职创新创业教育理论基础

一、概念的界定

高职创新创业教育的核心，就是要启蒙学生的创新意识和创业精神，这就需要了解创新型人才的素质要求，了解创新创业的概念、要素与特征等，掌握开展创新创业活动所需要的基本知识。

（一）创新

“创新”起源于拉丁语，有三层含义：第一，更新；第二，创造新的东西；第三，改变。在使用之初是一个经济词汇，最初由美籍奥地利经济学家熊彼特在他出版的《经济发展理论》一书中提出。

创新是以新思维、新发明和新描述为特征的一种概念化过程。在国外的有关文献中，我们并没有发现与“创造型人才”，或“创新人才”对等的概念。一些相关的概念如“creative mind”，“creative man ”，creative thinking”等，大都是从心理学的角度研究创造性思维、创造性人格的特点。国外对创新人才的理解比较宽泛，他们大都是在强调人的个性全面发展的同时突出创新意识、创新能力的培养。如美国心理学家吉尔福特曾把富有创造性的人的人格特点概括为8个方面：有高度的自觉性和独立性，不肯雷同；有旺盛的求知欲；有强烈的好奇心，对事物的运动机理有深究的动机；知识面广，善于观察；工作中讲求理性、准确性与严格性；有丰富的想象力、敏锐的直觉，喜欢抽象思维，对智力活动与游戏有广泛兴趣；富有幽默感，表现出卓越的文艺天赋；意志品质出众，能排除外界干扰，长时间地专注于某感兴趣的问题之中。

创新是指以现有的思维模式提出有别于常规或常人思路的见解为导向，利用现有的知识和物质，在特定的环境中，本着理想化需要或为满足社会需求，而改进或创造新的事物、方法、元素、路径、环境，并能获得一定有益效果的行为。

创新是人类特有的认识能力和实践能力，是人类主观能动性的高级表现，是推动民族进步和社会发展的不竭动力。一个民族要想走在时代前列，就一刻也不能没有创新思维，一刻也不能停止各种创新。创新在经济、技术、社会学以及建筑学等领域的研究中举足轻重。

（二）创业

“创业”是一个有着丰富内涵的词语，最早是由Kinght于1921年提出的。“创业”一词的概念来源于Entrepreneur，意为企业家、创业者。创业与企业家这两个概念在意义上存在着密切的联系。多角度去理解“创业”时会发现它存在着性质、类别、范围和过程阶段等方面的差别。创业学领域的学者们往往是从经济学的角度去给“创业”一词下定义的。杰弗里·蒂蒙斯（Jeffry Timmons）在《创业学》中指出：“创业是一种思考、推理和行为方式，这种行为方式是机会驱动的，注重方法和与领导相平衡”。熊彼特（J.A. Schumpeter）认为：创业是实现创新的过程，而创新是创业的本质和手段。荣斯代特认为：创业是一个创造与增长财富的动态过程。财富是由这样一些人创造的，他们承担资产价值、时间、事业承诺、提供产品或服务的风险。他们的产品或服务未必是新的或唯一的，但其价值是由企业家通过使用必要的技能与资源并进行配置来注入的。全球创业观察组织将创业定义为“依靠个人、团队或一个现有企业，来建立一个新企业，例如：自我就业、一个新的业务组织或一个现有企业的扩张”。“创业”一词在中国同样具有悠久的历史和厚重的文化底蕴，而且它并不代表着某类企业的创办，更重要的是指一种巨大的成就或贡献。《辞海》中将“创业”定义为“开创建立基业、事业”。复旦大学郁义鸿、李志能在《创业学》一书中认为“创业是一个发现和捕捉机会并由此创造出新颖的产品或服务，实现其潜在价值的过程”。

从以上组织或个人对“创业”所做的诠释来看，大家对创业存在着一些共识：

（1）创业是创造和创新的过程，在过程中会产生某种有价值的新鲜事物。

（2）创业是创造的过程，创业包含着开拓创新的意思，所以创业应该能够产生某种有价值的新事物或对地区、国家具有一定的积极影响。

（3）创业是存在风险性的，创业者需要有一定的承担和承受能力。

（4）创业成功者会获得创业所带来的回报。努力的创业者通常都会得到创业的回报，这些回报也许是可观的收益，也许是成就带来的满足，也许是各种经历沉淀出的智慧。

（5）创业需要创业者付出努力。创业是艰辛的旅程，创业的道路上，存在着无法预测的风险，所以创业者必须做好迎接各种挑战的准备。

从创业的内涵上讲，创业有广义和狭义之分。

广义的创业是指人类的创举活动，或指代有开拓、创新并有积极意义的社会活动。狭义的创业是指创业者对自己拥有的资源或通过努力对能够拥有的资源进行优化整合，从而创造出更大经济或社会价值的过程，也就是指创业者的生产经营活动，主要是开创个体和家庭的小企业或者创办企业等。本研究将创业定位在狭义的范围。

（三）知识型创业

知识型创业的概念是在转变经济发展方式的路径意义上提出的。在知识社会条件下，创新驱动是由创新创业过程组织起来的。在创新驱动的过程中，所需求的创业者是接受高等教育的群体，这类群体被德鲁克称为“知识劳动者”。而非一无所知的劳动者。“知识劳动者是创新驱动经济中的主要创业群体”。这就提出了不同于前知识社会里“古典创业”的知识型创业，它是以创新为基础的创造性思维训练。

知识型创业又称知识溢出创业（knowledge spillover entrepreneurship），有研究者认为：将创业这一过程作为知识溢出或知识再造的一种表现形式，认为知识接受者将获取的知识、自身知识及其周围环境凝聚起来并相融合后，更容易挖掘出新知识、制造出创业的新机会；同时，知识型创业的承担主体是知识劳动者，即接受过高等教育的大学生群体，因为这些群体有丰富的知识存量和比较完备的知识结构，有利于新观念的产生。并且在其知识存量和创新能力上的优势是其他群体无法与之媲美的。受教育程度越高，接受创新过程就越迅速越彻底，从而就越能产生新发明，越能适应环境与事态变迁，更易于开展文化交流活动，更易于走向现代化。罗杰斯概括了最易于接纳创新的人的6大特点，全部同教育水平有关，但他还是把“受过较好教育”和“较有文化”列为第一、二特征，以示强调。

知识型创业顾名思义是具备较高知识含量的创业活动，外国学者也早实证了那些没有被商业化的知识是创业机会极其重要来源之一，这些知识往往是在现存的企业中被创造出来的，知识型创业看成是创业过程中知识溢出的一种形式和结果，新创企业在将知识预以商业化、企业化的整个进程中完成了逐步创新的拓展及蔓延，而且，知识型创业整个进程也是创新能力的吸取与聚集、凝结的进程，创新能力凝聚很可能是获益于需求条件、企业决策、生产要素等一系列外生性因素。但最核心的内生性变量是产业知识的吸取和其创新能力。可见，知识型创业活动完全可以认为是在区域创新网络下形成的若干吸引因素，既可巩固、拓展已有的创新型集群和创新网络，也可以在相应环境下培育或是助成新的创新型集群呈现。

知识型创业的特点是有效利用知识、技术、智慧与创造力去创办新企业、新的市场，核心点与关键点是一个“创”字。企业或是基于知识与技术创办的新企业、新市场，或是通过他们的自主创新在企业内进行创业，以此通过不断创造新财富和新知识价值来满足经济和社会发展需求，从而继续获得更好的生存与发展机会。创业学研究者杰克·M·卡普兰将创业者与普通企业家分离开来，将“创业型企业”与普通小企业分离对待，认为“尽管全部企业家与创业者都曾或正在开办新企业，但并非所有新企业都属于创业”。普通的老板不能享受企业家与创新者的桂冠。从知识分工的存在必然发生知识劳动，与传统资源性的创业不同，知识型创业所面对的，不仅是物质资本的有效组合，更多是知识驱动、创新驱动，是洞悉各项知识之间的互补性。

知识经济的发展使人们看到了知识型创业所带来的巨大经济价值和社会价值，同时也在增强国家竞争力中确立了知识创新和创业的重要地位。越注重将增强知识创新能力放在国家全面建设突出位置的国家，其知识经济就越发达。现有大量案例研究发现，知识型创新创业在社会和经济发展过程中做出了重大贡献。

（四）人才培养模式

人才培养模式是指在一定的教育思想和教育理论的指导下，为实现培养目标而采取的教育教学组织样式和运行方式。这些组织样式和运行方式在实践中形成固定的风格和特征，具有明显的计划性、系统性和范型性。专业设置模式、课程体系状态、知识发展方式、教学计划模式、教学组织形式以及非教学或跨教学培养形式等都是培养模式的各要素，它们都是培养过程中为实现培养目标而带方向性的管理内容，而且彼此之间存在着内在的逻辑关系。

培养模式的构成是一个颇有争议的问题，由于建立人才培养模式的准则不同，其人才培养模式也会不一样，尽管提法众多，但是，人才培养模式主要由以下几个要素构成：

（1）培养目标：培养目标可以有多种表达方式，《教育大辞典》对培养目标的解释是指教育目的或各级各类学校、各专业的具体培养要求，一般包括人才根本特征、培养方向、培养规格、业务培养要求等内容。培养目标受社会对人才类型、规格的需要与学生的基础条件及全面发展要求的共同制约，它是培养模式中的决定因素。人才培养目标，即培养者对所要培养出人才的质量和规格的总规定。一般可以表述为：培养社会发展需要的、具有某些素质的全面发展的人才。这里全面发展指个体身心和谐地发展，并不是样样精通、百科全书式的通才。

（2）培养内容：人才培养内容是培养者作用于培养对象的影响物。学校人才培养内容是以课程的形式体现出来的。这里所指的课程除了课程表中所规定的课程外，还包括配合课内教学所组织的全部课外活动，以及在整个学校生活中教师与学生集体的价值观、态度、行为方式等校园文化因素对学生的影响。

（3）培养过程：培养过程是为实现培养目标，依据人才培养制度的规定，运用教材、实验实践设施等中介手段，相互配合，以一定方式从事教学活动的过程。因而培养过程是人才培养模式的本质属性，它包括专业设置、课程体系、培养途径和培养方案等要素。

（4）培养制度：培养制度是指有关人才培养的重要规定、程序及其实施体系，是人才培养得以按规定实施的重要保障与基本前提，也是培养模式中最为活跃的一项内容。它主要包括专业设置制度、修业制度和日常教学管理制度三类。

（5）培养评价：培养评价是指依据一定的标准对培养过程及所培养人才的质量与效益做出客观衡量和科学判断的一种方式。它是人才培养过程中的重要环节，对培养目标、制度、过程进行监控，并及时进行反馈与调节。

因此，人才培养模式在人才培养中既不属于内容范畴，也不属于纯粹的形式范畴；既不属于目的范畴，也不属于结果范畴。培养模式的根本属性，表现在它是一种过程范畴，即它是一种对于培养过程的设计、建构和管理，是关于人才培养过程状态的总体性表述。

（五）高等职业教育

按照联合国教科文组织关于《国际教育标准分类》规定，“标准分类”将教育分为7个等级，学前教育为0级、小学教育为1级、初中教育为2级、高中教育为3级、高中与大学之间有一段补习期教育为4级、大学教育为5级、研究生教育为6级，而大学教育（5级）又分为学术性为主的教育（5A）和技术性为主的教育（5B）。

与普通高等教育培养学术型、工程型人才相对应，高等职业教育培养的高级技术应用型人才，其根本目的是在高中文化的基础上，培养生产、经营、管理和服务第一线急需的既掌握一定科学技术知识，又具有很强的专业技能，能把先进的科学技术转化为现实生产力的高级技术型、应用型人才。《中国教育百科全书》对于高等职业教育的解释是“通过学校教育和职业技术培训，把那些中等职业技术学校的毕业生、普通高中毕业生及具有相应文化水平和实践经验的中级技术工人，进行为期一年（若专业需要还可增加一年）的教育，其中重点培养学生的实际技能，使其成为社会生产部门第一线需要的高级应用型人才和高级技术工人”。

目前，大家普遍接受的高等职业教育定义是：为适应经济社会发展的需要和个人就业的要求，对受过一定教育的人进行职业素养特别是职业能力的培养和训练，为其提供从事某种职业所必需的实践经验的一种较高层次的教育。

在我国，高等职业教育是高等教育的重要组成部分，是职业教育的龙头。它是特殊类型的高等教育，是以职业岗位为导向，以职业技术能力为基础的新型高等技术教育，具有非常强的实践性，它与普通教育相互沟通，共同构成了我国现行高等教育体系。

（六）高等职业教育人才培养模式

高等职业教育人才培养模式是在一定的教育思想指导下，为实现高等职业教育人才培养目标而采取的人才培养活动的组织样式和运行方式。高等职业教育人才培养模式几个要素如下，包括有：培养目标、培养内容、培养过程、培养评价、培养制度5个方面。

同时，其相对其他人才培养模式，具有丰富的内涵特点：

（1）高等职业教育人才培养模式是一种教育思想，凝聚着教育主体对高等职业教育的认识，主要包括：高等职业教育主张、教育理论和教育学说等。

（2）高等职业教育人才培养模式是一种有明确目标的活动，以培养生产、服务和管理第一线的应用型高级技术人才为目标，这一目标既体现了社会对高等职业教育的要求，也是高等职业教育发展的依据。

（3）高等职业教育人才培养模式所涉及的人才培养活动，既包括学校的教育、教学和管理活动，也包括由学校设计并组织的校外教育教学活动。

（4）高等职业教育人才培养模式是一种组织样式和运行方式，人才培养是多要素参与的集体劳动成果。

二、概念间的关系

（一）创新与创业

在西方文化中，“创业教育”的内涵是一个不断演化的过程，有历时性。目前将创业教育、企业家精神和创业精神共同使用“ entrepreneurship ”一个词语来表述。而在我国，大部分高校一直将创业教育偏向围绕着创业技能培养、创业实践活动而开展实施（即：狭义的创业教育）。可见，对高校“创新创业教育”的研究，就是在当下经济发展方式转变、急需创新型人才投身创业活动的特殊阶段，对以创新意识、精神、能力培养为目的的创业教育的不断探索与研究，更符合世界高等教育改革的发展趋势。将“创新”的理念渗透、融入到创业教育中。从受教育者的行为主体，从生存发展的命题，从“知行统一观”的角度着眼，将创新创业教育作为一个完整的范畴研究分析，在理论上是成立的。

“创新”、“创业”两者都强调“创”，亦即强调一种开始，一种从“无”中生“有”的意蕴，简单说，两者都突出强调创造性提出问题、分析问题和解决问题，内在都蕴含的开创精神，其共同目标与追求都是培养创新创业型人才。与广义上的“ 创业”教育的内涵相比，我们把“ 创新 ”的理念渗透、融入以往的创业教育里，强调这种教育是培养更多的有创新精神和能力的优秀创业者，使他们投入到创业活动中，并非是就业困难的学生为了谋生而不得不去创业。为此提出了“创新创业教育”的新定义。所谓“创新创业教育”是指以培养受教育者的创新精神、创业意识与能力为基本价值取向的教育理念与教育模式。

新概念通常蕴涵着新的理念。“创新创业教育”表达着一种与时代精神相吻合，与社会发展需要相适应的新理念。如将创新与创业相对比，创新为“里”，创业为“表”，创新比创业更根本。实质上，创新教育更重视对受教育者全面发展的全局掌控，创业教育更重视的是受教育者如何实现自我价值，两者是互相制约又互相推进，具有紧密相连的辩证统一关系。从某种角度上说，创业能力的强弱映射出一个人的创新与实战能力的高低；创新是创业的基础，创新教育的最终效果，需经历其培育各类人才在将来创业工作的实效中进行充分验证，它以创业作为验证的载体和最终效果的表现模式，创业是否能成功完全依赖于创新教育根蒂的坚固程度。创新教育与创业教育交叉、紧密、叠加，彼此蕴含，以集合的视角，将创新教育与创业教育作为一个整体来推进和研究，已经是经济增长方式和教育发展改革的必然趋势。

“创新创业教育”是指普及性和广义上的创业教育。如果将“创新创业教育”与“创业教育”做严格概念区分，确实存在细微的区别，但共性要远远大于差异性，二者间的差别是“同中之异”，从广义而言其高度一致。为此可将两个概念相互用，都是突出强调创造性提出问题、分析问题和解决问题，内在都蕴含着开创精神，其共同目标与追求都是培养创新创业型人才。

应用在高等教育中，创新创业教育核心目标不仅是培养学生企业家，更是培养学生开创性精神和能力素质，最终成为具有开创性的个人；创新创业教育在重视挖掘和提升学生的基本素质、创造性思维、预见能力、创新精神、风险意识、辨别机遇能力的同时，更重视不断提高与之相伴的其他素质和实践训练能力。

在教育过程中特别强调为使其能够在实践活动中独自的去发现问题和解决问题，并在其中提出自己的新观点、新构思和创造有价值的东西，更要加强自我创业意识和展示创新操作能力，进而成为具有较高素质的社会主义现代化建设者。在创新设计、创业发展中，依赖单纯的传统理论教学早已不能实现，必须着重加强创新和创业作引导，借助长期积累的实践经验，以策动和敞开式为教学模式和理念，促进学生成为自主创新的探求者，转变过去的被动适应。创新创业教育实现了知识教育和智慧体悟、教育民主化与个性化、解决生存问题与提升生活意义的有机结合。它是素质教育的具体化，是素质教育的题中应有之义，更是对素质教育的新指认。创新创业教育所涵盖的基本素质是受教育者全部素质培养中最重要的部分，也是素质教育极为重要部分和落脚点。通过充分发挥学生的自觉性和独立性来培养学生的创新精神，通过开展实践活动来提升创业素质，通过理论联系实际满足社会对创造能力的培养需要和适应市场经济的需求。

人类文明步入知识社会以来，社会经济发展日益密切依赖于人的创新创业活动。创新创业精神是人类探索世界和开展创造性物质实践的本性。创新创业教育是将素质教育的感染作用进一层融入的一种新形式。全面提高学生的素质，集中体现了教育的效果、质量和收益。但在自发秩序下，社会所能够输出的创新创业才能已经远远不能满足知识经济发展的需要，而在先行迈入知识社会的国家里，通过大规模的教育来鼓励、培养和输出创新创业才能已经成为高等教育为社会经济发展服务的明确任务。

对于我国来说，高等院校必须坚持在党和国家的教育方针指导下，开展和实施创新创业教育，对于建设创新型国家和实施以创业带动就业战略的实施具有重大意义。“创新创业教育”明确了“面向全体学生”、“结合专业教育”、“融入人才培养全过程”，表征着一种教育理论、一种教育体制、一种新的教育实践。是对当前国家发展战略在教育领域中的新确证和新响应。

（二）创新教育和创业教育

由于目前中国资源耗尽与人口老龄化等诸多原因，现代化转型之路和经济发展方式转变的要求已经非常急迫，它成为国家空前重视的深远的战略意图。高校开展创新、创业教育，实际上是把学生进行素质教育、创新教育、创业教育有机互为融合，提升学生们的综合素质，进而以促进学生全面发展。由此可见，培养学生创新和创业精神、能力是实施素质教育的重点，在人才培养目标中三者应保持高度的一致性。当受教育者具备创新观念和愿望，加上实战能力和机遇把握，创业的成功就将指日可待。创业是因创新观念而致的一种行为，它与创新概念内在价值的侧重，径直影响到高校创新创业教育思路的出发点和目标设立。

创新与创业既有区别又有联系，“创新更多是思维层面的推陈出新、锐意进取、勇于尝试、精神和态度勇于开拓、转化的一种创造；创业则关注在行动层面上的，在社会经济、文化、政治等相关领域里开创新事业和新企业，并开展新业务，从而将实现新商品或新服务的机会确认和挖掘出来，给他人及社会缔造、产出新价值与新财富的全过程”。一方面我们没有拘泥于就创业来讲创业，而是从培养学生创新思维、创造精神出发，把创新教育融入到创业指导的全过程。另一方面从广义上讲创业，我们没有拘泥于狭义的自主创业，而是结合创业是“一种发掘机会，并组织资源建立新组织，进而提供新价值的过程”这一广义含义，不仅注重培养全体大学生自主创办企业的能力，更着力提升所有大学生的创新思维和创新理念，培养更多的高校毕业生立足本岗位，解放思想、开拓进取、创造新技术、开创新事业。因此，创新与创业二者紧密相连，创业是创新重要载体和表现形式，创新是创业的支撑、核心和本质。创业不是停滞于思想、意识上的创新，是属于行动和行为上创新活动，是创新行为的呈现。正如学者奥德莱斯切认为：没有创新或创新性不足的生存型创业更多是一种“流亡”效应，他们很少为经济增长作出贡献，因为他们拥有的资本较少，创业能力不强。

创新教育重视对人的发展的总体把握，是以培养受教育者的创新素养、提升受教育者的创新潜能为最终宗旨，区别于以往守旧式传统教育的被动吸收或一成不变式教育模式，将创新的活动力融入于教育活动；创业教育则重视对人的价值的具体体现，是指以培养学生的创业意识、精神、素质为宗旨，使其形成创业初步管理技能的教育活动，以此满足社会生存需求、促进经济社会的全面发展。创业教育的有限性决定着创新教育迟早都要全面回归到教育制度设计的总体上。创业教育所承担的创新教育内容，在范围上应以不影响创业教育自身的专业化进程为界。创新与创业教育是两个不可分离的教育理念，二者的价值取向目标是一致的，均是对受教育者创新精神与实践能力的培养，尽管两者提出的问题的时间先后与角度不同，但已成为历史性的课题在新时代被提出，都是大力推动实施素质教育的核心内容。其被视为一种新的教育思潮，创新教育与创业教育应该是一个统一的系统。

素质教育强调受教育者的全方位发展，以解决受教育者如何“成人”的问题；而创新教育着重关注受教育者的全面发展掌握，以解决受教育者如何“成才”问题。创业教育着重关注受教育者自身自我价值如何体现、完成，解决的是“成家立业”的问题。所以，创业教育与创新教育目标取向一致、内容本质相通、功能作用相同，它们之间互为依存又互为制约，具有息息相通的辩证统一关系。创新教育以创业教育为最终目标，创业教育以创新教育为本质与核心，创新教育是素质教育的重点之所在，其目标是培养具有创新意识和精神，成为创新型人才，来适应国家经济发展的需求。创业教育是全面推近素质教育的重要突破口和实施的关键。使受教育者创新理念、创造思维、开拓精神、学习品质、专业能力等等方面贯穿于教育实践的不同方位，真正实现教育活动由过去空泛的应试教育走向具有灵魂的素质教育。因此，创新与创业教育是素质教育的高质地、高层次、高呈现的一种活动过程。通过以上关于三者关系的论述，清晰梳理了素质教育、创新教育与创业教育的三者的关系。

受教育者在实施素质教育中创新能力培养的过程，是对受教育者创业能力培养的内在要求和支柱；受教育者在实施素质教育中创业能力培养的过程，也是受教育者创新能力的准确呈现和尝试。积极努力地在高校进行创新和创业教育活动，提高自主创新能力，是高校创业教育理念由“技能型”到“素质型”的转型升级过程，标志着创新与创业素质培养已经逐步融入到人才培养理念之中，从而进一步落实我国创新型国家建设的战略。

(三)知识型创业和创新创业间的关系

“20世纪90年代初期，国有企业改革进入了‘抓大放小’阶段，政府基本退出竞争性生产领域，由此产生了大量的国有企业‘失业下岗’人员。为稳定社会秩序，国家第一次开始鼓励和扶持个体自主创业。这种创业和改革开放初期的‘下海’，以及后来风靡全国的‘招商引资’有着共同之处：它们基本与创新无关，或是倒买倒卖，或是位于产业链最低端的劳动密集型创业，提供出来的大部分都不是知识密集的产品或服务。创新和创业、创新教育和创业教育是刚刚联系在一起的事情。‘经济发展方式转变’的调整方向和主线是‘创新驱动’，影响经济发展方式转变的最根本因素是创新。没有创新，无以开展知识型创业；没有知识型创业，创新难以注入经济发动机当中。正是在这样的背景下，创新创业第一次被联系到一起，使创新成为创业的核心问题。企业家只需要创生一个有远见的新观念，就足以使某些知识经组合后的有用性增加。‘创新驱动’依赖人力资本的不断创新，产生‘知识溢出’，只有大学生这样接受过高等教育的知识劳动者才有可能承担起创新驱动的重任。可见，知识型创业是创新驱动的发动机。创新创业教育能够提供适应‘创新驱动’的人力资本积累，即：从主要关于制造的知识转向创造的知识。它的内容组织目标，是围绕知识型创业为核心的创业形态。虽然大学生群体为数众多，但由于受创新创业教育不足影响，他们的创新创业能力还远远没有达到与中国人力资本密度相称的水平上，这导致全社会创新创业能力不足，成为制约‘经济发展方式转变’的瓶颈。”创新驱动是由创新创业过程组织起来的，依赖于创新创业活动，创新创业教育是“创新驱动”的源泉。

从“资源驱动”转变到“创新驱动”阶段，关键问题有两个。首先是人力资本积累，其核心是通过扩张高等教育的规模，尽可能地将生育率迁移过程导致的多余的简单劳动者转换为知识劳动者，以使他们的人力资本含量和所能激发出的创造力与“人力资本驱动”经济的需要相适应。这一积累过程始自上个世纪末的高校扩招。尽管它在初期曾备受争议，但鉴于转型的迫在眉睫，仍然是当时必须的战略选择。其次是“知识就是力量”，即知识—资本—创新—增长的现实演化路径。科学知识不再自动意味着生产力，其核心是确立与转型相适应的理论共识，以适应和指导这一转型期的经济和教育政策。两个问题中，前者的目标已经确立并得到相应实施，后者在理论和实践上还处于探索阶段。

“创新驱动”是以知识为基础的经济发展方式。创新驱动是为了探讨知识成为生产力的组织机制。知识型创业，即在创新的基础上，提供知识密集的产品或服务的创业类型，包括发现新知识、应用新知识、已有知识的新应用、不同知识的新组合等。把知识作为变量建立起一个内生增长理论，经济学上称作新增长理论，证明了知识型创业是创新驱动的发动机。“创新驱动”与创新创业教育就是如此息息相关，它要求高等教育提供的是能够适应“创新驱动”，而不再是传统模式的人力资本积累，即从主要是关于制造的知识转向创造的知识。知识型创业的主体是知识劳动者，即大学生群体是知识型创业的承担者。真正发挥创新创业教育对人、社会经济发展的促进作用，首先离不开的是高等教育的支持，因为高素质的社会劳动者是我国高校创新创业教育的主要教育对象，在现阶段乃至今后一段时间内仍是具有较高素质的一类群体，开展创新创业的同时更离不开创业者多年来在高等教育中拥有和积淀的背景与知识。这就要求高等学校应继续提高对创新创业教育的认识，树立创新创业教育的理念，将大学生的创新精神和创业能力培养作为高等学校基本目标之一，并形成有自身特点、结合实际的创新创业教育理论和实践体系，提供“ 鼓励每一个人在每一个方向上创新 ”的教育环境；开启心智，把我们尽可能多的有希望的方向和价值观展示给我们的学生，使一些优秀的知识劳动者能够投身创业，最大化释放他们的创新与创业能力。努力培养学生成为合格的求职者、岗位的创造者、企业创新的推动者、国家创新的主力军。没有创新，无以开展知识型创业；没有知识型创业，创新难以注入经济发动机当中，就无法实现经济发展方式的转变。如果正规高等教育无法提供适应“创新驱动”的知识劳动者，那么我们不难想象，创新创业教育的职能就只能由社会，更确切地说主要是由企业来承担，这意味着大量知识劳动者个体可能由于教育的失误而错过创造力养成的最佳学习窗口。同时，这种状况的持续可能导致的最严重后果，或将使中国错过最佳的调整机遇。

三、基本理论

创新创业教育是以培养具有创业基本素质和开创型个性的人才为目标，不仅仅以培育在校学生的创业意识、创业精神、创新创业能力为主的教育，而是要面向全社会，针对那些打算创业、已经创业、成功创业的创业群体，分阶段分层次地进行创新思维培养和创业能力锻炼的教育。创新创业不是凭空臆造的，它是建立在知识的传播、转化和应用的基础之上。高职院校培养创新人才绝非为教育创新而创新，而是有着厚重的理论底蕴作为支撑。

（一）人力资本理论

所谓人力资本，即指凝聚在劳动者身上的知识、技能及其所表现出来的能力。人力资本理论的产生可以追溯到18世纪。早在1776年，现代经济学的创始人亚当·斯密就在他的代表作《国民财富的性质和原因的研究》中指出：个人通过学习所获得的已成为个人能力一部分的知识和技能，也应视作社会财富的一部分，是社会固定资本的组成部分。

随着经济和科技的发展，到20世纪中叶时，学者们对人力资本的研究开始系统起来。其中，最杰出的代表人物当属美国的西奥多·舒尔茨，他在其名著《论人力资本投资》中指出："事实证明，人力资本是社会组织和个人投资的产物，其质量高低完全取决于投资多少。"人力资本是关于人口质量的投资，它比物力资本更加高效，在人力资本形成的各种途径中，教育是一条最重要的途径。西方大多数专家指出，教育是一种生产性投资，它对经济增长具有举足轻重的作用。

在人类所拥有的一切资本中，人力资本是第一宝贵的，自然成了现代管理的核心。更好地提高人力资本的管理水平，不仅是发展经济、提高市场竞争力的需要，也是一个国家、一个民族长期兴旺发达的重要保证，更是一个现代人充分开发自身潜能、适应社会、改造社会的重要措施。因此管理好人力资本有着重要的意义。

（1）通过合理的管理，可以实现人力资源的精干和高效，取得最大的使用价值，同时，人的使用价值达到最大等同于人的有效技能最大地发挥。

（2）通过采取一定措施，可以充分调动人力资源的积极性和创造性，也就是最大限度地发挥人的主观能动性。调查发现：按时计酬的员工每天只需发挥自己20%–30%的能力，就足以保住个人的饭碗。但若充分调动其积极性、创造性，其潜力可发挥出80%–90%。

（3）通过教育和培训，人力资本的效能不断提高。人类社会的发展，无论是经济的、政治的，最终一切为了人本身的发展，马克思指出，教育不仅是提高社会生产的一种方法，而且是造就全面发展的人的唯一方法。随着社会的发展，教育和培训在人力资源开发和管理中的地位越来越高。

21世纪的中国处在一个知识经济时代，也是一个创业的时代，此源于日益激烈的人才竞争，严峻的就业形式以及国家经济发展方式的转变，于是对人才的素质、对人才开发的力度和高校人才培养模式也有了新的要求。除了要求大学生掌握知识、技能之外，还需着力提升大学生的文化修养、企业家精神、创新创造能力，以提高其综合素质。

人力资本理论为创业人才的培养提供了理论依据，创业人才的培养是时代的要求，高校培养出来的创业人才是经济发展和社会进步的有力推动者。

（二）实用主义教育理论

实用主义教育理论于19世纪末在美国兴起，是以批判赫尔巴特代表的传统教育学为基础，以美国实用主义文化为背景，而建构起来的一股教育思潮，它深深地影响了20世纪全球的教育理论的研究和实践。实用主义教育理论代表人物有美国哲学家、教育学家杜威（John Dewey，1859—1952）和克伯屈（W.H.Kilpatrick，1871—1965）等人。

杜威非常重视教育过程中师生之间的合作关系。他认为，在教育过程中激发学生自己发现问题、解决问题，并不是指教师可以袖手旁观，保持沉默，而是共同参与学生的活动。在这种共同参与活动的过程中，教师或学生愈少意识到自己在那里施教或受教就愈好。杜威反对那种依靠威吓和压制的方法进行教育和教学，要求各门课程的教学过程成为师生合作的相互作用的过程，成为师生两方面都是作为平等者和学习者共同参与的过程。

实用主义教育理论的观点总结如下：

第一，教育即生活，教育的过程和生活的过程是合二为一的，而不是为将来的某种生活做准备；

第二，教育即个人经验的增长，教育在于让学生在真实的情境中增长自己的经验，这是教育的最终目的；

第三，教育即成长，是个人经验的增长过程；

第四，学校的课程是以学生的经验为中心的，打破了原来以学科为中心的课程体系；

第五，教育教学中不再以教师为中心，教师只是学生成长的帮助者，学生才是教育教学的中心；

第六，在教育教学过程中，要注重学生的创造性的发挥，提倡让学生在学习的过程中独立探讨、发现问题。

在当今社会依然认为实用主义教育哲学拥有它的极大社会价值，认为当代“杜威教育思想依然是有生命力的”。

总之，实用主义教育理论所倡导的以学生为中心、活动课程、做中学为特色的教学思想，为教学思维的改变和教学模式的更新，以及创业人才的培养策略提供了理论基础。

（三）创新型国家理论

通常，人们按照实现工业化和现代化道路的不同将国家进行划分：有些国家主要依靠自身丰富的自然资源增加国民财富，如中东产油国家，即资源依赖型国家；有些国家主要依附于发达国家的资本、市场和技术，如一些拉美国家，即依附型国家；还有一些国家把科技创新作为基本战略，大幅度提高科技创新能力，形成日益强大的竞争优势，国际学术界把这一类国家称之为创新型国家。创新型国家是指以技术创新为经济社会发展核心驱动力的国家。主要表现为：整个社会对创新活动的投入较高，重要产业的国际技术竞争力较强，投入产出的绩效较高，科技进步和技术创新在产业发展和国家的财富增长中起重要作用。

作为创新型国家，至少要具备4个特点：

（1）创新投入高，国家的研究开发投入占GDP的比例一般在2%以上；

（2）自主创新能力强，国家的对外技术依存度指标通常在30%以下；

（3）科技进步贡献率要在70%以上；

（4）创新产出高，目前世界上公认的20个左右的创新型国家所拥有的发明专利数量占全世界总数的绝大部分。

为了在竞争中赢得主动，依靠科技创新提升国家的综合国力和核心竞争力，我国把推进自主创新、建设创新型国家作为落实科学发展观的一项重大战略决策。创新型国家理论在我国不断地渗入。2006年1月9日，国务院发布《国家中长期科学和技术发展规划纲要（2006–2020）》（下文简称《纲要》）。《纲要》立足国情、面向世界，以邓小平理论和“三个代表”重要思想为指导，认真落实科学发展观，以增强自主创新能力为主线，以建设创新型国家为奋斗目标，对我国未来几年科学和技术的发展作出了全面规划和部署。《纲要》反复强调，要建设创新型国家，其基础是要培养创新人才。2006年6月5日，胡锦涛在中国科学院院士大会和中国工程院院士大会上再次强调：“建设创新型国家，关键在人才，尤其是创新型科技人才。”

高职院校在国家整个创新体系建设中扮演着特殊的角色。它肩负着生产、建设、服务、管理第一线的专业知识和科技创新的使命，承担着培养创新人才的重要任务。而创新人才在推动生产一线科技成果转化、服务社会主义现代化建设等方面发挥着不可替代的作用。因此，培养创新人才是建设社会主义现代化、实现全面建设小康社会的重要环节，也是建设创新型国家的应有之义。

（四）人的全面自由发展理论

马克思在《共产党宣言》中概括了共产主义新人形象的本质特征，那就是“每个人的全面而自由的发展”。所谓“人的全面自由的发展”，蕴含了两个方面的内容：一是人的性格和智慧得到全面的合理的发展，具体的说，就是在道德、智力、情感等方面得到全面、和谐的发展。二是人的个性和才能得到自由自主的发展，具体的说，就是进行自由的生命活动和自觉的创造活动。“一切人的自由发展”与“每个人的自由发展”及其辩证关系，构成了马克思“人的全面自由发展”理论的基本内容。

在马克思看来，人的全面发展还包括个性自由、人的性格、智慧等方面的发展。传统教育模式以培养适应社会政治经济发展的人才为目标，在教育实施上有着重共性、轻个性的倾向，这显然与人的全面自由发展相违背。从学界对创新人才的界定上看，对创新思维、创新能力、创新品质和意志等方面的要求，本质上是以人的全面自由发展为依据的。同时，推进人的全面自由发展，与促进社会、经济、文化的发展，是互为前提和基础的。人越是全面自由发展，社会的物质精神财富就会创造得越多；反之，社会物质精神财富越充分，又越能推进人的全面自由发展。

人的全面自由发展理论已经充分地渗透到当前高等教育实践之中。中央创造性地提出了“以人为本”的科学发展观，将人的全面自由发展与整个社会的和谐发展联系起来。可以说，创新人才的最高标准即是个性全面自由发展了的人，培养创新人才是高职院校践行科学发展观的客观要求，为此高职院校应转变教育观念、确立“以生为本”的教育理念，遵循青年心理和生理发展的科学规律，主动地进行高素质人才培养的教育实践活动。

(五)创新教育理论

目前，大多数人认为：高职教育，是培养生产一线的高技能劳动者，只需要按设计师设计出的图纸和建造方案实施，基本没有创新的空间与需要。因此，高职教育只注重工艺、技术的训练与规范、标准的教育。但是人不是机器，现代人的劳动，都是创造性劳动。生产实践是技术与能力提高的本源。高职教育之所以倡导校企合作、工学结合，推行工作过程系统化教学，其出发点就是把课堂教的死知识、工艺规范与生产实际相结合，充分发挥人在劳动过程中的主观能动性、创造性，主动学习，深刻领会、体悟操作、人机对话过程中隐含的知识、规律与问题。高职院校预期培养生产一线的劳动者，迫切需要来自生产一线的鲜活知识。教材，永远落后于社会实践，永远不可能复制实践中的全部知识，尤其是劳动过程中的隐性知识；教师传授的知识与技能，都是规范化、系统化、理论化了的再加工知识，遗漏、缺失、偏差、固化、表述不准等等，不可避免。

根据知识能否清晰地表述和有效的转移，可以把知识分为显性知识(Explicit Knowledge)和隐性知识(Tcit Knowledge)。社会生产、生活具体行为中的隐性知识大量存在，需要有知识基础的“有心人”，去发现、概括、总结、提炼提出解决方案，一个一个隐含的问题被攻破、被解决，就是技术进步。技术进步不是在某一时刻的突变，而是日积月累的渐变。

隐性知识到显性知识的转化，是一个建立重复利用知识体系的过程。它重点强调的是信息采集、组织、管理、分析和传播。在这一过程中，信息在不断聚合过程中产生新的理念。私人知识并不能直接共享，可以进行传递的仅仅是知识中的有关观点和信息。他人在接受信息后，要对其进行深入地感知、理解和内化，然后才能形成自己的新知识。

内化，意味着新创造的显性知识又转化为组织中其他成员的隐性知识。显性知识隐性化的目的在于实现知识的应用与创新。知识的创新与应用是知识管理的终极目标，组织能否在竞争中占有优势取决于组织能否充分利用组织的知识，能否不断地创造出新的知识，进行知识的更新。经过隐性到显性，再由显性到内化的4个阶段，组织竞争力得到提高，知识管理完成一个基本循环。

上述由创造知识到提高技术的转化过程，隐性知识向显性知识的转化是核心，是知识生产的最直接和最有效的途径。生产组织中员工个人的隐性知识，是企业新知识生产的核心。如何有效地激发个体的隐性知识，避免转化过程中的障碍，增加转化方式的互动作用，将影响企业新知识产生水平。

生产一线的劳动者，除把隐性知识转化为显性知识这一创造新知识的功能外，现代工业社会劳动本身，就是智力运用与创造的过程。

高职院校培养的是高技能专门人才，是生产一线的劳动者，他们的劳动过程，就是新知识的生产过程、智力运用过程、创造性劳动过程。高职教育如果没有创新教育的内容，只能认为我们的高职教育，只是在给机器输入程序，而不是培养活生生的人。若培养的是人、而且是人才，就必须把创新教育作为核心内容。

（六）蒂蒙斯创业理论

创业理论源于18世纪时entrepreneur（创业者，企业家）这一词的出现。随后，逐渐的有关创业的研究就多起来。学者们从各自不同的视角对创业相关的创业现象、创业本质、创业理论进行了探讨。杰弗里·蒂蒙斯（Jeffry A·Timmons），是富兰克林·欧林创业学杰出教授，是创业管理教育领域的权威人士，1999年起成为美国国家创业委员会的特别顾问。蒂蒙斯对创业过程模型给出了经典的诠释：

第一，商业机会是创业过程的核心驱动力，创始人或工作团队是创业过程的主导者，资源是创业成功的必要保证。

创业过程始于创业机会，而不是钱、战略、网络、团队或商业计划。开始创业时，商业机会比资金、团队的才干和能力及适应的资源更重要。在创业过程中，资源与商机间经历着一个适应—差距—适应的动态过程。商业计划提供沟通创业者、商机和资源3个要素的质量、相互间匹配和平衡状态的语言和规则。

第二，创业过程是商业机会、创业者和资源3个要素匹配和平衡的结果。

处于模型底部的创始人或工作团队要善于配置和平衡，借此推进创业过程，他们必须做的核心过程是：对商机的理性分析和把握，对风险的认识和规避，对资源的最合理的利用和配置，对工作团队适应性的分析和认识。

第三，创业过程是一个连续不断的寻求平衡的行为组合。

在3个要素中绝对的平衡是不存在的，但企业要保持发展，必须追求一种动态的平衡。保持平衡的观念展望企业未来时，创业者必须思量的问题是：目前的团队是否能领导公司未来的成长、资源状况；公司下一阶段成功面临的陷阱。这些问题在不同的阶段以不同的形式出现，牵涉到企业的可持续发展。

蒂蒙斯创业理论对创业相关的商业机会、创业者、资源以及它们之间的关系进行了详细的分析，诠释了创业过程的含义。蒂蒙斯创业理论为如何培养创业人才，从哪几个方面入手培养，创业人才应该具备什么样的素质提供了一定的理论参考，具有方法论的意义。

第二节　高职教育模式的建构理论

高职教育虽已走过近30年的发展历程，规模不断扩大，办学模式趋向多元化，但人才培养目标和人才培养模式至今尚欠完善，人才培养质量很难保证，这既影响高职教育的可持续发展，也会制约经济与社会的发展。适应形势变化，确立与社会需求相适应的高职人才培养目标，构建创新的高职人才培养模式是社会发展对高职教育发展的必然要求，也是高职教育发展的生命力所在。

一、高职人才培养模式构建基本原理

根据高等职业教育与社会相互适应的理论，我们认识到：高等职业教育对社会的适应是全方位的；同时，高等职业教育对社会的适应，更着眼于未来。教育效果发生的长期性以及持久性，对高等职业教育社会的远见性而非短期性的适应提出了更高的需求。

因此，依据高等职业教育与社会相互适应的理论，结合中外人才培养模式的研究成果，我们在高职人才培养模式创新构建时，认为创新创业的高职人才培养模式的人才培养目标是培养与我国社会主义现代化建设要求相适应的，以社会、经济现实和未来发展趋向需求为导向的直接从事生产、建设、管理、服

务第一线工作的高级技术应用型专门人才，这种人才是主要从事成熟理论与技术的应用和操作的高级技术和管理人员，他们在具有必备的基础理论知识和专业知识的基础上，有善于解决工程复杂问题的能力，重点掌握从事本专业领域实际工作的基本素质和基本技能，具有良好的职业道德和敬业精神。要达到这一目标，就必须为受教育者构建新的知识、能力、素质结构。

（一）知识结构的构建

高职学生的知识结构是不同内容、不同形式的知识在学生认知结构中所积淀的层次与比例的关系。知识结构是衡量人才培养质量的主要尺度之一。从当前的情况看，知识的基础化、综合化是构建高职学生知识结构的目标。

1. 知识基础化

知识基础化就是要把知识结构的重心放在基础知识、基本原理上。加强基础是应对多变社会环境的一种重要策略。基础知识是本源性知识，抓住了事物的共性，可以举一反三。一个人只有在工作和生活中凭借其在学生活动中获得的基础和自学能力，不断扩展自己的知识面，优化、更新自己的知识，才可能适应社会。高职教育既要重基础，也要重专业，二者比例要适度。

2. 知识综合化

综合不是简单的叠加，而是一种整合，使学科之间相互渗透，形成整体性概念真正起到的效果。在高新技术的教学应用实践中体会知识综合化的魅力，使学生学会用综合化知识解决专业性、技术性问题。二是注意人文教育与科学教育的渗透与迁移。要在科学教育中渗透人文思想，促进人文教学与科学教育的自然融合。

（二）能力结构的构建

能力是指保证一个人顺利进行实际活动的稳固的心理特征和知识技能的综合能力，与心理活动的特征有关。高职学生的能力目前比较一致的看法是由以下4部分组成，即获取知识的能力、运用知识的能力、创造能力和职业能力。

1. 获取知识能力的培养

在获取知识能力的培养方面，提倡教师主导与学生自觉并重，充分发挥学生学习的主动性、能动性。在课程设置上，要以学习者为中心，在教学中充分体现教师主导和学生主体作用，使学生实现从学会到会学的飞跃。同时，要在学习中构建整体知识网络，注重知识的形成过程和知识的实用价值。这样有助于为学生的不断发展和终身学习打下基础。

2. 运用知识能力的培养

运用知识的能力指人在社会实践活动中运用所学到的知识去分析问题、解决问题的能力，特别是由此迁移到其他情景中分析、解决问题的能力。运用知识的能力与学习知识的能力的核心都是思维，但运用知识的能力偏重于活动，体现智力与能力的结合。培养运用知识的能力的关键，是让高职学生参加实践活动，真正发挥实践教学的功能。要针对专业特点、职业特点、技术特点、岗位特点开展实践活动，让学生用基础理论、基础知识指导实践，从实践中深化对知识的理解，实现知识与能力的融合。

3. 创造能力的培养

高等职业教育既重视向学生传授知识、技术，又重视学生职业素质、职业能力的培养，强调发展学生的个性和挖掘创造潜能，鼓励学生标新立异。同时，它强调企业、社会的参与，这样有利于学生创新意识与创造能力的培养。要培养高职学生的创造能力，重要的是开展主体性教育和个性教育，鼓励学生以发展的观点看问题，敢于突破常规和定式。目前应建立起以能力考核为主、常规测试与技能测试相结合的制度，重点考核学生运用知识解决问题的能力。同时，加强科研实训基地建设，引进新设备、新机器、新技术，开放实验室，营造创新氛围。

4. 职业能力的培养

职业能力是指个体履行岗位的职业，承担本职工作，完成各项任务的能力。目前，我国企业职工队伍里初中文化程度的占多数，虽有人力成本优势，但产品服务的技术含量低，产品服务的竞争能力弱，限制了劳动生产力的提高。因此，高职教育在培养人才时，必须创设职业岗位环境，对学生进行职业道德、职业素养、职业技能等方面的教育，使学生毕业后能及时进入角色。

（三）素质结构的构建

素质结构按不同方法可划分不同的单元，我们倾向于将人的素质划分为社会素质、自然素质和心理素质3种。高职教育培养的是社会需要的一线人才，高职学生素质结构除了不易改变的先天自然素质之外，主要是培养社会素质和心理素质。

1. 社会素质的培养

社会素质属后天素质，它在素质结构中起到调节作用。它一方面要以生理素质、心理素质为基础，另一方面又给这两种素质打上一定的社会烙印。它既引导个体做人，也引导个体成才。内化是社会素质形成的重要机制，它指个体从外部获得道德和知识，通过内省与吸收成为自我的一部分，使人形成一种好的涵养、好的气质，使个体的人成为社会的人。高职教育在培养学生的社会素质时，要充分发挥正面教育的作用，多树立正面的典型，使学生不自觉地向正面典型看齐，要注意纠正学生在专业课程与公共课程中的一重一轻倾向，避免因这种倾向造成知识的偏差、人格的移位。

2. 心理素质的培养

心理素质是人的所有素质中最容易产生危机的一部分。人的心理素质一旦潜藏危机，就会对个体的发展产生影响，甚至造成难以预料的后果。在国内由于高职教育开展的时间不长，社会的认可度不够，高职学生中的一部分人难免存在一些心理问题。因此，教师在培养学生的心理素质方面更应该加大力度。一要培养学生成就动机，使学生懂得人人都可能成功；二是要创造运用良好的氛围，促使学生构造积极、适当的自我意象，引导学生正确认识自我，找准定位，不断创造自我；三要培养学生情绪控制能力，实行以性格培养性格，用情感培育情感，以情绪感染情绪，用情操唤起情操。

知识、能力、素质的划分是相对的，知识不经内化不能形成素质，内化了的知识不经运用，也不可能形成能力。高职教育应根据专业需求的不同，在基础课和专业课、专业理论教学体系与实践教学体系的安排上确定不同的比例，做到从实际出发，灵活多样。总之，高职创新创业教育需要随时代的发展而不断发展，在实践中不断完善。

二、人才培养模式创新的构建

构建新的人才培养模式就是怎样实现新的高职人才培养目标。即实现其知识、能力、素质结构要求的方式。因此，人才培养模式构建与专业设置、教学方式、课程体系、教师队伍、以及实践形式等紧密相关，通过这些途径落实“以人为本”的教育理念，建立“能力核心”的培养模式，使高职院校能创建全面发展的人文环境，以期达到人性的全面提升。

根据新时期对高职人才的素质要求和国内外高职人才培养模式的现状，我们将新的人才培养模式概况为“两线并重、四位一体”的外向复合应用型人才培养模式。“两线并重”即理论教学与实践教学并重;“四位一体”即专业设置模式、教学模式、教师培养模式以及实践模式要实现有机结合，整体统一。

(一)专业设置构建以就业为导向

高职教育能否满足社会需求，一方面体现在其培养目标是否与社会经济的发展对人才素质的要求相一致，另一方面则体现在其专业设置是否与生产结构的经济发展变化相适应，也就是要建立专业结构与产业结构相适应的专业设置模式。

专业结构是国家现实经济的反映，是与一定历史时期的经济发展和产业结构相联系的，它直接或间接地反映了经济和社会发展的需要以及经济结构的特点。是否同经济和社会发展相适应，是衡量专业结构是否合理的根本标志。同时“专业能力”是高职学生能力的一个很重要方面，高职院校设置的专业，符合本地区产业发展的需要，培养对口的人才，就会受到用人单位的欢迎与支持，推动本地经济的发展。高职院校要较好地为本地区经济建设服务，面向市场办学，必须了解本地区经济发展的产业结构状况和它的需求。也就是要了解本地区经济发展都有哪些产业部门和它的隶属关系。如第一产业都有哪些门类，第二、三产业又有哪些门类，哪些是劣势次要产业，并在这些基础上做好人才需求预测，同时，还必须以科学发展观，即发展的、动态的、变化的观点，探讨本地区产业结构未来发展变化的趋势。明确哪些是本地区发展并大有前途的产业，哪些是本地区正在逐渐将被淘汰的产业，哪些是将随着科学技术的进步和生产力的发展，必然要兴起的产业。

高职院校应该不断调整服务方向，优化专业结构，增加社会急需的新专业，改变就业形势不好的旧专业，取消没有就业市场的老专业，使新旧专业相辅相成，合理搭配。专业设置要考虑学校本身办学条件，如现有的师资、设备及原有的办学专业基础。专业设置数量要适当，既要避免专业过多，力量分散，影响培养实用型人才的质量和增加就业的压力，又要注意专业数不能太少，学科设置单一，影响办学的经济效益。专业设置要随着时代的需求不断改变，要与科技、经济、社会的发展相适应。

（二）教学模式改革以培养学生职业能力为宗旨

教学模式特指反映特定教学理论逻辑的，为完成某种教学任务而采用的相对稳定而具体的教学活动结构。利用某一种模式，人们可以将教学活动或过程分解为某些关键调控教学活动的一整套方法体系。教学模式是教学理论与教学实践的中间环节。它通过简化、微缩的组成要素规定和调控教学活动。

根据建构主义教学理论的兴起与发展，它对我们改革高职教学模式的指导意义在于：

第一，在教学中要充分发挥学生学习的自主性。由于学生是学习的主体，课堂教学不能采用简单的灌输方法，让学生被动地接受新知识。教师应尽量引导学生进行探究发现学习，即主动发现问题，主动收集、分析有关信息和资料。

第二，在教学中要多开展情境性教学。职业教育是手脑并用的技术教育。既要培养学生的理论水平，又要培养学生的动手能力。根据各专业的特点开展情境教学，是培养学生职业能力的一种重要手段。在设计高职教学模式时，要注重教学过程的情境性，通过在一个情境中运用和操纵信息，来培养现实中要运用的技能。

教学设计应以学生为中心，以培养职业能力为宗旨。具体而言，这个过程包括如下几个部分：首先，了解相关行业的基本情况。主要包括本行业的一些宏观背景及行业内企业的数量和规模、生产技术水平，对第一线技术人才和管理人才的需求等。其次，根据“有效需求”原则，进一步分析相关的职业岗位的实际需求与分布情况，把专业培养目标分解细化，以便有选择地确定该专业的学生能完成哪些具体岗位工作。再次，进行有关的职业综合能力的分析与分解。职业综合能力主要由专业能力、方法能力和社会能力3项基本要素构成。对有关专业或专业方向进行职业综合能力的分析与分解，是高职专业教学设计中最重要、最具特色的一项工作。

（三）实践模式满足以职业资格证书就业准入制

职业资格证书制度是国际上通行的一种对技术技能人才的资格进行认证的重要制度，是我国确定的一项旨在全面提高劳动者素质的重要政策，是发展劳动力市场、促进职业培训和实现就业的重要手段。它是指按照国家制定的职业标准，通过政府认定的考核鉴定机构，对劳动者的职业能力水平进行客观公正、科学规范的评价和鉴定，对合格者授予相应的国家职业资格证书。

国家职业资格证书分为初级五级、中级四级、高级三级、技师二级、高级技师一级。职业资格证书和职业技能鉴定是以国家职业分类为基础。新的《中华人民共和国职业分类大典》已经正式实施，划分为8个大类，66个中类，413个小类，1 838个细类职业。

所谓就业准入，是指根据《劳动法》和《职业教育法》的有关规定，对从事技术复杂、通用性广、涉及到国家财产、人民生命安全和消费者利益职业的劳动者，必须经过培训，并取得职业资格证书后，方可就业上岗。

为使高职教育培养的毕业生满足就业准入制的要求，必须构建出新的模式。

首先，建立并优化教学体系。一是构建实践教学体系的目标体系，明确要求，抓住关键，落实保障措施。二是建立一个由基础课实验和基本工艺训练、专业课实验和课程设计、跟岗实训和毕业设计、课外活动和社会实践等组成的、较完整的梯次递进的实践教学体系。三是以技术应用能力培养为目标改革实训教学环节对实验较多的课程单独设置实验课，独立考核，减少演示性、验证性实验，增加工艺性、设计性、综合性实验，加强职业技能训练，在实习现场营造真实的现场工作氛围。

其次，根据“培养应用能力，满足就业需求”的原则，探索产学合作教育的途径。一是建立由校内专家和企事业单位的工程技术人员组成的专业委员会。专业委员会成员参与学校专业设置的论证、人才培养计划的制订、课程内容的确定等工作，保证人才培养规格适应工作岗位的要求。二是建立一批校外实践教学基地。学校选择一批设备工艺先进、管理水平高、适合学生动手操作、有利于发挥学生创造力的企业，注入一部分资金，作为学校的实践基地。三是经常组织学生到实践教学基地进行认知学习、课程设计和毕业实习。在校外实践教学基地实习期间，聘请现场的技术人员担任兼职教师，使学生有机会进入生产实际领域，获得真正的职业训练和工作体验。

最后，建立校内专业技能鉴定场所，提高学生技能鉴定通过率。具有设备、场所和技术等方面优势的高等职业学院可以在国家职业标准的统一指导下，在职业技能鉴定社会化管理体制的指导下，建立职业技能鉴定场所，开发相应的标准、教材、题库、考试技术及教务管理技术，使其成为先进的职业培训模式、鉴定方法和考试技术的实验中心，成为职业资格证书制度的示范窗口。这样既可以提高学生技能鉴定的通过率，又可以补充更新学校的实习、实训设备，使学生在充足的设备条件下学习技能，接受鉴定。

（四）构建“双师型”教师培养模式

师资水平是保证教育质量的关键，只有建立一支有特色的高等职业教育的师资队伍，才可能办出有特色的高等职业教育。要培养具备较高素质的人才，教师必须具备更高的职业道德和素质。要培养学生的专业实践能力，教师本身必须具备较强的专业实践能力。能力本位的培养模式要求教师具备更高的素质和能力，具有较强的创业能力和创新意识，在相应的学术领域中获得创造性的成就，只有建立素质高、能力强，以“双师型”教师为主体的师资队伍，才能在教学过程中激活学生的创新意识，塑造学生的创业能力。

抓好“双师型”教师的培养，应该重视以下3条途径：

一是培养自己的“双师型”教师队伍。加强教师专业理论水平和实践能力的培养，鼓励教师进修，建立其终身学习的观念。

二是建立高等职业教育师资培养基地，进行系统的高等职业教育的师资队伍的培训。为增强未来高等职业教育师资的专业实践能力，要鼓励他们参加技能鉴定，获取一定等级的专业资格证书，以提升实践技能。

三是规范兼职教师的聘任条例，从校外聘任一批既具有一定的本专业理论知识又具有丰富的实践经验和良好的职业技能的兼职教师，使他们通过专业理论及教育理论的培养和考试，取得兼任高职教育教师的资格。

发展、规范兼职教师队伍是我国高等职业教育未来发展的必由之路。高等职业教育办学的灵活性决定了学校不可能也没有必要面面俱到地建立一支庞大的专职教师队伍，否则，随着专业适应社会需要的调整，势必造成人力、财力的极大浪费。

第三节　新形式下创新创业教育的开展

一、经济转型期的创新创业教育

在经济转型期的新形式下，要突出自主创新的效力，高职教育必须牢牢把握科技创新、结构调整和制度创新的维度来培养学生，要把科学技术进步和创新能力提高有机结合起来，使学生们在受教育过程中形成一种新竞争、新思维，经济转型期的创新创业教育有着自身的经济发展方式和特点。

（一）创新创业观念教育先于创新创业行为教育

创新创业教育的内容结构是创新创业观念与创新创业行为共同组成的。转变经济发展方式的这一背景，需要更多的优秀大学生投身于创业。而创新创业的观念一定是先于创新创业的行为的。在高等教育的培养中，教师开始将创新创业的理念融入学生的专业课程中，将各种创新创业的知识传授给大学生，例如：创业光荣；企业家是创新家而不是资本家，创业的利润来自创新的剩余，而不是剥削的剩余；企业家是社会经济发展的中坚力量；创业是个体全面发展和自我实现的道路等等，让他们在思想上对创新创业有所认识。然后，在有了创新创业的观念后才开始带领学生进行创新创业的实践活动，也就有了大学生的创新创业的行为。同时，在创新创业教育中为创办企业的行为赋予意义，鼓励适合的优秀学生投身创新创业。

（二）创业是以知识型为目标的创新创业能力教育

创新创业教育的内容主线是以知识型创业为目标的创新创业能力教育。依据创新创业的性质和特征，提出知识型创业的概念和承担主体是知识劳动者，即大学生群体，知识型创业是以创新为基础的创造性思维训练，整个进程也是创新能力的吸取与聚集、凝结的进程。创新能力凝聚很可能是获益于需求条件、企业决策、生产要素等一系列外生性因素。但最核心的内生性变量是产业知识的吸取和其创新创业能力。

（三）创新创业是以自我实现为目标的观念教育

创新创业教育的基本目标是实现全覆盖、分层次和差异化，全体学生以自我实现为目标的教育。要面向全体学生开展创新创业教育，提高学生创新意识、创业精神与实践能力；要对有创业愿望的学生进行个性化培养，提升学生创业实战技能；要充分与专业教育相融合，发挥学生创业实战技能方面的优势，在“专业性”教育与“全校性”教育的并行运行机制下，实现学生的自我价值。

（四）创新创业教育是一种长期的行为

创新创业教育的基本要求和实践模式是面向“全体学生、结合专业教育、融入人才培养全过程的教育模式”。创新创业教育本不需要承担说教的任务——去灌输那些与社会力量一致或相左的特定价值观。教育应当秉持的信条，首先是相信每一个人对他的人生都有着独一无二和非他莫属的价值判断，是为着教育对象人生的整体而不只是某些短期目标，创新创业教育是一种长期的行为。

二、时代要求开展创新创业教育

在经济转型期加强创新创业教育，能为社会创造更多的就业岗位，在一定程度上我们理解为，转型期间创新创业是可以解决社会关注的学生就业难的焦点问题、有效缓解就业压力的一条较好出路。它有助于创业者不断创造就业新岗位和开创新企业，进而来缓解劳动力资源与社会岗位供需之间的矛盾，缓和目前就业难的困境，从而使社会更加和谐稳定，健康发展。它的顺利有效的实施，有助于转变就业观念，激励青少年自主创业，培养大具有创新精神和创业能力的高素质批人才，提升人才质量。创新创业教育是在社会经济转型期，为中国高等教育提供有益的、必要的补充和发展。它在推进经济发展、缓解社会矛盾、维护社会稳定、顺利实现社会经济转型具有极为重要的意义。

因此，开展创新创业教育是时代的要求。

（一）有利于知识经济的发展和社会经济的转型

知识经济就是由知识与科技信息取代劳动力、资本、土地、原材料等原始资源的地位而成为具有创新动力的驱动资源。它是以自然资源生产为中心的工业革命时代而后再一次深远的社会变革。其核心的问题就是如何最大限度地发挥人的创新潜能。然而，知识的提升必然会促进经济的发展，知识的提升更是以培养高素质的创新型人才为重要基础的。这种高素质、复合型、创新型人才，是具有强烈的创新意识与精神、实训实践能力、创业能力的一种全面发展的复合型人才。高等学校作为国家创新体系的重要支柱与科技知识传授的中心，它在创造知识、传播知识、转化知识以及应用知识等诸多领域具有无可取代的优势，在推动知识经济发展中起着重大作用。目前人才培养要求，伴随着知识经济发展也发生了相应转变，高校的教育目标也跟随着发生了改变，应从培养传统的就业型人才调整为培养新型的创业型人才；从培养应用型的人才调整为培养创新型的人才。为此高等学校只有在知识经济时代培养出具有极强的创新意识和精神、实训实践能力和创业能力的全方位、复合型人才，方可满足知识经济发展对创新创业型人才的急迫需求。

我国正处在社会主义市场经济转型发展的特殊时期、关键时期，即资源配置和经济发展方式的转变。计划经济的弊端仍然没有完全消失，市场经济还不成熟、不完善，仍未形成有序的运行机制，社会上存在不少矛盾和不稳定因素。改革旧制度才能适应未来经济发展的需求，建立更加健康合理、全面协调可持续的发展经济。高校开展创新创业教育有助于我国转型时期经济整体素质的提高和跨越式发展；可以促进新兴产业、新兴工业的出现，增加新的经济增长点，延伸、优化产业链，促进现有产业结构的完善和提升；可以使受教育者具备从业与创业的双重本领与能力；具备较强的自主创新创业能力、全方位的职业转换能力和参与国际市场竞争的潜能，进而以满足社会主义市场经济转型发展期间对高职人才培养方面的诸多需求。

（二）有利于提升全民综合素质与深化教育改革

只有提升全民素质，实现我国教育发展的深化改革，才能够真正与知识经济时代科技的进步和市场经济的发展需求相适宜，才能满足随着知识经济的发展和市场经济体制的逐步完善，社会对人才越来越高的要求。创新创业教育在内容和形式上是传统教育、传统就业教育的创新。《学无止境》的研究报告中指出，“从改革教育，倡导要从新学习中找到解决经济增长局限的困境与消除人类之间差异的方案。当学习不足时，会致使人类现状的恶化与人类间差距的扩大。学习方法令人震惊的落后，会致使个人和社会未做好任何准备，而无法去应对全球问题的挑战”。因此改革传统教育，推行面向未来的“创新性学习”，是迎接历史挑战，关系到国家生存和发展的关键一环。创新创业教育不仅仅对受教育者就业与创业观念产生了转变，更使人们的教育观念与人才观念发生了重大的转变。它也是中国高等教育的一次新的大的变革。国内的创新创业教育在借鉴发达国家先进经验的基础上，因地制宜创造性的开展各学科创新，逐步深化创新创业教育的教学改革，形成具有中国特色的创新创业教育教学特色。

教育改革，从教育理念到内容体系，从方法手段到环境设备，以教育目标指向为核心问题的一系列重大问题亟待解决，什么是教育目标指向，简单的说是按照什么样的目标培养人的问题。在未来的一段时期里，特别是在国家经济结构调整和转变经济发展方式的特殊时期，如何提高地方国民素质，更好发挥优秀人才在振兴本地区经济建设中的相应作用的问题。在教学内容方面，突破专业与行业间的壁垒，拓宽涉及专业，不断丰富完善知识结构，使受教育者按其需要与喜好，选择性的对知识内容进行学习，构建其个性化的知识结构。在学习中将创新创业意识深深根植于学生们的心中。在教学形式方面，除传统讲授以外，要积极鼓励运用讨论、练习、角色扮演、案例分析等参与式方法，使学生们学会如何去发现新的市场商机、如何寻找合作伙伴、如何去创立新企业。通过形式多样、丰富多彩的创业实践活动，令不同类型的学生们均可在未来的创业中积累有益经验，来提升学生们的社会竞争能力。所以，要将原有教育功能的传统定势进行改变，实现社会、经济、教育三方相互促进、协调发展作为教育的核心功能。不断加强提升学生创新精神、实训、实践能力、创业意识与能力，只有完善教育，为建设创新型国家输出大批的创新创业型人才，这才是教育本身实现可持续发展的基本前提和必然要求。创新创业教育的发展和实施对提高全民综合素质和深化我国高等教育综合改革具有重大的意义。它是知识经济时代的呼唤，是国家创新体系对高等教育的挑战，也是我国高等教育的使命与责任。因为从国情出发必须发展创新创业教育，如何更好更快地促进高等教育的深化改革，是人们关注的焦点，它已成为当今教育界普遍关注的一项重要课题。高校开展创新创业教育要从两个方面来诠释，一方面，创新创业教育活动有助于孕育、造就一大批高素质，且具有创新精神与创业观念的社会接班人，提高人才整体质量；另一方面，高校开展创新创业教育是对我国转型期高等教育内容体系的弥补和进一步完善。

（三）有利于推进与支撑区域经济的发展

创新创业教育的推广与实施，创新型人才的挖掘与造就，是西方社会经济高速运转发展的重要内因动力。它也为区域经济发展发挥着不可预计的推动作用和实力支撑。国家每个区域的经济都以其区域特色产业和优势产业来环绕着发展，创业者们在其区域经济发展中创造了前所未有的巨大财富。创业者自身的质量、水平高低与创业者数量多少，都决定着社会经济发展的速度与发展质量，决定着区域经济发展的长远性、协调性，决定着新创办企业数量增长的速度。而新创办的企业总数与质量也被视作国家经济发展至成长期的一个重要权衡指标。

(四)有利于大学生个人成长与职业的发展

国家要求教育培养全面发展的人，要造就数以亿计的高素质劳动者。原国家教委副主任柳斌同志曾在《创业教育丛书》序中指出:“在人的全面素质中，不仅包含了思想品德素质、基础文化素质、技术和职业素质，还包含了创业素质；一个具有全面素质的人，应具有开拓意识和创业精神，是社会主义现代化建设的开拓者和创业者；创业者不仅要能创个人与家庭的小业，而且要为祖国繁荣和富强创大业，以促进社会经济发展，这就需要我们的新一代具有层次更高、综合性更强的创业素质。”而在受教育者的综合素养中，创新创业素质是较为核心内容。在教育活动拓展中，它是具有指引性和驱动力的高层次核心素质。大学生的个人成长和职业发展是一个长期而复杂的过程，在这一过程中，有诸多因素和条件在起作用，就自身因素和条件而言，创新创业知识、意识、品质、能力起着重要的支撑和导向作用。接受过创新创业教育的青年学生，通过创新创业素质的提高促使其内在的创造潜能和全方面能力得到充分释放和发挥，进而促进其全面发展，将来才有条件堪当大任，适应经济社会发展和参与国际市场竞争需要，使创业成长、成功、成才作为满足自我全面发展、实现职业发展与自身社会价值的过程。

培养学生创新精神和创业能力是实施素质教育的重要组成部分。从某种角度上说，一个人创业能力的强弱直接反映了他的创新潜能与动手实践技能水平的高低，创新是创业的灵魂，创业是创新的实现形式与载体，创新教育根基扎实与否，直接决定了创业的成败，“创新与创业”归属于“创新实践”，并在此框架范畴内研究创新创业活动，特别是高科技的创新创业活动。而最终开展创新教育的成效通过其培养的人才在未来的创业实践中的检验成果来体现。创新教育和创业教育一个是注重对人的素质发展总体的把握，一个是注重如何培养具有开创性的人和如何实现人生的自我价值。二者的内容本质上是相通不可割裂的教育理念，其不仅是促进又是制约，是密不可分的辩证统一关系。创新创业教育是培养受教育者创业精神与创业技能的训练和实践，还包括创新精神和创新能力的培养等等，作为一种新的教育思潮，创新与创业教育应该是一个统一的系统。学生们应该是高校创新创业教育主要任务与内容的承担与承载者，而在高校教育理论与实践研究中，日益关注和重视学生们创新意识和创业精神的培养与提升。就整体现状而言，高等学校学生们创新创业教育仍然是严重不足的。

（五）有利于营造创新创业的社会环境与文化氛围

一个企业的创办与顺利运转，与拥有完善的社会大氛围和环境是密不可分的。而营造这种大氛围、环境都与政府等职能部门重视与管理又息息相关。首先，政府要提供政策支持和资金支持，通过国外的创新创业教育实践，我们不难看出，在创新创业教育方面走在世界前列的国家，都已投入了巨额费用来支持创新创业教育，都在全民综合教育体系中融入了创新创业教育，以视为国民教育的重要内容，都提供其丰厚的政策来支持与保障创新创业教育，政府以此来鼓励和吸引更多企业来参与其教育活动；其次，要弘扬创新文化、规范市场行为、培育创业文化，政府的首要任务是规范市场行为，为弘扬创新文化营造一个完善的良好氛围、经济环境与创业文化，才能真正实现开放自主、激励创新、勇于创业、公平竞争、规则完善、有序运转的市场体系，才能确保所有的市场主体在其经济环境中，依据市场经济运作规律去实施。

（六）有利于缓解就业难的社会问题

加大力度发展创新创业教育，是缓解大学生就业之忧的有力保障。以创业来带动和促进就业，现已成为全世界各国教育理念的共鸣。在美国目前已约有2 200多万个私营小企业，这些企业在雇用劳动力上，承担了全美劳动力总数的53%，显而易见，美国社会面临的就业压力从而得到了一定程度上的缓和。而据中国劳动部门估计：未来十余年里，中国的新增劳动力将以每年约1 000万的速度增长。高校毕业生总数也会逐年递增，曾被称之为“史上最难就业季”的2013年，其毕业生总数量约700万左右，比2012年高校毕业生约680万人增加了20万人。然而，相关部门已预计随后全国高校毕业生总数将突破“史上最难就业季”而创下历史新高。加之前几年仍未就业的学生们和用人需求结构性矛盾，使得中国的大学生就业形势面临着更为严峻的局面。现在，在转变经济发展方式与金融危机冲击的背景下，提高人才质量已经是我国高等教育的重中之重，如何提高教育质量已成为社会向高等教育提出的一个重要主题。

第三章　高职创新创业教育人才培养目标的定位

创新创业教育的基础理论可以帮助我们更好地确立高职教育创新创业人才培养目标的定位。我国高职教育的发展已经有30多年的历史了。在这30年里，中国社会经济发生了飞速发展，科学技术不断进步，中国的社会进入了大发展的时期，与之相对应的高等职业教育的人才培养目标定位也在不断地发生变化。高职教育要与技术进步保持协调一致，不断反映转型期经济社会发展的新要求，才能不断实现其存在的价值。研究高职创新创业人才培养目标的定位，首先要了解我国高职教育人才培养目标的发展变化，以及高职创新创业教育的现状，才能更加准确地定位新形式下创新创业人才培养的目标。

第一节　高职教育人才培养目标的发展变化

一、我国高职教育人才培养目标的发展历程

随着高职教育发展规模的不断壮大，我国对高职教育人才培养方向的定位始终在不断地变化发展着。我国是一个民族众多、地大物博的国家，各地经济社会发展差异很大，对高职毕业生的需求也不一样。最早对高职人才的培养要求为高层次实用技术人才，但这样很难界定大量文科方向的毕业生。如果是技能型也很难界定许多社会事业类专业毕业生的方向，更何况，高职教育的培养目标在一定的培养阶段也会出现不同的重点和方向。这对高职毕业生的培养要求，不仅要有技术、有技能，更要有一定的管理知识和服务理念，具有一定综合性，这就形成了我国高等职业技术教育的人才培养目标多年来一直处在变化

不定之中，从开始提出的“高层次实用技术人才”、“实用型人才”、“应用型人才”，到后来的“高技能人才”，再到现在提出的“高素质技术技能型人才”，形成了不断发展变化的、多层次的培养目标。

（一）高职形成阶段的“高层次实用技术人才”培养

在1980—1993年期间，我国开始了以“高层次实用技术人才”培养为导向的职业教育。

建国后，短期职业大学的创立标志着具有职业教育特征的高等教育在我国产生。从1980年我国高职教育在部分城市开始起步。1980年8月，南京市政府率先创建了金陵职业大学，此后，其他地区纷纷效仿，也建立了为本地培养经济建设人才的短期职业大学。后来，这些学校的这种办学形式得到了教育行政部门的认可。1982年，全国人大五届五次会议勾画了试办短期职业大学的蓝图，为满足地方经济建设对专门人才的需要，以“收费、走读、不包分配”为主要特点的短期职业大学，是我国新时期高职教育的肇始。

关于人才培养目标，教育部在相关文件中给予了规范：“根据地方的需要，按照灵活的教学计划招收自费走读的学生，使学生将来可担任技术员的工作。”当时有大学校长分析认为，高职院校培养的学生是地方经济建设需要的“工程师和技术员”。也就是说，技术人才是高等职业大学办学之初的人才培养目标定位，这一点在当时的高等职业大学和教育部形成了共识。

1985年，国家教委批准在上海电机制造学校等3所中专学校基础上试办五年制技术专科教育，目的在于为我国经济建设战线培养出大批中级和高级专业技术和管理人才，以改变目前和今后一段时间内生产第一线人才奇缺的状况，以培养应用型、工艺型人才为主要目的。这种提法一方面把技术人才之外的管理人才也列入了高职教育的培养范畴，另一方面确立了高职教育人才培养类型为“应用型、工艺型”。1987年，《国家教育委员会关于改革和发展成人教育的决定》指出，职业大学要利用同企业、行业的紧密关系，根据需要，举办高等职业技术教育，为企业事业单位培养“生产、经营管理方面的专业技术人才”。

1991年1月，原国家教委和中国人民解放军总后勤部共同批准，在邢台军需工业学校基础上建立邢台高等职业技术学校，试办高等职业技术教育，专科层次，学制三年，“学校的培养目标为拥护中国共产党的领导、坚持社会主义方向、德智体全面发展、掌握有关专业的基本理论知识、具有较强的动手能力、一般应达到五级及其以上技术等级的技艺型人才”。这是对技术等级有具体要求的技艺人才。同年10月，国务院要求“积极推进现有职业大学的改革，努力办好一批培养技艺性强的高级操作人员的高等职业学校”。该文件明确提出高职教育的人才培养目标是“技艺性强的高级操作人员”。

从相关文件文本的表述中可以看出，此一时期，对职业大学这一新的高等教育办学机构还处在研究、探索之中，“高职教育”作为高等教育的一种类型还没有明确提出，人才类型多样化的观念也还没有形成，对包括普通高等专业教育在内的高等职业教育人才培养方向定位尚不十分清楚。

（二）高职探索阶段的“实用型人才”培养

从1994—1998年我国以“实用型人才”培养为职业教育的导向。

20世纪90年代，教育结构调整成为我国高等教育发展的主旋律。1994年，全国教育工作会议提出通过“三改一补”积极发展高职教育。此后《中华人民共和国职业教育法》与《中华人民共和国高等教育法》的颁布与实施确立了高职教育的法律地位，这标志着高职教育作为一种崭新的高等教育类型在在改革中开始稳步发展。1995年8月，原国家教委在全国高等职业技术教育研讨会上提出：高等职业技术教育是属于高中阶段教育基础上进行的一类专业教育，是职业技术教育体系中的高层次，培养目标是生产服务第一线工作的高层次实用人才。这类人才的主要作用是将已成熟的技术和管理规范变成现实的生产和服务，在生产第一线从事管理和运作工作。这类人才一般称之为高级职业技术人才。1996年6月，国家教委主任朱开轩在全国职业教育工作会议上指出，“从我国的国情出发，高等职业教育主要培养高中后接受两年左右学校教育的实用型、技能型人才，优先满足基层第一线和农村地区对高等实用人才的需要”。从“工程师和技术员”到“应用型、工艺型专业技术和管理人才”，到“达到五级及其以上技术等级的技艺型人才”，到“技艺性强的高级操作人员”，到“高层次实用人才”，高职教育不断探索着，人才培养目标的描述也在不断地发生变化。但仔细分析，其内涵并没有发生实质的变化，这一阶段主要是想培养能够传承和熟练使用技术的高层次实用技术人才，没有对人才的创新能力提出要求。

（三）高职规模发展阶段的“应用型人才”培养

从1999—2002年，我国以“应用型人才”培养为职业教育导向。

历经多年探索期后，高职教育在我国经济大发展和高等教育大众化发展背景下获得了长足发展，在全国各地的办学规模迅速扩大。1999年6月，中共中央国务院指出“要大力发展高等职业教育，培养一大批具有必要的理论知识和较强实践能力，生产、建设、管理、服务第一线和农村急需的专门人才”。2000年1月，国务院指出高等职业学校的主要任务，是面向地方和社区经济建设和社会发展，适应就业市场的实际需要，培养生产、服务、管理第一线岗位需要的应用型、技能型专门人才。同月，教育部指出高职高专教育培养拥护党的基本路线，适应生产、建设、管理、服务第一线需要的，德、智、体、美等方面全面发展的高等技术应用性专门人才；学生应在具有必备的基础理论知识和专门知识的基础上，重点掌握从事本专业领域实际工作的基本能力和基本技能，具有良好的职业道德和敬业精神，以培养高等技术应用性专门人才为根本任务；以适应社会需要为目标、以培养技术应用能力为主线设计学生的知识、能力、素质结构和培养方案，毕业生应具有基础理论知识适度、技术应用能力强、知识面较宽、素质高等特点。

新世纪，随着信息技术和网络技术的快速发展，用人单位对于人才提出新的要求，创新能力、解决生产现场技术问题的能力显得越来越重要。2002年，部分高职院校认为：“当今社会用人单位越来越要求在第一线从事生产、管理、服务的应用性人才具有创新精神和创业能力，需要他们能敏感地发现生产、管理、服务过程中出现的问题，能对技术性问题提出解决方案。”

因此，这些高职院校在人才培养过程中加强了产学研教育，培养学生的实践工作能力。这一时期高职院校培养了大量的“应用型人才”。

（四）高职稳定发展阶段的“高技能人才”培养

从2003—2011年，我国以“高技能人才”培养为职业教育导向。

2003年12月，全国人才工作会议提出了培养“高技能人才”的要求，与此相呼应，教育部在《2003—2007年教育振兴行动计划》中提出高职教育要“大量培养高素质的技能型人才特别是高技能人才”。同月，教育部部长周济根据我国制造业发展的新需求指出：“我们现在的高等职业教育，就是要定位在技能型、应用型人才培养。”这种人才定位反映了以学生就业为导向的办学理念。2004年《教育部关于以就业为导向深化高等职业教育改革的若干意见》指出：高等职业院校要坚持培养面向生产、建设、管理、服务第一线需要的，实践能力强、具有良好职业道德的高技能人才。《教育部财政部关于进一步推进“国家示范性高等职业院校建设计划”实施工作的通知》指出，要发挥高职院校培养“高素质高级技能型专门人才”的重要作用。

2004年2月，教育部周济部长在第三次产学研结合经验交流会上，针对我国现代制造业与服务业发展的新动向指出：“现代制造业与服务业的人才培养与传统的制造业和服务业不同，关键不在于手头的功夫和感觉，而在知识和技能的结合上，也就是知识技能型人才，高等职业教育就是要培养这类人才”。“坚持以服务为宗旨，为社会主义现代化建设培养高技能人才。”这次会议确立了我国高职教育人才培养目标发展的新方向，也为此后十年的高职教育人才培养指明了改革与发展的方向。

2005年《国务院关于大力发展职业教育的决定》发布后，“国家示范性高职院校建设计划”推动我国高职教育走向内涵发展的转型之路，高职教育在人才培养目标定位、人才培养模式选择方面逐步走出了一条特色发展之路。

2006年11月，根据新世纪经济社会发展的新情况和素质教育的需要，教育部要求高职院校把改革方向转向内涵建设，同时，提出要高度重视学生的职业道德教育和法制教育，重视培养学生的诚信品质、敬业精神和责任意识、遵纪守法意识，培养出一批高素质的技能性人才。要针对高等职业院校学生的特点，培养学生的社会适应性，教育学生树立终身学习理念，提高学习能力，学会交流沟通和团队协作，提高学生的实践能力、创造能力、就业能力和创业能力，培养德智体美全面发展的社会主义建设者和接班人。“高技能人才”实质上是强调培养学生的综合素质和技能，具体包括良好的职业道德和法律意识、终身学习理念、合作能力、社会适应能力、实践能力、创新能力、就业能力和创业能力。这个文件对于高职院校进行教育教学改革产生了重要的指导作用。2011年8月，教育部要求高职院校“ 培养生产、建设、服务、管理第一线的高端技能型专门人才”。总之，这一阶段我国提出高职教育培养生产一线需要的“高技能人才”的目标，是在高职试点阶段的基础上，分析国际国内经济社会发展情况之后做出的重要决定。“高技能人才”与“高层次实用技术人才”相比，除了重视实践能力教育之外，更强调学生的综合素质培养，特别是就业能力。

（五）高职体系成熟阶段的“高素质技术技能型人才”培养

从2012年至今，我国开始了“高素质技术技能型人才”的培养。

2012年6月，教育部颁发了《国家教育事业发展第十二个五年规划》，对我国高职教育人才培养方向进行了新的定位："要不断完善中等和高等职业学校的布局结构，明确中等和高等职业学校的办学定位，在各自层面上办出特色，不断提高人才培养质量。"在构建现代职业教育体系大背景下，对高职教育的人才培养目标定位是，要培养"产业转型升级和企业技术创新需要的发展型、复合型和创新型的技术技能人才"。这种人才培养定位包括道德、知识、技术和技能在内的综合素质培养，与"高技能人才"培养相比，重点强调为产业转型升级和企业技术创新服务，强调技术型人才培养。它的特点是既体现我国经济发展方式转变的要求，又体现技术型人才培养的回归。从2010年起，部分省市的少数高职院校开始试点本科层次高职教育，比如：河北省、四川省等。这些学校经过几年的调研，目前大多把人才培养目标定位在应用型高级技术人才上，他们同样强调对学生的技术教育。所谓技术型人才，是指掌握和应用技术手段为社会谋取直接利益的人才。他们处于工程型人才和技能型人才之间，与工程型人才的工作紧密关联。在实现自己社会功能的过程中，技术型人才又必须与技能型人才合作，并指导其工作。技术型人才和技能型人才一样处于人类社会劳动链环的终端，他们是社会财富的直接创造者，是社会总体运转过程中最直接又最积极的因素。技术型人才是一种智能型的操作人才，因此，也需具备一定的学术、学科能力和基础学科课程知识，但这种能力和知识的要求远不如工程型人才高，而是更强调理论在实践中的应用。在新形势下，技术型人才需要保持独立存在，并在现代社会中的重要性不断提升。这是高职教育开始向技术型人才转变的重要原因。

二、我国高职创新创业教育存在的问题与原因

我国高职创新创业教育在经历了30多年的发展后，在理论建设的研究及实践活动的探究方面取得了一定的成绩，高职院校近年来在创业教育方面也开辟了属于自己的新领域。然而，由于创业教育仍处于发展的初级阶段，在实施开展的过程中难免会遇到一系列的问题，如果这些问题没有得到及时解决，将会制约创业教育的发展。

自十七大政府提出了"以创业带动就业"的政策以来，创业教育受到多方重视以及积极响应，主要表现为多项支持政策相继出台，建立配套的服务中心与

咨询机构，鼓励大学生自主创业；高职院校也积极开展创业教育的相关课程，在校园中建立创业孵化中心，创设有利条件培养大学生的创业素质；大学生也非常重视创业教育给自己带来的发展机会，在学习的过程中不断积累知识与锻炼能力。但是目前我国高职院校创新创业教育的水平远远落后于发达国家，仍然处于发展初期，还存在着一定的问题。

（一）完整的创新创业教育目标体系缺乏

对创业教育的重要性认识不到位。高职院校创业教育是在国家严峻的就业形势下应运而生的，虽然开展已有较长时间了，但普遍对创业教育重要性的认识仍停留在浅层阶段，如把创业教育简单地看作是就业指导的一项内容，是就业指导的补充与延伸，大多是利用课余时间进行教育，致使创业教育难以对多数学生普及。部分开展创业教育的高职院校，也是有严重的功利主义倾向，把关注点投放在学生的创业活动、创办企业中，而这些创业活动只有少部分大学生能够参与，大部分需要普及创业教育的大学生却未能真正受益。创业教育的培养目标定位不科学。很多高职院校把指导学生如何创办企业作为创业教育的培养目标，在这一目标的指导下，创业教育的范围主要集中在有针对性地对学生开展创业知识教育、提供相应的服务、推动创业项目的开展、提高创业的成功率等方面，把创业教育变成了企业家速成班，其最终的目标都是围绕如何提高就业率。然而创业教育对学生的长远发展具有重要的作用，其重点在于培养学生的生存能力，增强创新精神、创业能力，全面提高综合素质，创业教育的培养目标是使学生全面发展，是一种长期目标，而不仅仅只是开设店面谋求生存的短期目标。对创业教育培养目标的定位不科学，容易造成高职院校在人才培养的过程中只重视技巧培养，轻视素质培养，重视短期产生的效应，忽视长期的培养等问题的产生。

（二）系统的创业教育教学体系缺乏

课程缺乏独立性，教育形式单一。创业教育的课程设置应该是建立在多种学科交叉融合的基础上，对学生实现多元化全面性的教育教学。据统计，到1995年，开始创业课程的美国大学已超过400所，其中50%以上开设并提供了至少4门创业方面的课程。除了美国，还有26个国家也开展了类似教育。目前我国的创业教育主要是通过开设选修课、系列讲座以及校园文化活动等方式实施，课程开设方式多样化，却唯独没有属于创业教育的专门课程，缺乏专门课程的创业教育只能维系浅层的教育需求，其内涵与内容无法真正体现，这样导致创业教育的开展收效甚微。此外，创业教育是游离在学校整体教学体系之外，没有在整体架构的框架内实现与专业教育的有效对接，表面上学生既对学科专业知识进行学习，也接受了创业教育，但两者没有碰撞与交集，使学生无法通过创业素质的提升使学科专业教育的优势发挥出来。尤为值得重视的是，目前高职院校创业教育的开展大多泛泛而谈，没有围绕高职院校的特点展开，也缺乏地方本土特色，创业教育开展形式单一。如开设讲座可以加深学生对创业教育的了解，但缺乏持久性；通过创业竞赛等活动可以提高学生的创业热情，但学生参与人数太少；通过创业实践基地的体验可以增强学生的创业能力，但实践基地开发建设难度大，暂时无法满足大多数学生的需求，这些都直接影响了创业教育的实际效果。

（三）创新创业教育师资力量欠缺

教学师资力量欠缺，水平有待提高。在我国由于创新创业教育还处于刚刚起步、发展的初始时期，创新创业教育迫切急需大批具有专业水平的创新创业师资队伍，因为这类高水平创业型师资队伍更是顺利开展和实施创新创业教育的关键和基本保障。目前，从高校整体教师队伍上看，高职教师队伍建设在数量上基本适应高等教育快速发展需求，但“双师型”教师人才匮乏。创新创业教育对教师的综合素质要求较高，只有以强有力的师资队伍为先决条件，才会使任何一种教育都能够顺利的开展并收获可喜的成果。这就需要大批具有一定的专业知识，而且又具备较高的跨学科的综合知识和创业实践技术能力的专业师资。可是在高校担当此教学任务的大部分教师创新创业知识不够完善、缺少足够的创业经验。而且，专门从事创新创业教育的师资队伍也十分稀缺。一类是由于工作需要从其他教学岗位上半路出家，转岗过来的教师；另一类是从事学生就业指导工作的教师。而这些教师大多是缺乏创业作战的经验，甚至没有在企业的就业、创业的经历，尽管他们有较高的学历、较高的理论水平，但他们会不自觉地把创新创业教育变成“纯粹的学术化课程”教育。很多高等学校没有专门从事创新创业教育的师资，从事此类课程的教师也往往缺乏实战经验。

各类院校的从事兼职创新创业教育的教师中，主要由就业指导教师兼任，由社科部的教师兼职或是由团委教师及主管学生工作的副书记兼职，根本没有专职从事创新创业教育的教师。他们都是通过短期的相关培训和自学从事此教学工作的，缺少创新创业经历，企业工作经历，缺少满足创新创业教育教学需要的思维知识结构，毫无疑问的是他们根本无法将创新创业教育内容和学生的专业内容结合起来。这些教师主要讲一些就业指导课程，包括国家当前的就业创业政策、讲授职业生涯规划及应聘过程中的面试技巧等等，一些教师对学生们的指导同样也存在于形式主义，致使出现了创业与创新教学分离、创新创业教学与创新创业活动分离、创新创业教育与专业教育分离。没有对学生进行更专业、更深入、更系统的实训、实践指导工作，难以完成授课保证。

师资匮乏问题已经成为高校创新创业教育更快更好发展的瓶颈。创新创业教育的师资质量不仅影响高校学生自主创业的能力，还无形中加重了毕业生的就业压力，阻障了学生们的健康成长。

（四）缺乏科学的创业教育评价体系

创新创业教育评价是对大学生的创新创业意识、思维、精神和技能培养的提升程度，对教育的结果有合理的预期，对社会价值的实现程度等方面做出客观判断的过程，是高校顺利实施创新创业教育的重要部分。

创新创业教育本身又有较强的实践性，由于各学校在培养目标、教育级别等层面各有区别，在教育过程中经费的匮乏，会直接导致创新创业教育基地建设的不到位，使其教育评价也只会停滞于传统方式进行考试、考核的层面上。然而，这种考试形式已不适应创新创业教育的评价需要，创新创业教育如果没有最终的评价结果，也就自然不会出现最初的创新创业激情，而过程中的毅力与执着也会因此而一触即溃。由此可见，创新创业教育具有成本高、实践性强、成效滞后的特质。只有重视口试、笔试、实际操作，创建多元化、灵活性的科学评价反馈机制，同时，采取创业计划书、企业单位调查报告等方式为评价内容，成立专门的考试考查管理机构，对企业、教师、学生等进行考评，对学生的创新创业综合能力给出合理、准确的判断和客观全面的评价。所评价的对象不仅要侧重学生们对理论知识的掌握和记忆，而且还侧重于作为创新创业教育客体的能力和素质等各方面综合评价。只有这样才能提高学校和学生们进行创新创业教育的积极性，才能使学生们在充满创新创业教育氛围与空间中，自主、宽松、真实的进取和成长。

这种创新传统的考试、考核方式，创建实效性、多样性的创新创业教育质量评价机制，首先是可以依据评价资料的反馈情况来改进与优化创新创业教育；其次可以客观地评价创新创业教育的本身；最后在教育和评价过程中不断改进提高，从而真正避免教育资源的浪费、教育功能上的重叠和避免过度形式上的评价，使学生们对创新创业教育结果有正确、合理的预期，进而真实客观考核自己的综合素质和能力。

第二节　新时期创新创业人才培养目标的定位

人才培养目标决定着一种教育的性质，也决定着该类教育改革与发展的方向。我国高职教育作为一种高等教育类型已被社会广泛认可，其类型属性的决定因素就是人才培养目标。进入21世纪，我国高等职业教育受到国家政治、经济政策发展的影响得到了相应的迅速发展，进行地如火如荼，高等职业教育在发展中逐渐呈现出内涵式发展倾向。面对社会经济发展的新形势与新要求，为了充分发挥高等职业教育在社会人才培养方面的作用和价值，国务院办公厅《关于深化高等学校创新创业教育改革的实施意见》（国办发〔2015〕36号）以及教育部关于印发《高等职业教育创新发展行动计划（2015–2018年）》（教职成[2015]9号）文件，对高职教育创新创业教育的发展目标给出了明确的定位。

一、高职人才培养的总体要求

高等职业院校要全面贯彻党的教育方针，落实立德树人的根本任务，坚持创新引领创业、创业带动就业，主动适应经济发展新常态，以推进素质教育为主题，以提高人才培养质量为核心，以创新人才培养机制为重点，以完善条件和政策保障为支撑，促进高等教育与科技、经济、社会紧密结合，加快培养规模宏大、富有创新精神、勇于投身实践的创新创业人才队伍，不断提高高等教育对稳增长促改革调结构惠民生的贡献度，为建设创新型国家、实现“两个一百年”奋斗目标和中华民族伟大复兴的中国梦提供强大的人才智力支撑。

具体要求如下：

（一）坚持育人为本，提高培养质量

把深化高校创新创业教育改革作为推进高等教育综合改革的突破口，树立先进的创新创业教育理念，面向全体、分类施教、结合专业、强化实践，促进学生全面发展，提升人力资本素质，努力造就大众创业、万众创新的生力军。

（二）坚持问题导向，补齐培养短板

把解决高校创新创业教育存在的突出问题作为深化高校创新创业教育改革的着力点，融入人才培养体系，丰富课程、创新教法、强化师资、改进帮扶，推进教学、科研、实践紧密结合，突破人才培养薄弱环节，增强学生的创新精神、创业意识和创新创业能力。

（三）坚持协同推进，汇聚培养合力

把完善高校创新创业教育体制机制作为深化高校创新创业教育改革的支撑点，集聚创新创业教育要素与资源，统一领导、齐抓共管、开放合作、全员参与，形成全社会关心支持创新创业教育和学生创新创业的良好生态环境。

二、新时期高职创新创业人才培养的目标任务

高职院校要从2015年起全面深化高校创新创业教育改革。2017年取得重要进展，形成科学先进、广泛认同、具有中国特色的创新创业教育理念，形成一批可复制可推广的制度成果，普及创新创业教育，实现新一轮大学生创业引领计划预期目标。到2020年建立健全课堂教学、自主学习、结合实践、指导帮扶、文化引领融为一体的高校创新创业教育体系，人才培养质量显著提升，学生的创新精神、创业意识和创新创业能力明显增强，投身创业实践的学生显著增加。

主要目标任务如下：

（一）完善人才培养质量标准

制订实施本科专业类教学质量国家标准，修订实施高职高专专业教学标准和博士、硕士学位基本要求，明确高职高专、本科、研究生创新创业教育目标要求，使创新精神、创业意识和创新创业能力成为评价人才培养质量的重要指标。相关部门、科研院所、行业企业要制修订专业人才评价标准，细化创新创业素质能力要求。不同层次、类型、区域高校要结合办学定位、服务面向和创

新创业教育目标要求，制订专业教学质量标准，修订人才培养方案。

（二）创新人才培养机制

实施高校毕业生就业和重点产业人才供需年度报告制度，完善学科专业预警、退出管理办法，探索建立需求导向的学科专业结构和创业就业导向的人才培养类型结构调整新机制，促进人才培养与经济社会发展、创业就业需求紧密对接。深入实施系列“卓越计划”、科教结合协同育人行动计划等，多形式举办创新创业教育实验班，探索建立校校、校企、校地、校所以及国际合作的协同育人新机制，积极吸引社会资源和国外优质教育资源投入创新创业人才培养。高校要打通一级学科或专业类下相近学科专业的基础课程，开设跨学科专业的交叉课程，探索建立跨院系、跨学科、跨专业交叉培养创新创业人才的新机制，促进人才培养由学科专业单一型向多学科融合型转变。

（三）健全创新创业教育课程体系

各高校要根据人才培养定位和创新创业教育目标要求，促进专业教育与创新创业教育有机融合，调整专业课程设置，挖掘和充实各类专业课程的创新创业教育资源，在传授专业知识过程中加强创新创业教育。面向全体学生开发开设研究方法、学科前沿、创业基础、就业创业指导等方面的必修课和选修课，纳入学分管理，建设依次递进、有机衔接、科学合理的创新创业教育专门课程群。各地区、各高校要加快创新创业教育优质课程信息化建设，推出一批资源共享的慕课、视频公开课等在线开放课程。建立在线开放课程学习认证和学分认定制度。组织学科带头人、行业企业优秀人才，联合编写具有科学性、先进性、适用性的创新创业教育重点教材。

（四）改革教学方法和考核方式

各高校要广泛开展启发式、讨论式、参与式教学，扩大小班化教学覆盖面，推动教师把国际前沿学术发展、最新研究成果和实践经验融入课堂教学，注重培养学生的批判性和创造性思维，激发创新创业灵感。运用大数据技术，掌握不同学生学习需求和规律，为学生自主学习提供更加丰富多样的教育资源。改革考试考核内容和方式，注重考查学生运用知识分析、解决问题的能力，探索非标准答案考试，破除“高分低能”积弊。

（五）强化创新创业实践

各高校要加强专业实验室、虚拟仿真实验室、创业实验室和训练中心建设，促进实验教学平台共享。各地区、各高校科技创新资源原则上向全体在校学生开放，开放情况纳入各类研究基地、重点实验室、科技园评估标准。鼓励各地区、各高校充分利用各种资源建设大学科技园、大学生创业园、创业孵化基地和小微企业创业基地，作为创业教育实践平台，建好一批大学生校外实践教育基地、创业示范基地、科技创业实习基地和职业院校实训基地。完善国家、地方、高校三级创新创业实训教学体系，深入实施大学生创新创业训练计划，扩大覆盖面，促进项目落地转化。举办全国大学生创新创业大赛，办好全国职业院校技能大赛，支持举办各类科技创新、创意设计、创业计划等专题竞赛。支持高校学生成立创新创业协会、创业俱乐部等社团，举办创新创业讲座论坛，开展创新创业实践。

（六）改革教学和学籍管理制度

各高校要设置合理的创新创业学分，建立创新创业学分积累与转换制度，探索将学生开展创新实验、发表论文、获得专利和自主创业等情况折算为学分，将学生参与课题研究、项目实验等活动认定为课堂学习。为有意愿有潜质的学生制定创新创业能力培养计划，建立创新创业档案和成绩单，客观记录并量化评价学生开展创新创业活动情况。优先支持参与创新创业的学生转入相关专业学习。实施弹性学制，放宽学生修业年限，允许调整学业进程、保留学籍休学创新创业。设立创新创业奖学金，并在现有相关评优评先项目中拿出一定比例用于表彰优秀创新创业的学生。

（七）加强教师创新创业教育教学能力建设

各地区、各高校要明确全体教师创新创业教育责任，完善专业技术职务评聘和绩效考核标准，加强创新创业教育的考核评价。配齐配强创新创业教育与创业就业指导专职教师队伍，并建立定期考核、淘汰制度。聘请知名科学家、创业成功者、企业家、风险投资人等各行各业优秀人才，担任专业课、创新创业课授课或指导教师，并制定兼职教师管理规范，形成全国万名优秀创新创业导师人才库。将提高高校教师创新创业教育的意识和能力作为岗前培训、课程轮训、骨干研修的重要内容，建立相关专业教师、创新创业教育专职教师到行业企业挂职锻炼制度。加快完善高校科技成果处置和收益分配机制，支持教师以对外转让、合作转化、作价入股、自主创业等形式将科技成果产业化，并鼓励带领学生创新创业。

（八）改进学生创业指导服务

各地区、各高校要建立健全学生创业指导服务专门机构，做到“机构、人员、场地、经费”四到位，对自主创业学生实行持续帮扶、全程指导、一站式服务。健全持续化信息服务制度，完善全国大学生创业服务网功能，建立地方、高校两级信息服务平台，为学生实时提供国家政策、市场动向等信息，并做好创业项目对接、知识产权交易等服务。各地区、各有关部门要积极落实高校学生创业培训政策，研发适合学生特点的创业培训课程，建设网络培训平台。鼓励高校自主编制专项培训计划，或与有条件的教育培训机构、行业协会、群团组织、企业联合开发创业培训项目。各地区和具备条件的行业协会要针对区域需求、行业发展，发布创业项目指南，引导高校学生识别创业机会、捕捉创业商机。

（九）完善创新创业资金支持和政策保障体系

各地区、各有关部门要整合发展财政和社会资金，支持高校学生创新创业活动。各高校要优化经费支出结构，多渠道统筹安排资金，支持创新创业教育教学，资助学生创新创业项目。部委属高校应按规定使用中央高校基本科研业务费，积极支持品学兼优且具有较强科研潜质的在校学生开展创新科研工作。中国教育发展基金会设立大学生创新创业教育奖励基金，用于奖励对创新创业教育作出贡献的单位。鼓励社会组织、公益团体、企事业单位和个人设立大学生创业风险基金，以多种形式向自主创业大学生提供资金支持，提高扶持资金使用效益。深入实施新一轮大学生创业引领计划，落实各项扶持政策和服务措施，重点支持大学生到新兴产业创业。有关部门要加快制定有利于互联网创业的扶持政策。

三、新时期高职人才培养方案的修订

按照国务院、教育部对高职院校人才培养的总体要求和高职人才培养的目标任务，各高职院校的人才培养方案要进行相应的修订。人才培养方案是专业人才培养目标、基本规格以及培养过程、内容和方式的总体规划，是衡量学生在校期间完成全部学业后是否达到培养规格的重要标准，是高职院校人才培养、组织教学过程、安排教学任务的基本依据。为了贯彻落实《国家中长期教育改革和发展规划纲要（2010—2020）》，以及国务院办公厅《关于深化高等学校创新创业教育改革的实施意见》（国办发［2015］36号）等文件精神和具体要求，实现培养生产、建设、服务、管理第一线的高级技术技能型人才的目的，高职学院人才培养方案要把创新创业的精神贯穿到人才培养方案中，紧紧围绕国家、教育部的文件对高职院校人才培养方案的制订进行修订。

（一）人才培养方案制定的指导思想

高职院校要以《国家中长期教育改革和发展规划纲要（2010—2020）》、国务院办公厅《关于深化高等学校创新创业教育改革的实施意见》（国办发［2015］36号）为指导，围绕培养学生创新创业的职业能力、就业竞争力和促进职业发展的核心目标，践行高职院校办学理念，形成知识、能力与素质协调发展的人才培养格局，将学生就业竞争力与发展潜力培养融为一体、教学工作与学生工作融为一体、职业素质养成与职业能力培养融为一体、课外与课内培养融为一体，立德树人，以服务为宗旨，以就业为导向，以提高质量为核心，以增强特色为重点，构建出充分体现高职办学特色并具有一定优势的人才培养方案和课程体系，在“校企融合、工学结合”发展道路上培养出创新创业的“高素质技术技能型人才”。

高职专业人才培养方案的制定要体现高职院校办学指导思想，符合高职的办学定位和人才培养目标，要立足于培养理论基础够用、实践能力较强、具有创新创业精神的高素质技术技能型人才。要突出应用性和针对性，以适应社会需求为目标、以培养技术应用、实践能力为主线，同时要强化综合素质教育，全面提高学生的思想道德素质、文化素质、专业素质和身体心理素质。

1. 培养适应区域发展的创新创业人才

高职人才培养要适应社会经济的发展，尤其是区域和地方经济发展的需要。要进行充分的社会调查，注重研究分析经济建设和社会发展出现的新情况、新特点，特别要关注市场经济和专业领域技术发展态势，注重与区域和地方发展相适应，并结合高职实际情况，使高职制定的专业人才培养方案具有鲜明的地方、行业特色。

2. 培养全面发展的创新创业人才

高职要坚持德、智、体、美等方面全面发展，必须全面贯彻国家教育方针，正确处理好德育与智力、理论与实践的关系，注重全面提高学生的综合素质，切实保证培养目标的实现。

3. 培养高素质的创新创业人才

高职要依照职业院校的发展目标，树立“德才兼备、技艺双全”的办学理念，培养有知识、有技能的的高素质创新创业人才。

4. 培养学生的实践能力

高职要加强学生的实践教学环节，做到理论与实践、知识传授与能力培养相结合，并将创新创业能力培养贯穿教学全过程。

5. 贯彻产学研结合的思想

在专业人才培养方案的制定和实施过程中应主动争取企业的参与，充分利用社会资源，共同制定和实施专业人才培养方案。专业人才培养方案中的各个教学环节既要符合教学规律，又要根据企业或行业的实际工作特点妥善安排。

6. 推进高职的“双证”教育

高职要鼓励大学生在校期间在获得毕业证书的同时，要取得各种职业资格证书，同时专业课程可以和职业资格证书培训进行课程置换。

7. 加强高职课程的改革

高职要按照行动过程导向，借鉴学习领域、情境教学理念，结合专业特点，开发符合职业教育规律，有特色的学生培养方案。

（二）人才培养方案制定的基本原则

1. 按照地方政府的要求和区域需求确定人才培养目标和规格

高职要按照地方政府的要求和区域需求，以区域发展和市场需求作为人才培养的落脚点。要贴近人才需求市场，深入开展专业调研，分析专业面向的就业岗位环境、岗位职责、工作内容、岗位所需能力、任职资格等，努力挖掘专业人才培养方案与职业岗位需求之间的结合点，合理确定各专业人才培养目标及规格。

2. 以校企合作需求改革人才培养模式

校企合作是培养适应市场需求高素质技术技能型人才的关键。在专业人才培养方案制订与实施过程中，要充分发挥行业、企业专家和专业指导委员会的作用。以校企合作为平台，鼓励推动“校企融合、工学结合”的人才培养模式在实习实训基地建设、课程建设、教材建设和队伍建设中的落实。在完成主干课程教学的基础上，根据企业的用人需求，合理调整教学进程；要把课堂延伸到企业，聘请企业技术人员承担专业教学任务，将企业的工艺、规范和文化融入教育教学中。

3. 依据自身特点合理构建专业课程体系。

各专业可依据各自特点，选择相对成熟的模式设计课程体系。就业岗位成熟稳定，任职条件强调专业技能，职业标准相对规范，以培养技能为职业能力核心的专业，可以基于工作过程设计课程体系；就业岗位波动变化大，任职条件强调素质，以培养能力素质为职业能力核心的专业，可以选择能力本位教育的课程体系设计；对于专业对应岗位分布跨度大，一部分岗位需求强调技能、一部分强调素质的专业，可以采取基于工作过程的模块课程体系和能力本位教育的模块课程体系。课程设计与实施上实现职业能力和职业素质培养的有机结合，按照认知规律、职业成长规律和职教理念构建课程体系。

同时，要加强公共基础课与专业课间的相互融通和配合，专业拓展课程内容跟踪行业发展动态，综合拓展选修课程实行学院和二级学院相结合的设置方式，保证学生既可以深化职业类课程，又可以选修专业外课程，促进学生文化素质、科学素养、综合职业能力和可持续发展能力的培养。

4. 统筹安排深入推进教学方法改革

以课程开发和建设的思路管理主要教育教学活动，将课外与课内培养融为一体。入学教育、校内集中实训、校外顶岗实习、社会实践活动等作为课程来建设、实施和管理，纳入人才培养方案教学进程安排。各专业人才培养方案应在统一规范的基础上，充分体现专业建设、人才培养模式改革、教育教学改革、制度保障等方面的特色，科学合理安排课内、课外学时，组织教学活动。积极推行“双证书”制度，将相关课程考试考核与职业技能鉴定合并进行。要积极推广项目教学、案例教学、情景教学、工作过程导向教学，广泛运用启发式、探究式、讨论式、参与式教学，充分激发学生的学习兴趣和积极性。

5. 立德树人引导学生健康成才

遵循高职教育教学和人才成长的基本规律，从成人成才的角度，立德树人，引导培育学生自主学习、合作学习、探究学习，增强学生身心健康自我调控能力，正确培育学生在知识、能力、素质方面的系统发展，培养学生具有良好的职业道德、职业能力和创新创业精神，以及可持续发展的素质，适应社会、经济发展和现代化建设的需要。

6. 完善教学质量管理体系构建

严格执行国家制定的教学文件，适应生源和培养模式改革的新特点，完善教学管理机制。要加强教学组织建设，健全教学管理机构，发挥行业企业深度参与的专业教学指导委员会的作用。按照“标准、评价、反馈、调控”四位一体的教学质量管理体系，对教学质量实施管理与监控。把学生的职业道德、职业素养、技术技能水平、就业质量和创业能力作为衡量专业教学质量的重要指标。

7. 推进专业建设不断发展

良好的办学条件是专业建设发展的基础。各专业要根据学院和专业建设发展规划，积极加强校内外实习实训基地建设，依靠校企深度合作，夯实各专业办学基础。要进一步加强师资队伍建设，构建起以高水平专业带头人、骨干专任教师和企业兼职的能工巧匠、管理与技术人员为主专兼结合的教师队伍。高职院校省级以上重点专业要勇于改革创新，发挥示范、引领作用，在校企深度合作、人才培养模式改革、办学水平和人才培养质量、服务社会等方面带领相关专业不断发展。

第四章　高职创新创业教育人才培养的策略

人才培养目标是在一定社会中，要把受教育者培养成为什么样的人的根本性问题，它是一切教育活动的出发点和归宿。新时期高职院校依据国务院对高职院校的要求，制定高职人才培养目标，按照人才培养目标的要求以及高职院校自身的发展特色，调整人才培养方案，要把培养具有创新精神、创业意识和创新能力的学生增加融入人才培养目标中，因此高职创新创业人才培养也要有相应的策略。

要实现创新创业人才的培养，就必须将创业教育的目标纳入高职专业人才培养目标中，形成多层面的人才培养目标，以此引导高职所有的教育活动。同时，社会对大学生的需求是多样的而非单一的，且受教育者的个性需求也不一致，千篇一律的培养目标指导下的大学教育培养出来的学生尽管专业知识与技能专精，但其创新创业能力将大打折扣，这就要求我国大学教育必须充分考虑学生的个性需求，把创业教育、素质教育与专业教育有机融合，把人文教育和科学教育相互融合，培养既有良好的科学知识素质和宽阔人文精神底蕴且具有创新创业精神的高级人才。

第一节　高职创新创业教育培养模式的改革

人才培养目标包括高校总体的人才培养目标和专业人才培养目标两个方面，要将创业人才培养纳入总体人才培养目标中。创业教育目标不仅要融入各大学总体人才培养目标，而且要通过注入各专业培养目标中，以实现与专业教育的有机融合的人才培养模式。如将文化创新能力和创业精神的培育纳入人文社科专业人才培养目标；将技术创新能力和创业精神的培育纳入理工科专业人才培养目标等。高职创新创业教育培养模式的改革就是要将原来培养单一专业人才的高职院校教育模式，转化为培养既具备专业知识又具有创新创业精神和能力的多层面的人才培养模式。

一、高职专业教育与创业教育融合的策略

我国的高职教育从1980年建立职业大学到现在，已经经历了30多年的发展历程。职业教育服务于社会经济的能力不断增强，但同时我们也看到了职业教育的发展与社会需求的吻合度还有一定的差距。2010年5月教育部提出了："高等学校要更新教育教学观念，将创新创业教育面向全体大学生，纳入教学诸渠道，结合专业教育，贯穿于人才培养全过程"，因而创新创业教育作为一种新的高等教育理念进入了职业教育中。创新创业教育与高职教育的培养模式"工学结合、校企合作"改革要求是一致的，这就为依托专业教育开展创业教育搭建了平台。因此高职院校专业教育与创业教育如何融合，对此策略进行研究就显得尤为必要。

（一）高职专业教育与创业教育的发展现状

1989年在面向"21世纪的教育国际研讨会"上联合国教科文组织提出了青年除了接受传统意义上的学术教育和职业教育外，还应当拥有第三本教育护照——创业教育；1999年《中共中央国务院关于深化教育改革全面推进素质教育的决定》明确指出：高等教育要重视培养大学生的创造能力、实践能力和创业精神；2002年教育部及与会专家在"创业教育"试点工作中提出：创业教育是素质教育的一个重要方面；随后几年来对高职中创业教育的研究，认为高职创业教育的核心在于培养企业家的创新精神；目前对创业教育的理论研究又有了新的进展。

专业教育与创业教育融合存在的问题：

尽管目前对于创业教育的研究有了新的进展，但仅仅认为创业教育是就业教育的一部分；创业教育可以单独开展，表现为各类创业活动，比如说在高职院校开展的培训班、创业竞赛活动等；对于将创业教育融入专业教育还缺乏深入的研究，例如：如何将创业教育列入高职院校的人才培养计划中，并列入学院的整体育人体系中；专业教育与创业教育还是两种不同的运行机制；专业教

育与创业教育的管理，各高职院校还归属于不同的部门，例如：专业教育归教务处管理，而创业教育归学生处或思政处管理等，这样导致创业教育的课程以选修课或者学生活动的方式来进行，数量很少，培养目标和教学目标不明确，专业教育与创业教育严重脱节。

（二）专业教育与创业教育融合的意义

专业教育与创业教育的融合有着重要的意义，这与国家高职人才培养的目标是一致的。

1. 增强学生的竞争能力

在专业教育中融入创业教育，与高职教育的培养要求“工学结合、校企合作”的改革要求是一致的，专业教育所提倡的创新教育和创造教育与创业教育在本质上是一致的，专业教育的深化和具体化表现为创业教育。创业教育的过程中能够培养学生与别人的交流能力，与企业的合作意识，使学生形成创新意识。同时创业教育还能培养学生的创新能力、创造能力以及创业能力，进而增强学生在社会中的竞争能力。

2. 扩大学生的就业路径

当前，高职学生毕业的就业问题日显突出，学生的自主创业不失为一种很好的途径。自主创业不仅为社会创造了财富，更创造了就业机会。把专业教育与创业教育融合，在提高学生自身素质的过程中培养了学生的创业竞争能力。学生掌握了基本的创业知识和技能，有着首创和企业家精神，在就业的过程中就不会完全依赖于现有的企业。如果在现有的求职过程中找不到合适的岗位，学生就会选择自主创业。自主创业扩大了学生的就业路径，有效地解决了就业问题。

3. 提高高职院校持续的生存发展能力

全球经济一体化不断加深，国际竞争归根结底是人才的竞争。因此我国的人力资源需求已经发生了很大的变化，不仅需要“高素质、高技能的专业型人才”，更需要敢于“开拓、创新的创业型人才”。高职院校的人才培养必须适应人力资源的需求，在专业教育中融合创业教育，才能培养既具备专业知识和专业技能，又有创业精神和创业能力的高素质人才，才能更好应对日趋激烈的国际竞争，实现高职院校持续的生存与发展。

（三）专业教育与创业教育融合的有效路径

高职院校培养创新创业人才，将专业教育与创业教育融合可采用以下路径：

1. 优化人才培养方案

高职教育要树立全面发展的观念，要在专业教育的培养方案中融入创业教育，要把创业教育纳入高职人才培养的全过程中。高职教育要把培养创业型人才与高技能型人才放在同等重要的位置，把培养具有创业精神和创业能力作为人才培养规格的核心要求之一写入人才培养方案，达到优化人才培养方案的目的。创业教育的培养最终应成为专业学习中的一个重要主题，从而促进专业教育与创业教育的结构性融合。

2. 深化课程体系的改革

课程体系的改革是在专业教育中融入创业教育的重要策略。在课程体系的构建中，教务部门要根据不同专业的要求，针对培养高技能人才的培养目标，根据学生多样化个性的需求，灵活多样地开设不同岗位需要的创业培训课程，实施按需施教，在各专业现有的教育课程体系中融入创业教育课程，加强创业教育课程体系的构建。课程体系的改革有利于培养学生的创业意识、创业精神、创业品质和创业能力，能尽快适应社会的需求，在未来的社会中创建新的适合社会需要的工作岗位。

3. 培养适合创业教育的师资力量

在专业教育中融入创业教育实施的关键在于教师。学校的领导首先要重视培养适合创业教育的师资力量，要对专业教师和创业教育的教师进行相应的整合，要让教师先明白创业教育对培养高职学生适应社会的重要性，对于学院生存的重要性。不断提高教师的认识，要让教师在教学的过程中把创业教育融入到专业教育中，灌输于学生的意识中，培养学生创业的理念与精神，并带领学生进行具体的实践。鼓励专业教师积极参加顶岗实践活动，多开展教师与成功的企业家、创业成功人士的交流活动，引导高职专业教师开展创业教育方面的理论研究和实践活动，培养高素质的创业教育教师队伍。如果每一个专业教师在传授专业知识时都融入创业教育的知识，经过几年的教育与实践，我们的高职学生将来会有很强的创业意识，能更好地适应社会的竞争。

4. 开展创业实践活动

在培养学生的创业教育的同时，必须要开展创业实践活动。要切实加强校内外的创业实训基地建设，使教学与社会生产实践紧密结合起来。教师要与企业开展横向课题合作，引进企业的业务流程和真实项目，让学生以生产性实训为目的，在实践活动中完成实训计划，提高实训内容和过程的真实性。同时鼓励学生自己在校积极参与社会实践活动。以“典型创业案例”吸引学生的注意，以成功创业的经历鼓舞同学，激发他们的创业热情，同时让他们明确创业的艰辛。比如：在校生中有一些学生通过项目代理、网上开店的形式实现了自己的创业梦想，鼓励其他同学积极尝试。

5. 引导校园文化氛围

每所院校都有自己的文化氛围，而校园的文化氛围对学生的思想观念、行为方式和价值取向等都具有重要的引导作用。因此高职院校要营造浓郁的校园创新创业文化氛围。学校要鼓励学生积极参与省、市及学校组织的技能大赛和社团活动，学校要对成绩突出的同学予以奖励，校园的宣传栏、广播、校报要积极报道在技能大赛、社团建设等实训活动中获得奖励的优秀学生，以鼓励全体学生树立主动创业、创业光荣的观念，营造有利于创业的舆论氛围，使专业教育与创业教育在实践活动中相互融合渗透。

6. 建立新的考核评价体系

高职院校要创新考核评价体系，以确保在专业教育中融入创业教育。这包括两方面的内容，首先是对教师的考核评价，其次是对学生的考核评价。对教师的考核评价包括教师的教学内容、参加顶岗实践的时间、实践实训课程的课时、与企业合作学生参与的横向课题的数量等等，这些都应与教师的评聘、报酬等直接联系起来，采取鼓励政策和良性的评价体系，调动教师从事创业教育的积极性。对于学生的考核评价包括学生参加实训课程的数量、到企业实践的课时、参与技能训练的成绩、自己创业的成绩等，注重考评学生的技能水平和实践能力，把对学生的评优、奖学金的获得等与这些联系起来，制定与创业教育相联系的考评制度，鼓励学生积极参与创业教育活动，提高创业能力。

总之，高职发展历程让我们懂得了专业教育与创业教育的融合对于高职教育的发展有很大的意义。我们要采取有效的策略，实现专业教育与创业教育的有机融合。

二、以提高创业能力为目标的创新创业教育模式

国家对高等教育中的创业教育一直很重视。在《关于加强普通高等学校毕

业生就业工作的通知》中，国家有关部门对高校毕业生就业时自身的创业能力很关注，明确地提出并支持高校毕业生的自主创业。国家《中长期教育改革和发展规划纲要》也明确提出：创新创业教育要面向人人、面向社会，着力培养学生的职业道德、职业技能和就业创业能力；十七大报告提出了加快推进以改善民生为重点的社会建设任务之一，就是实施扩大就业的发展战略，促进以创业带动就业。目前高校毕业生就业的形势很严峻，加大创业教育才能带动就业，培养学生自身的创业能力，激发学生潜在的动力，才能实现就业的倍增效应，才能缓解就业的压力。以创业带动就业是实施扩大就业发展战略的重要措施，也是新时期实施积极就业政策的重要任务。可见大学生就业率的提高一直是国家的重点。

要提高就业率，就要培养学生的创业能力。学生创业能力的培养，在于专业教育与创业教育融合的实现，因此探讨专业教育与创业教育的融合模式具有重要的现实意义。

（一）高职创业教育存在的问题

高职的创新创业教育从提出到现在已有多年，但我国的创业教育与国外的创业教育相比起步较晚，对于创业教育我国高校还没有形成完整的、固定的模式。在创业教育提出之初，许多院校只是简单地在学校开设一些创业公共课程，要求学生选择学习，但数量是有限的。随后发现创业教育与专业教育的课程没有相互融合，创业教育并没有渗透到学生所学的专业中，不利于不同专业背景下中的对创业人才的培育，也不利于提高毕业生的就业率。在创业教育的探索中，我国高校目前仍然存在一些问题：

1. 创业教育的理念没有明确

从许多研究论文中我们发现，对于创业教育我国许多高校理解为在大学里让学生开设一些小商店、商铺，让学生成为小老板；开设一些小公司、小车间，让学生成为小经理、小厂长；开设一些学会、协会，让学生成为各种会员等，认为这些就是创业教育了。其实这些只是流于形式的创业教育，没有系统地开展创业教育，培养学生自身的创业能力。

2. 创业教育的定位不清

在省级或全国的创业教育交流会上，我们听到的经验介绍也只是某某大学划出了场地，给学生开办了各种不同的公司，与校外企业开展了实际的业务往来，并且许多学生已经赚到了第一桶金。最后才发现，那些办得好的学生，自己的父母就是很有钱的老板，有家里的资金支持。这些成功的学生也只是少数，整个大学大部分的学生并没有加入到这种实际的操作中。这种创业教育的定位是不清楚的。创业教育要针对的是大学的全体学生，针对不同专业背景下学生创业精神的提升和创业能力的培养，而不是创业教育的功利主义价值倾向，更不是人为地将创业教育与专业教育的培养目标完全隔离开来。

3. 创业教育的局限性

许多高校的创业教育都局限在学校成立的创业部门来完成，比如说学校的实训中心、创业基地等，似乎和学校别的部门没有关系。创业教育也仅仅局限于技术操作层面和技能学习层面，局限在创业实训课中完成；学生创业课程内容的设置不是由教务处统一制定的，没有根据创业教育的需要将创业理论知识与专业基础教育课程有机地结合起来，从而导致创业教育与专业教育知识的脱节，创业教育仅仅成了某种技能或技巧的掌握而已。创业教育局限在某个部门，没有渗透到学校所有教师的教学理念中，没有贯穿于学生整个学习生涯中，必然导致创业教育的失败。

4.“双师型”教师的缺乏

高校的创业教育需要由每一位具有创业理念的教师来完成，这就要求教师是既掌握专业知识又懂创业教育的“双师型”人才。目前许多高校的教师仍然是单一性的，虽然学校要求每位教师每年要参加顶岗实践，可往往流于形式，没有真正培养出“双师型”教师，这也导致专业教育与创业教育的隔离。

（二）可借鉴的国外创业教育的模式

国外的创业教育发展很快，培养的毕业生具有很强的创业能力，能很好地适应社会的要求，在社会上能很快找到自己的创业之路。国外创业教育的模式主要如下：

1. 创业教育的专业化模式

创业教育的专业化模式是把创业教育由辅助课程转变为专业课程教育的方法，从而实现创业教育与专业教育的相互融合。创业教育同专业教育一样设置学位，高职院校学生通过取得创业学的专业学位学分，完成创业教育课程，培养出具有创业能力的专门化的创业人才。例如：美国的哈佛商学院、西北大学、芝加哥大学以及百森商学院；澳大利亚的莫道克大学等，都采用了这种模式。

同时，这种模式的学生是经过严格筛选才加入的，学校创业教育的课程内容具有系统化和专业化的特征。美国的百森商学院创业学的专业课程体系就是经过了与创业学的整合，最终确定为战略与商业机会、创业者、资源需求与商业计划、创业企业融资和快速成长等五个部分。

创业教育的专业化模式通过一系列的研究方法，把创业者应该具有的品质和特性与专业课程有机地结合起来，注重培养学生的创业能力和创业精神。这种系统化的、有机融合的课程设计，有效地保证了创业教育理念的落实和教育目标的实现。

2. 创业教育与专业教育融合模式

创业教育与专业教育融合模式，是把创业教育与日常的专业教育相互融入。这种融合首先表现在目标的融合，创业教育的目标与专业教育的目标相互融合，才有课程设计的一般融合。例如：斯坦福工学院的人才培养目标为培养具备创业技能的工程师和科学家；印度理工学院的培养目标定为培养具有创业创新精神的国际高科技领域里最受欢迎的人才；巴黎中央理工大学的人才培养目标为培养具有高科技、高素质的通用人才、能够领导创新项目的专家以及具有广阔文化视野的“国际人”。这些国外的大学都选择了将学生专业教育的目标与学生创业教育的目标融合的模式，让学生在日常的学习中潜移默化、循序渐进地掌握创新创业的能力。

3. 不同专业背景设计不同创业课程模式

国外的许多大学采用不同专业背景设计不同学科创业课程的模式，这种模式在吸引本专业学生的同时，也吸引了其他专业的学生，学生可以根据自已的兴趣、爱好选择不同专业的创业课程。如康奈尔大学针对商科专业背景的学生设置了“设计者创业学”、“创业学和化学企业”等创业课程，对本专业的学生有很大的吸引力。同时也吸引了大量非商科专业的学生参加学习；印度理工学院围绕信息技术专业也开设了相关的创业教育课程，并有创业的研讨会、讲座等辅助课程。因此根据不同学科的专业背景设置不同的创业课程模式，能更好地实现创业教育与专业教育的融合。

4. 企业人员纳入师资队伍模式

在加强本校师资建设的同时，充分吸收企业人员加入教师队伍。把企业有工作经验的工程师、企业技术骨干等聘请到学校来，开设相关专业的创业课程，在引进来的同时，还要培养企业的人员学习教学教法，当好教师，能更好完成学生的创业课程和创业实践等课程的学习。如：法国巴黎的“中央理工大学”的创业课程，专门聘请企业的总裁、企业的创始人等传授自己的创业经验；“麻省理工学院”的创业教育中心也聘请了成功企业家为本校学生授课，解决学生碰到的实际问题。因此企业界成功人士与专业创业师资共同参与创业教育，能促进创业教育与专业教育的有效融合。

国外院校创业教育与专业教育融合的不同模式，为我们培养具有创业能力的学生提供了一定的参考价值。

（三）高职多层次人才培养模式的构建

按照我国创业教育存在的问题，以及国外创业教育存在的模式给我们的启示，我们可以看到，我国的创业教育最重要的是要注重培养学生的创业能力，才能更好提高职业教育的发展，提高毕业生的就业率，实现“以创业带动就业”的目的。要实现学生创业能力的培养，就要将创业教育的理念注入到专业人才培养目标中，建立多层次的人才培养模式。

1. 目标融合性人才培养模式

在当代社会中，人才培养目标是决定要把受教育者培养成为什么样人的根本性问题，它是一切教育活动的出发点和归宿，因此目标的制定不能是单一的。我们不能单一制定专业教育的目标，也不能单一制定创业教育的目标，我们培养的学生在具有一定专业基础知识的同时，还要有创业的实际能力，这就要求我们要实现创业教育和专业教育目标的融合。目标融合性的人才培养模式，就是要在创业教育的目标中纳入大学专业人才培养目标，在专业教育目标中也要纳入创业教育的培养目标，形成人才培养目标的深度融合，以此引导学校的所有教育活动。同时，我们要充分考虑到社会对毕业生的需求是多样的，学生的个性需求也是不一致的，这也要求我们的大学教育必须充分考虑不同学生的个性需求，把创业教育与专业教育的培养目标有机融合，使我们培养出来的学生既具有很好的专业知识素质和人文精神底蕴，又具有创业精神和实际创业能力。如：将文化创新能力和创业精神的培育纳入人文社科专业人才培养目标；将技术创新能力和创业精神的培育纳入理工科专业人才培养目标等等，将原来单一专业的人才培养目标模式，转化为培养既具有专业知识又具有创业能力的融合性目标的人才培养模式。

2. 多层次课程体系模式

要保证专业教育与创业教育融合的教育模式，各高职院校要根据自身的发展阶段和学院的实践情况制定相应的课程设计。选择与各院校自身发展能力相匹配的创业教育模式与课程设置，使学生在校期间通过核心课程或选修课程来持续地培养自己对创业的兴趣。学校要安排老师讲授与创业有关的知识和技巧，使创业成为学生专业学习中的一个重要主题，推动学生主动规划自己的职业生涯与发展。学生可以通过学校的课程安排和自己的选择实现创业教育在人才培养过程中的结构性融合，以保证创业教育在人才培养过程中的连贯性和持续性。学校要从高层开始将创业教育的要素逐步纳入各部门、各学科、各专业的管理与教学中，要调整教学计划，不断更新教学内容、建设新的教材、变革教学方法，形成学院创业教育的多层次课程体系模式。同时学院要基于不同专业学生的学科背景去考虑不同的课程设置。例如：商贸学院的学生，可以去构建由专业创业课程、普及性创业课程和商业贸易技能创业课程等不同的创业教育课程体系模式，以适应不同层次和不同专业背景的学生跨系部选修时学习的要求。

3. 多元化师资队伍建设模式

目标融合性人才培养模式和多层次课程体系模式要求师资的配置多元化，这包括师资来源的多元化、师资教育技能的多元化以及校内、校外师资培养的多元化。师资的来源可以由校内在编的教师、校内聘请的其他院校的代课教师、以及聘请的企事业界有影响的人员等，这些构成了师资来源的多元化。学校的师资除了具有一定的专业知识，还必须要有一定的技能，这就对师资本身的素质提出了更高的要求。师资要求掌握传统专业教育的方法，还需掌握创业教育方法、创业教育的相关理论知识，要求创业教育的师资要具备多元化教育技能和知识架构，这样才能满足培养具有创业能力学生的要求。师资队伍的建设还要做好多元化师资队伍的培养，以校内、校外“双师型”教师的培养作为核心，在做好校内专业教师“双师型”提升的同时，做好兼职教师“双师型”的培养，以保证学校教师具有“双师”结构。聘任专业、行业领域内的成功创业者、有经验的企业家等对学生授课，用自身的成果经验进行言传身教，解决双师型师资的匮乏。通过多种途径，不断调整优化师资结构，创新教师队伍教育管理机制，坚持对学校教师培养与引进并重、能力培养与学历学位提高并重，通过校企互动，建设一支结构合理、素质优良的多元化师资队伍模式，以适应高职创业教育发展的新要求，为实现职业院校教育事业发展目标提供人力资源保障。

4. 人才培养质量监控模式

人才培养质量监控是衡量高校教育是否达到人才培养目标的一种评定活动。

这种监控既是对当前教育活动的整体评定，也是发现当前教育问题、优化现有教育模式的必要手段。因此人才培养质量监控模式的建立尤为必要。建立创业教育和专业教育融合模式下人才培养质量的监控模式，可以对人才培养过程中的教学质量、课程设置的合理性、师资质量等进行评定，并结合学生的学习质量、就业率、就业薪酬、工作单位评价等系列指标进行评定，实现对人才培养质量的监控。通过评定不断调整各种培养手段，真正实现对学生创业能力的培养，从而提高毕业生的就业率。在人才培养质量监控模式中，既要构建人才培养目标监控体系，还要构建学生毕业后的人才质量检测体系，各种体系的构建一定是在创业教育的理念下，加入创业教育的评价制度，改变传统的评价方式。

通过以上几种专业教育与创业教育融合模式的构建，最终实现学生创业能力的培养，实现“以创业带动就业”的目的。

三、高职创业教育与专业教育的深度融合

随着我国高等教育对职业教育的重视，中国高等职业教育在近年得到了迅猛的发展，许多职业院校蓬勃发展，设置了针对市场和社会发展的专业，也培养出大批社会需要的人才，也得到社会的充分肯定。但高等职业教育在自身发展的过程中也面临着诸多问题，这其中就包括学生创业能力的培养问题。如何保证和提高教育质量，提高学生的创业能力，实现职业教育与创业教育的深度融合，促进高职教育的健康持续发展，已成为高职教育面临的现实而具体的问题。

(一)创业教育与专业教育深度融合存在的问题

目前高职院校创新创业教育正在逐步开展，但创业教育与专业教育的融合过程中还存在着一些问题。

1. 高校领导认识的片面性

部分高校领导对创业教育的认识不全面，认为创业教育就是在学院成立一个创业部门，具体事务交由这些部门办理就可以了。甚至把创业教育就交给某一个部门来完成，比如交给学院校企合作办或学院创业中心，这些部门只能从部门层面开展创业教育，没有对创业教育进行学院层面的整体规划，无法保障创业教育在学院整体开展。这样势必造成没有大局和整体观念，没有在全院推行和开展创业教育的活动，造成了创业教育的局限性。

2. 管理层重视度不够

学院管理层自身对创业教育没有深刻的认识，对创业教育的重视不够，没有将创业型人才培养的创业教育纳入学院整体人才培养规划和学生的培养方案中。导致学院的创业教育没有渗透到具体的教学活动中，更无法完成创业教育在专业教育中的开展与融合，学生的创业能力培养无法在专业教育中得到培养和发展。

3. 教师教学中践行力度不够

由于领导层和管理层对创业教育的认识不足，重视不够，导致教师在教学活动中的实践践行力度不够。教师甚至认为创业教育与自己无关，应该由创业教育中心去完成，自己只教基础课或专业课的内容就可以了。教师在基础课程、专业教育的教案备课中，没有从创业教育的角度去准备，没有培养学生创业能力的意识，这就造成了专业教育与创业教育的脱节。

（二）高职院校创业教育与专业教育深度融合的途径

在教学实践中，高职院校不断的总结摸索创新创业的方法、路径，在总结高职院校创业教育与专业教育融合存在问题的基础上，可以寻找解决融合的途径。

1. 领导层重视

这里的领导层指职业院校的党委常委。一所职业院校只有从领导开始重视创业教育，把创业教育的工作当做学院教学工作的重点来抓，才能引导学院教学工作的方向围绕创业教育来开展。首先从思想层面重视，领导要在学院全体教学大会上反复强调在职业院校开展创业教育的重要性；其次在行动上落实，领导要求学院各管理部门把创业教育的工作落实在实处；最后注重结果监察，领导对学院开展创业教育的情况要进行监督、考察。

2. 师资队伍的建设

学院开展创业教育就需要有创业经历的教师，才能培养有创业能力的学生。因此学院人事处要把好师资队伍建设这一关。在学院专任教师的培养上要加强顶岗实践的要求，注重培养专任教师的实践经验。对兼职教师和外聘教师，要选择企业、行业的优秀人才，对他们进行教学的培养，使他们能够把企业行业的工作经验和本人的教学能力结合起来，更好地培养学生的创业能力。

3. 教学管理层推进

教学管理层主要指学院教务处，一般学院的教学都是由教务处管理的。教务处负责规划设计学院整体的人才培养方案，要把专业教育与创业教育的融合教学方案纳入学院的人才培养方案中。同时，要求各系部在教学规划中要有专业教育与创业教育融合的计划和安排，并定期检查方案的实施进度与实施结果。最后通过第三方对学院毕业生的跟进，调查学院对学生专业教育与创业教育的融合开展是否得当，学生是否具有了一定的创业能力，来修改和调整学院专业教育与创业教育融合的计划。

4. 教学层面的设计

各系部要深化教学中专业教育与创业教育的融合，具体体现在深化教学内容和课程体系的改革上。要求各学科教师在基础课程、专业课程中都要写进创业教育的内容，要思考如何从本学科创业教育的方面进行教案的编写和备课，从而在授课中更好地从本学科创业教育的方面引导学生，使创业教育的意识渗透到学生的心里，从各方面培养学生的创业意识和创业能力。同时要开展一定学时的创业实践活动，提高学生的创业实践能力，真正实现对学生创业能力的培养，完成专业教育与创业教育的深度融合。

5. 人才培养过程监控

学院要建立人才培养的监控体系，比如督导室等，主要负责创业教育教学计划和教学工作的落实。系部要坚持领导、教研室听课以及教师相互听课制度，以便及时深入地了解和研究教学工作中有关专业教育与创业教育融合开展的新情况、新问题，并提出解决方案。成立以系领导为组长的教学质量督查小组，亲自抓教学质量。要把教学工作检查作为主要的日常工作，安排不定期的教学课堂巡查，系领导要经常深入了解教学第一线创业教育的调查研究，发现问题及时提出改进思路和措施。

6. 培养质量反馈

按照教学计划完成了创业教育的过程之后，可以请第三方单位对学院毕业生在企业、事业单位工作中的创新创业能力进行调查。学院收集反馈数据后，要交予学院质量监控办公室分析，找出学院在开展职业教育与创业教育人才培养方案中存在的问题，并及时由学院教务处研究调整人才培养方案，同时再联系学院各系部，由系部讨论制定好教师的授课计划和实践方案。通过一整套的方案调整，及时改进专业教育与创业教育的实施措施，以保障学院学生创业能力的提升。

总之，高职院校创新创业教育要更好地开展，就要真正实现创业教育与专业教育的深度融合。

第二节　大学生创新创业能力提升策略

一、高职院校学生就业能力提升的必要性

（一）高职毕业生就业环境形势严峻的要求

1. 机遇与挑战并存

当前中国的劳动力供需市场压力空前之大已众人皆知，我国是一个处于发展中的人口大国，13亿多人口中的劳动力资源为8.3亿人，其中有7亿左右为从业人员，这表明劳动人口供大于求的基本状况依然会延续。20世纪六七十年代，中国迎来婴儿出生高峰，造成目前和以后20年处于劳动力年龄的人数与总人数比重将保持在65%之上的水平。

世界范围内的经济危机对全球经济发展带来挑战，波及的行业发展受创，大多数企业规模缩减，外需市场缩小，中小企业面对的问题相比较而言更多。由于世界经济发展放慢，必然影响就业，加之而来的我国每年大量增加的大学毕业生，最终使得我国面临的就业负担尤为沉重。

经济危机在冲击各行各业的同时也对高职院校带来影响，用人单位提供的职位数量开始变少，提供给毕业生的职位也开始缩减，高职毕业生找工作的压力增大，就业机会减少，就业未来不确定。越来越多的毕业生面临找工作的问题，就业结构矛盾明显，没找到工作的应届毕业生加上失业的往届毕业生，两支队伍数量庞大，给劳动力市场带来前所未有的压力。面对此种境况，对就业能力的培养变得更加重要，因为即便有如此多的未就业的学生，仍有很多用人单位找不到合适的应聘者，这一障碍的打破极其需要培养学生尤其是高职毕业生的就业能力。

不同的地域，对人才的需求也不同，找工作求职的压力整体来讲就偏大，东部地区经济发达，理所当然地被求职的大学毕业生作为第一选择地域，那些非沿海地区，经济不够发达的三线、四线中小城市吸引大学毕业生来找工作的力度不够。而中西部地区，中小城市对毕业生的吸引力不大，原因也在于西部地区对大学毕业生的需求有限。东部地区，尤其是大中城市对人才的需求很大。

虽然国家推出各种政策来推动中西部地区的经济发展，其所能提供的就业岗位也在变多，但与东部发达城市的距离依旧不小。在西部、农村就业的大学生比例依旧很低。

国家非常注重就业问题，高职院校毕业生就业机遇与挑战并存，虽然中国在经济发展过程中遇到各种问题，但中国经济发展的速度还是很快的，因此为社会提供的就业前景广阔。中国2010年的GDP是十年前的两倍多，中国的经济发展在未来的5–10年里持续稳定快速地上升，完成由当前的粗放式的经济增长模式到集约形式的增长模式的转变，也就是说中国的经济发展速度要稳定保证在每年以7%–8%的增长速度，而经济发展增加一个点，全国就能够为找工作的人群提供80–100万的工作机会，而这批职位数量中为高职院校大学毕业生提供的高级专业应用技术类型的职位占特别大的比例。我国加入世界贸易组织和实施西部开发战略都能增加更多的工作岗位与求职机会，国有企业逐步完成改革后企业要在近几年储备大批人才，此外，通过向农村安排高技能人才实现农村城镇化和小城镇的快速发展，种种措施都使高职毕业生的就业机会增加。还有，我国的人才流动机制在逐步健全，高职毕业生对就业的理解和态度也在日渐理性和成熟，这使得高职毕业生在面对工作抉择时有更多的选择和个人的判断。在经济进一步全球化的过程中，未来人才市场在转变，它是为有新知识、高技能的良好品质的人才而非大学生的身份准备的市场，因而要求高职毕业生必须与时俱进，离开校园完成学业后还应该不断汲取多种理论与专业知识，使个人的综合素养逐步提升。另外，企业在招聘过程中更多的是从本单位的发展实际考虑来选拔各种学历水平的求职者。人才选拔日趋理性化，这种大环境也会给高职毕业生找工作提供更广阔的平台。

2. 扩招导致高职毕业生就业受冲击

大学生是高素质人才，大学生的就业全过程能够展示一个国家整合各类劳动就业资源的关键程序。上世纪末中国高校扩招，仅5年，高等院校新生的入学率增长近3倍。西方经济发达国家的大学教育由高级人才到普通大众的转化至少用了十几年的时间，而我们国家这一转化阶段非常急速，特别是近几年，本科、研究生人数增长迅速，每年要找工作的学生人数也越来越多。待业人数多，职位数量少，势必使大学毕业生找工作难度增大。求职市场在数量众多的未就业人数的冲击之中相对缩小，矛盾就慢慢出现了。截至2013年，全国具备全日制普通高等学历大学教育招生资格的高等职业院校已达1 297所，在校生人数有960多万人，毕业生人数有320多万人，占本专科毕业生总人数的50%。日益增长的高职院校毕业生数量对就业市场造成巨大的压力，他们的就业状况变为全社会的焦点。

当前整个社会的人才资源市场中的主力资源就是高职院校的大学专科毕业生，伴随着中国经济的快速发展，产业结构的升级，用人单位的转型使企业需要的人才素质也发生了变化，对高职毕业生的要求也越来越多。高职院校的学生在找工作时不得不考虑地域、户口等问题，国有企业、机关事业单位在签订就业协议时能解决户口问题，但非常看重应聘者的初始学历，一般要求本科毕业生，因此高职院校毕业生在上述几种单位找到工作的比重很小。同时并不是所有的私营单位都能够解决“三险一金”待遇问题，甚至连劳动合同的签订都没法落实，导致高职学生的权益得不到保障，再加上地域、户口、社会保障等种种因素的限制导致高职生在就业过程中面临的压力空前大。

（二）高职院校毕业生就业能力现状

1. 职业定位欠准确

当前很大一部分高职毕业生不了解个人的长处与自己的性格特点，职业定位欠准确。对自己没有准确的认识、定位及能力的判断，致使其面对就业岗位的选择时不知道什么是自己适合的工作岗位，无法扬长避短发挥自己的优势，从而导致找工作过程中败给其他求职者，或者虽然找到工作了但对工作满意度不高，最终出现离职或工作积极性不高等状况。现在相当多的高职毕业生不清楚自身的优势所在和个性特征，从而导致无法选择适合自己的职业岗位，或者是无法选择自己能适应的职业岗位，导致在择业过程中竞争失败或者因就业满意程度偏低而不愿就业的特殊现象。

根据当前中国教育在线的网上相关调查数据显示，目前我们的高职院校大学毕业生中有36.5%的学生对个人的爱好不够了解甚至完全不知道；有29.3%的高职院校大学毕业生对个人的秉性特质不够了解，还有54.5%的高职院校毕业生对个人的优势与长处不够了解。甚至还有一些高职毕业生就业意识淡漠，没有给自己准确的定位，对工作的期望值过高，梦想要进入工资高且稳定的大单位，而对那些基层的单位和中小企业不予考虑。另外，部分高职院校毕业生就业定位有偏差，对自己的专业技能、理论知识、综合素质及实践应用能力不能有准确的把握，在找工作的过程中盲目并过于理想。有相当一部分高职毕业生将找工作的重心放在学校推荐和家人及亲朋好友的关系引荐上，很少主动寻找工作单位及岗位，毛遂自荐的更是少之又少，将自己的未来寄托在别人身上，听从命运及家人的安排，没有主见，获得工作的机会变少，找到适合自己的工作几率就更低。面临如此大的就业压力，过高的就业期望与自身的工作水平及工作适应性不符，过于看重企业规模、经济效益，追求物质享受，未来理想化，未认清就业形势的择业心理在高职毕业生中还是普遍存在的。调查发现，将近60%的高职学院毕业生选择到城市的中心商务区域及经济发展快速的地方找工作，去那些不在城市中心而是在城郊或者在经济不够发达甚至稍有落后的地域的用人单位应聘的高职学院毕业生人数很少，西部边远落后地区就更不用说了。由于吃苦精神不足，敬业信念不够，相当多的高职毕业生希望毕业后能进入国企机关事业单位工作，90后进入职场，其就业观更加自我，找不到合乎心意的职业宁愿“啃老”也不屈就，有的等待就业，有的加入考试大军，面临竞争更加激烈的公务员、事业单位的选拔。

鉴于高职毕业生本身存在的上述诸多问题，高职学院应该有针对性地对学生进行就业、择业心理指导并开展职业生涯规划教育，对学生的择业、就业观念进行有效地引导和教育，在教育的过程中应避免方法简单、内容单调、形式单一的就业指导与推荐。除此之外，在教学过程中培养出具有不可替代性的学生，使培养的学生具有明显特色与优势，才能使就业质量增高，实现高职的人才培养。

2. 专业技能不熟练

我国每年都有数百万的高职毕业生离开校园进入社会，其学历在用人单位的选择层次中处于中间地带，比高职毕业生受教育水平高的有本科、研究生毕业生，比高职毕业生受教育水平低的有“三校生”，即中专生、中职毕业生和技校毕业生，国家对“三校生”有补贴，企业的一线岗位更需要“三校生”及社会劳动力，原因在于可以节省聘用成本，也能够胜任工作。高职毕业生就业过程中腹背受敌处境尴尬，就业难度增加。

目前，部分高职院校在课程设置方面不够科学，就业指导、校企合作、工学结合达不到预期的效果，高职教育的特色没有突显，对学生的应用技能的培养力度不够，校企合作的教学模式不被重视，致使高职毕业生理论知识不如本科生和研究生，专业技能不及“三校生”的鸡肋境地，在就业大军的竞争中无法突显优势，劣势却很明显。

高职院校的课程安排中对专业理论课的安排状况能够直观地将高职院校如何整合教学资源以及办学理念及思路反映出来，它会间接影响高职毕业生的知识结构掌握情况和专业技能的熟练程度，进而影响高职毕业生在就业人才市场上的竞争力。高职院校应该在教学过程中坚持理论与实践并重，同时还应注重职业能力的培养，加强对实训基地的投入，提高实训条件，形成合理的"双师型"教学师资队伍。

3. 团队协作能力缺乏

团队由领导者和团队成员组成，一个充满效率的工作团队其成员在各自的岗位做好本职工作的同时，更能彼此配合将团队的效率发挥到最好。团队协作是一种集体力量与精神，还是整个集体成员认同且乐意为其奋斗的共同目标。高等职业教育的任务是培养具有理论知识、专业技能和端正的态度的学生。有90%多的企业认为"态度"在选择应聘大学毕业生时尤为重要，高职毕业生的职业能力与素养是企业最看重的，包括较强的团队意识、集体合作能力、组织协调能力及沟通表达能力。较强的团队意识是评价毕业生是否具有相当的综合能力与素质的重要标准。由此可知，是否拥有相对比较强的集体意识团队精神和团队合作能力是高职生离开校园初入职场面对就业竞争的重要筹码。如今的大学生都是90后，大多为独生子女，在长辈的宠爱及社会环境的影响下性格特征为突显自我，喜欢独处，集体意识淡漠。针对这一特点，高职院校的团队教育与培养要有目的、有针对性地采取渐进式的培养方式，实现课堂灌输与课外体验相结合的方式。

人和人彼此之间凭借一些符号传达信息，表达并捕捉彼此的思维、想法及感情，并能够对彼此的心理活动及行为模式产生影响的社会行为活动被称为人际交往，它是行为人个体和周边的人彼此之间心理与行为活动的交流与沟通的过程。人与人之间的交往活动能力是指人们彼此之间在开展交流往来行为活动进程中协调彼此间的关系，对整个行为活动的效率产生影响，提升彼此之间交流往来的质量层次及达到交流与往来的目的的独特的心理行为活动。人与人之间彼此交流往来的能力在高职院校大学生的综合素质里面的地位最重要，其能力的高低会对个体的全面协调发展产生直接影响。高职院校的教育在我国的高等教育中的比重很大，是非常重要的构成部分，其目的是教育培育出大批具备相当的专业理论知识水平与较强的实践应用技能的，面向社会各行各业的一线岗位的、实践应用技能类的、拥有一技之长的技术型人才。高职院校学生在人与人之间的交流与合作中成熟起来并逐渐成才，最终迈向成功。个体的欢乐、开心、愤怒、悲伤等情绪同样与人们彼此之间的交往有着密切的关系。在我们的生活中，周围有一部分人在某些层面拥有超于凡人的才能，却没能有好的发展，究其原因是因为和他人的交流与合作不畅所致。在美国，卡耐基理工学院里面的研究人员对1 000人的案例进行追踪记录并分析研究最后发现：50% 的人成功源于自身有着熟练的专业技术能力，拥有智慧的思维以及较强的工作能力；85% 的人成功是因为他们的个性特质，因为他们有着良好的与人交流往来合作的能力。在高职院校学生们的学习生活中，具备良好的人与人之间的交流沟通协作能力，不仅能对大学生活产生积极的影响，还能对他们未来的专业发展工作方向进行规划，并对就业能力产生很大的正面作用，更能为其日后步入社会打下良好的基础。从某种层面上讲，人与人之间的交流沟通能力是高职院校大学生适应我们这个复杂社会的综合全面的体现，然而当前的高职院校大学生们彼此之间的关系存在着好多问题，比如彼此认知偏离实际、人与人之间的情感出现危机、人与人之间的交流功利化、彼此之间的交往需要有人进行指导、人与人之间的关系紧张等，这些状况令人非常担忧。

4. 适应职场与工作能力偏弱

职业适应能力是指个体在完成某一项任务时应该具有的生理与心理方面的综合素质与特质，是遗传因子与后期所生活的环境两者之间相互影响最终彼此融合而成的能力。这几年，高职院校毕业生在就业过程中受到专业技术类的本科生、中职生的两重冲击，除此之外，新型农民工对高职毕业生就业也形成了挤压。因此，提升高职院校毕业生的工作适应能力，接受找工作过程中的角逐，迅速完成由学生到职业人的过渡，既涉及高职院校毕业生的生存现状、就业前景和未来发展，又会极大地影响我国高职院校教育的发展。是否具有一定的职场中的适应能力已然发展成为评估当代人在工作中的幸福指数、社会生活的满意程度、对工作与生活两者是否契合的关键指数，也是当前社会中人们能不能适应当前复杂的社会条件的关键指标。如何增强与提升高职院校学生适应职场与工作的能力，让他们离开校园后短时间内由初级劳动者快速转变为中高级专业技术型人才是高职教育的重点研究方向。

高职毕业生如果想顺利就业，其综合素质与适应能力必须要适应严峻的就业环境和有限的就业岗位。目前的状况是高职院校毕业生找工作的期望与当前的就业形势之间，高职院校毕业生个体的职业素质、能力与人力资源市场之间有断层，且成为高职毕业生难找工作的主要原因。首先，个人就业期望值与现实就业环境之间的距离，例如岗位性质、就业区域、薪资报酬与持续发展等要求，与现实环境相比落差较大；其次，人力资源市场需求和高职院校毕业生个体能力间的实际差别；最后是非常缺乏社会阅历与经验，有报告显示将近50%的高职毕业生因为社会经验不足而倍感困扰。由此可知，很多客观原因导致高职毕业生在找工作过程中缺乏竞争力，工作经验不足和实践能力不强是与其他群体相比的弱势。

二、提高高职院校学生就业能力的策略

高职院校的首要目标是培养具有高水平就业能力的毕业生，高职生就业工作是高职院校的重要工作。无论是国家教育部门还是普通的高职院校教育工作者都非常关注高职生就业能力的培养问题。2014年，国家有了一系列的政策与措施缓解大学生找工作难的问题，不能回避的现状及未来几年大学生不乐观的就业形势提醒我们对高职毕业生的关注要更多，努力探寻提升高职毕业生就业能力途径。

当前，社会上认为，高职院校作为国家的教育机构，承担着培养学生就业能力的责任与义务，然而考虑现实状况之后，发现其实高职院校在人才就业能力的培养过程中发挥的作用有限，学校单方面没有办法做好这个任重道远的教育任务。实际上就业能力概念宽泛，在用教育的方法手段来发掘与培养的同时，还需要社会各方面的共同努力才能实现高职生就业能力的提高。

（一）提高就业能力学生自身是关键

提高高职毕业生就业能力的关键因素是学生本身，外因通过内因起作用，相同的学校环境，每个学生的就业能力会有所不同，学生自身是关键。

高职院校在校生要从自己做起，首先要提升自我对专业理论知识与技能的习得能力。我国的大学进口严出口松，高考后学生彻底解放，大学期间学习压力不是特别大，又有相当一部分的学生不是特别在乎成绩和排名，甚至有学生追求及格不挂科就好。实际上大学几年的学习是学生自身构建专业知识体系的关键时期，也是锻炼学生综合素质参与各种活动的最佳时期，还是提高高职学生实践应用技能的重要阶段，这些学习能力都为高职学生日后的就业成功提供

了保证。其次，树立正确的就业观念。正确的就业观念能指引高职院校毕业生顺利找到工作，在如今“双向选择自主择业”的就业体系下，高职院校毕业生应从传统的观念中脱离出来，用科学理性的思考方式面对就业问题，这对自己和整个社会都能起到积极的促进作用，也能为成功找到工作提供保证。考入大学之前，考生与自己的父母大多看重的是著名学府、炙手可热的专业、高不可攀的分数，然而几年的大学校园生活的历练，早前曾有的荣耀，已经渐渐褪去，当初入学时的抢手专业，同一分数线、同一起跑线，却在走出校门离开校园之后产生了不同综合与素质能力的毕业生。同样的学校、课程与专业，培养出来的学生水平各不一样。在人力资源市场中，有的毕业生受欢迎，有的则不受欢迎，甚至滞销。这些都是因为传统的教育观念带来的困扰，只有转变就业观念与态度，才能拓宽就业的路子。毕业以后的人才角逐的筹码不仅在于学历与名校的包装，更多的是个人的综合素质能力以及恰当的自我展示与推荐。如果入学前还存在天壤之别，那毕业后则站到了同一起跑线上，机会并不相差多少。最后，积极采取就业行动。天道酬勤，在就业过程中要多付出，多努力。当前中国处在体制转型阶段，就业体系不完备，就业市场不规范现象也很多，外在的客观因素我们无法改变，但我们可以从改变自己开始。找工作需要高职毕业生主动出击提高自身条件，采取正确的有效的就业行动，充分把握就业现状，熟悉相关法律法规，以免受骗，遇到纠纷时也能维护自身权益，知己知彼才能将就业障碍扫除。

1. 做好职业生涯规划

早起的鸟儿有虫吃，高职学生面对当前的就业形势，从入学开始就要树立正确的职业价值观，做好职业生涯规划，清楚地了解自身的长处和不足，准确把握自己的特长、兴趣爱好和能力范围，确定自己有兴趣的就业目标，有针对性地提高自己的职业修养，先下手为强，这样才能避免毕业时盲目，不会临时抱佛脚。熟悉并了解当前的就业市场的供需状况，锻炼提升在职场中赢得就业机会的能力是高职学生在校期间应做到的两个基本点。十年寒窗苦读，三年高职大学生活是为了追求人生理想，实现人生梦想，合理地规划现在和未来，积极主动地学习构建自己的理论知识体系，掌握融会贯通、举一反三的学习方法，合理利用时间，在实践中培养个人的兴趣与爱好，学会人际之间的有效交流与沟通，在能力价值、思想前途等各方面提升自己。按照自己的实际情况制定个人的职业发展目标，在学校老师的指导与帮助下制定个人的职业规划，在这一过程中要特别注意两方面问题，首先是按照规划安排自己的学习、生活及实践，要落到实处，防止计划落空；其次是在职业生涯规划实施的过程中，及时处理反馈回来的信息，总结进步或成功的经验，鼓励自己再接再厉，还要分析不足并设法改进。

2. 加强专业知识学习和应用技能提高

高职院校办学的理念就是要为社会各行各业的一线工作岗位培养具备扎实的专业理论知识体系，同时又具备实际应用技能的高水平高层次的技能人才。具备扎实的专业理论知识与过硬的实践应用技能的高职生才能在走上工作岗位后受到企业的欢迎，这也是高职教育人才培养的特点。

企业选拔人才时除了看重应聘者大学期间掌握的专业理论知识，还更看重实际操作应用技能。当前的教育现状是理论知识与实践相脱节，问题较多，有些高职生重理论轻实践，会说不会做，而另一部分高职生重实践应用技能忽视专业知识，导致进入职场后劲不足，发展受限，甚至会有仅凭经验工作缺少理论指导而出现失误的情况。理论是实践的基础，增强实践应用技能可以让高职毕业生快速适应用人单位的岗位需求，满足工作要求，从而提高高职毕业生的就业信心，提升企业对高职院校合作办学培育人才的自信心。

所以，高职毕业生就业是否稳定取决于他们是否具备扎实的专业理论知识及过硬的实践应用技能。因此，高职生在校学习期间应该积极融入到理论与实践相辅相成的教学环境中，借助学校、社会、企业已有的平台资源，既要提升应用技能，给未来找工作奠基，又要储备建构完备的专业知识体系，以便日后参加工作在岗位上指导实践。实践能力不是短期内能够获得的，需要反复进行验证才能得出有指导价值的经验。高职生要重视学校的教学实习，熟悉实习环节操作规程并认真执行，提升个人职业素养，为日后找工作打好基础。除此之外，高职生还要积极配合学校与企业安排的工学结合顶岗实习，抓住每一个机会体验真实的工作环境，向用人单位的老员工请教了解岗位需求，增强实践技能，提升职业素养，为日后找工作做准备。

不可否认的是，从事任何一项具体的工作都必须具备相对应的专业理论知识及实践应用技能，尤其是高职院校学生离开学校步入社会以后，有相当一批学生都会到各行各业的一线岗位去工作。有扎实的专业知识又拥有过硬的实践技能的学生才会受到用人单位的欢迎，这也是高职生的培养特点。

3. 做好实践技能和创新创业能力培养

高职院校更看重培养学生的实践能力，所以高职学生在上学的3年中应尽可能多地参加各种活动，无论是老师组织的实践还是学校安排的实习，都应积极参加。高职生应珍惜各种机会，利用学校给学生搭建的活动平台去实践，在实践过程中提高高职学生的分析问题、处理问题的能力，加强集体协作意识，增强沟通能力，进而提升就业能力。

实践教学对培养实践应用技术非常重要，高职生需要的实训场地环境及设施要求非常高，用人单位与学校提供实训基地可以为高职生提供真正的实践机会。学校还可以改革实训教学，培养高职生的职业适应能力。首先，强化校外实训基地的实践功能，提供半年以上的企业顶岗实习机会，让学生在真实的工作环境中熟悉企业文化，了解岗位需求，积累工作经验，打好工作基础。其次，专业教师到用人单位锻炼指导学生，取企业员工实践经验丰富之长补己之短，向“双师型”教师发展从而更好地指导校内实训。再次，邀请企业精英指导校内实训教学，提升实训质量，加强应用技能，从而提升学生们的就业综合水平。最后，学校要争取社会各方面在资金、设备、技术等方面对学校给予支持，建成更好的实训、实习基地，为学生提供更多的实践机会。创新能力是指人们将个人已经掌握的专业理论知识与技能，经过反复的钻研与摸索，得出不同的结论，创造出具备一定的社会价值意义的新鲜事物的技术与能力，是一项综合性强的高水平高素质的思考能力及行动力。

创业是主动的就业活动，发挥潜能开创事业的同时还创造了就业岗位，缓解了社会压力。从教育部的统计数据看，我国每年的创业大学生比例不足1%，应届大学毕业生的创业比例不到0.4%，而高职院校大学生的创业比例就更低了。高职大学生创业能力滞后，创业率则更低。在德国、美国等经济发达的西方国家，他们每年的大学毕业生的自主创业的比例占20%–30%，这些数据说明当前中国的高职院校大学专科毕业生的自主创业比例无法跟发达国家相比。

当前我国大学生创业意识淡薄，高职生更是如此。近几年，国家也在出台各项政策鼓励扶持大学生创业，高职院校应从以下几方面教育引导高职学生的创业意识。首先是开设讲座或专题研讨活动请来自主创业成功人士与学生现场面对面交流并讲述个人经验，从而带动学生们的创业意识；其次，要将成功创业的大学生案例作为典型引入课堂，贴近学生给其创业信心；再次，创建高职院校大学生创业见习与实习基地，同时开设创业课堂，理论与实践相结合，开展创业项目，积累经验。

4. 重视岗前求职培训

岗前求职培训能够让学生完成学生到职业人过渡，有针对性的培训能够提升学生的求职能力。现实状况是有相当一部分高职生对此不够重视，导致对企业的文化制度不了解而产生矛盾与分歧。适应不了企业的价值观及制度，在走上岗位开始工作时无法尽快适应，满足不了企业要求，在实习期出现各种问题，如不理解顶岗实习的真正目的与意义，简单视作打工，走过场，机械地工作，忘记从中学习的任务；害怕吃苦，缺乏吃苦精神，习惯自由，厌倦实习，无组织无纪律，消极散漫，对自己要求不严格，遇到困难易放弃。因此，高职学生必须对岗前求职培训有一个正确的认识，并重视其内容才能提升自我。

给高职院校大学生进行职前培训课堂的引导，最终要达到使其能够应对找工作时遇到的种种困难，整合人力资源市场需求与人才市场的供给，使双方契合。高职院校大学毕业生在找工作过程中的角逐，事实上是个人综合素养的角逐，角逐的筹码即高职院校学生本身所具有的专业理论知识体系与实践应用技能。为了增强学生的求职能力，高职院校在学生在读期间和毕业之前为学生提供的一系列求职信息和加强求职能力的求职培训活动。高职院校应该为学生们创造条件，提升学生职业适应能力以及培训与引导其个人求职能力，并尽可能多地为其提供用人单位的招聘信息，使学生熟悉个人的基础专业，熟悉自己未来即将进入的行业范围以及自己即将承担的工作与社会角色，还要针对自己的秉性特质，擅长的领域以及个人的长处做好个人的求职规划，进而树立起个人的未来发展规划与个人梦想。高职院校学生通过3年大学时段的锻造，其正向思维若能被很好地调动起来，就能够运用创新思维掌握本课程的专业理论知识体系与专业实践应用技能，还能让他们倍加惜时，给自己设计一个全面发展的职业未来。

5. 树立积极健康的心态

各方压力的冲击使高职毕业生处于内心煎熬的两难的选择境地。大城市机会相对要多，学到的东西也多，但买房压力大，远离父母，照顾不及，时间成本生活成本高；小城市、家乡机会少，越小的地方裙带关系越严重，去基层锻炼担心回不到城市或家乡，小的企业制度不健全，发展受限，“铁饭碗”难进也难端，沉闷刻板、人际关系复杂等等。更难的是面对各种选择使得高职生易迷失自己，要想理性地做出就业选择，就要摆脱焦虑不安，将心态调整好，转变就业观念。

转变自身就业观念可以纠正偏离的心态，但整个社会人环境的改革还需要完善的体系来做后盾。这就要求经济结构发生改变，社会转型让更多的大学生、高职生有施展自身能力的机会。转型后的社会更加公平，蚁族、蜗居者的现状发生改变，通过个人的奋斗实现自己的理想，大环境未发生改变时就要通过个人奋斗，用积极健康的心态面对择业，主动获取相关的知识和信息。包括明确知晓相关行业、心仪企业的企业文化与制度，知道各种岗位对应聘者的综合素质要求，清晰认识企业内涵掌握专业知识与技能，学会社交，处理人际关系，通过更多的渠道去找工作，了解国家、地方的各种关于促进大学生就业的政策，机会青睐有准备的人，做好各方面的准备，机会来临时才能有更多把握胜出。

（二）高职人才培养要契合市场需求

高职院校是培养高职人才的主体，高职毕业生总人数、就业能力、人才质量及与市场岗位需求的契合度影响就业率。高职院校从专业设置、培养模式，就业指导及行业需求契合度等方面来影响高职生的就业能力。

专业设置。专业的选择对于毕业生而言至关重要，直接决定其专业知识和技能以及将来的就业问题，其中的专业技能决定着就业能力，影响着择业范围，即使相同专业的毕业生在社会中的不同领域的认可程度是不尽相同的，所以，高校在专业设置方面要充分考虑市场需求，符合经济社会的发展，得到社会的认可。

高职院校学生应全面提升自身综合素质，以满足社会需求为目的，现阶段绝大部分高职院校仍然侧重于大学生的专业理论的学习以及大学生的交际沟通能力的提升。相应课程也以数量、课程的教学方式、组合方式和考核方式的培养模式。课程设置与学生接受能力就会影响到学生，同样也会影响到学生的综合素质的提升。

就业指导，指为实现学生自身价值同时创造社会价值提供进一步的培养过程，其在高校就业指导服务过程中获得的能力在就业中起着至关重要的作用。而高校对于学生的就业相关信息的收集和公布，自身职业规划，在求职和面试过程中的指导，甚至在自我创业过程中提供必要指导，都会对大学生就业能力的形成有重大的意义，相反，高校工作不到位，直接会影响到就业率。

学校依靠的行业需求不稳定。社会中的某些行业经过市场经济长时间的选择而被淘汰，对于相应专业人才的需求也会逐渐减少，如果高校不能及时关注行业发展，继续保持之前的招生量，且专业设置未能创新，势必会影响学生的就业，降低高校的就业率。

1. 就业能力培养与理论教学并重

用人单位选拔人才时关注重点不是名校、好专业，更多的是实践能力及综合素质以及未来高职生入职后对企业的贡献。所以，以就业能力为导向，注重培养高职生的实践操作技能及提高学生综合素质，才能使其在毕业后更有竞争力。

按要求完成教学工作，达到教育目标，教师在整个教学过程中起着积极的作用。所以，高校建设高水平、高技能的教师队伍显得至关重要，同样也已经成为很多高校建设的关键。目前，高职院校的教师队伍大多数来自于高等院校，虽然有较高的理论层次，但没能经历相关专业技术的培训和实践，甚至没有接触过工学结合模式，仍然选择比较传统的教育方法，以课堂、教师、教材为中心，注重讲解专业学科门类的理论知识，对实践应用技术的培养不够重视。高职院校学生的学习不够主动，如果不能提高学生学习兴趣，不能把学生作为教学的主体，忽略了学生的实践性和自主性，而毕业生也不能达到高职院校的培养目标。同时，高职院校应吸纳更多的专业技术人员，加强教学理论与实践环节的结合，在注重知识的同时能力也得以提高，培养出6的毕业生能够很好地适应社会所需。

当前社会上普遍存在大学生就业难及用人单位招工难的问题，高职院校学生想在与各类应聘者的竞争中脱颖而出找一份比较不错的工作很难，用人单位招聘到合适的员工也难。分析原因有很多，很重要的一点就是社会发展岗位需求与高职院校培养出的人才不契合。很主要的因素就是高职生的专业知识结构与就业能力不能满足当前社会状态下市场岗位的要求。因为很多企业发现高职毕业生走上工作岗位后需要一段时间来适应工作环境，会给企业的运营带来影响，所以很多用人单位在选择人才时会提出有一定的工作经验的要求。而高职教育中存在的理论与教学脱节及与企业的深度合作缺乏的现状需要改变。只有将教育与社会生产紧密结合在一起，才能将教育为社会发展所做的贡献落到实处，学生需要课堂理论教学与实践能力两者结合培养才能获得提升。高职院校要与企业深入合作，同时紧跟市场需求开展岗位需求分析，对毕业生入职后进行跟踪调研，按市场需求设置课程及专业，并根据社会需求对专业的大方向及时做些调整，避免学生步入社会后其专业已经不适应岗位的需求而导致的多重资源的浪费。调整专业方向要注意核心是岗位需求，所设置的课程体系与工作要求相契合。高职院校应邀请企业的技术骨干参与课程的设置与开发。首先，改变传统教学理念，根据职位需求，重视培养高职生的知识素质与能力，设置实践技能与综合素养并重的课堂教学；其次，按照用人单位的岗位需求结合高职院校学生实际情况，编订与实际生产紧密相关的课本与教材，将理论课程与实训实践紧密联系起来；再次，根据社会经济发展的需要更新设置课程内容，添加新的知识和技术完善教学体系及内容。

2. 开展校企合作与工学结合

关于工学模式的定义在学术中的阐述不尽相同，通过综合比较分析，可以理解为是学校、用人单位、学生三方面默契配合将课堂的专业理论知识，学习与实践应用技能有机结合起来更好的培养人才的全面综合的方式。通过查阅国内外的教育理念，可以确定工学结合模式是现阶段职业教育贯彻国家教育理念和社会劳动相结合的重要方式，符合教育的基本规律和特点，能积极反应职业教育的核心特点，可以有效地指导现代职业教育的发展方向。以就业为指导，学生作为内容的主体，以提高学生的综合素质为本质，与企业需求相匹配，注重过程培养，注重培养内容与工作需求的有机结合。工学结合模式以培养毕业生的综合能力为本质，使其具备良好的职业道德和实践能力，并能满足社会的基本需求，能很好的胜任相应工作岗位为目标。

早在100年前在西方国家中就出现了工学结合模式。工读交替制有短期和长期两种，也被称为“三明治”模式，即学生最初进行1年的工业训练，然后回学校再进行2–3年的理论学习，再用1年时间去企业实习。前面我们论述过国外的高校人才培养情况。在美国，以“合作教育”贯穿社区学院的教学过程，社区学院为主，企业为辅，整个过程在学校和企业共同完成。德国则采用“双元制”，一元主要是学习相关的理论知识；另一元则指企事业单位等的实训基地，在这些场所学生则可以受到更专业的培训。这种模式的特点：一方面具有较强的针对性，一方面具有广泛的参与性。“双元制”职业教育模式可以实现学生的学以致用，将自身的理论学习与企业的特定岗位的设备、技术等相结合，此过程有利于学生毕业后的顺利上岗。企业的广泛参与也可以为企业减少对于新毕业生的过渡培训，减少企业的支出。澳大利亚则通过多年的摸索形成了以雇主为中心，将行业需求作为职教教育的主导使职业教育具有较强的发展动力。

人才的培养方案集中体现国家的总体战略、方针，工学结合必须落到实处，就需要制定相应的保障制度，保障人才培养模式能够在院校顺利展开，在工学结合人才培养模式实施过程时，教师应坚持以市场需求为导向，从专业人才培养目标设计、课程体系设置等方面改革为高职院校大学生创设良好的基础环境。

加强与用人单位的交流与合作，高职院校的人才培养的理念是为社会的各行各业的一线岗位培养具备专业理论知识体系及实践实用技能的高水平高技能的专业人才。如今，高职院校毕业生找工作面临的现实状况是用人单位亟需大量的高学历实用技能型人才，而当前高职院校毕业生的实用操作能力，不能够满足企业的岗位需求，这种现状提示我们需要加强高职院校与企业的合作，逐步提升工学结合的效率，可以有效提升高职院校毕业生的就业能力。

当前我国高职院校教育的短处在于学校与用人单位的合作力量不够，合作开展不充分，高职院校办学历史短，社会对其认可程度不够高，实训软件硬件条件不足，“双师型”专业技术型教师人数不多等现状导致很难单独依靠校方让高职生享受全面锻炼，学习实际应用技术水平。传统的高职院校教育将学校内部的实训与学校外的实习分开。近些年高职院校招生人数的增加使得专业技术型教师的比例相对更小，这就更难保证高职生实际应用技能的培养了，更何况，有些高职院校的校内模拟实训与真实的企业岗位生产差距很大。与学校不同，企业有比较多高级应用技术型人才，接触的都是当前最先进的生产技术，能够提供让高职院校学生学到更多更新的实用技术的真实平台。校企合作、工学结合的教学过程由实验、实训和实习3个重要的环节构成，具有实际应用性、全面开放性和职业岗位性三大特征。双方的合作可以解决高职院校办学条件及应用技术型教师不足的问题，还可以让高职生通过在企业中接触真实的工作岗位提前体会真实的工作环境，从而让其明白自己需要学习的理论知识与应用技能的重要性。

创建用人单位、学校、学生三方的边工作边学习的教学方式，需要健全完备的法律体系来保证这一人才培养模式的健康有序有效地运行。德国的职业技术教育办学理念中，职业学校、用人单位严格按照国家政府部门颁布实施的政策法规运行。当前中国还没有配套的详细的有针对性的政策条文来对学校与用人单位做相应的限制或支持，因此，在目前没有健全的政策条文的处境下，如果想带动并推进用人单位与高等职业院校的办学，高职院校应尽可能想办法让用人单位从工学结合的模式中受益，继而带动用人单位主动地加入学校与用人单位的合作中来。高职院校更应主动联系用人单位，按其所需开展教学，与用人单位展开技术研发，与用人单位共享学校的优势资源，并诚邀企业参与学校的课程改革及发展，共同参与培养学生的专业技能，尽可能将用人单位所需要的利益最大化，尽量降低或者化解对方的困难或损失，做到互惠平等、共同分享利益，一起承担风险的互利双赢模式。

综上所述，高职院校与用人单位的合作办学，让学生在校期间边学习边工作的人才塑造方式对提升高职院校学生的就业能力有着积极的作用。第一，校企合作、工学结合能够按照企业需求，有针对性地培养专业人才，提升高职院校毕业生的就业能力及水平，推动高职院校的长远发展；第二，在校企合作、工学结合模式下，培养出来的能够满足用人单位需求的实用技能型人才更受企业欢迎，因为可以给企业的生产经营节约成本；第三，校企合作、工学结合模式使高职院校学生在一线岗位接受专业性、职业性的指导与锻炼，让学生了解日后所从事的工作的各种相关的信息，提供了预就业机会，让高职院校学生更有信心和责任心，并具备相对准确的自我判断能力。工学结合、校企合作可以让高职院校、用人单位及社会各方都能够获得自身所需要的利益，是高职院校教育的正确并且必然的选择。

3. 完善高职院校毕业生就业指导体系

高职院校通过为高职学生提供就业指导来提升他们进一步实现自身人力资本价值的目的，这一指导最为直接，可以将指导学生就业跟高职院校学生如何规划设计未来工作的相关课程纳入教学安排中，为在校的高职院校学生提供相关的求职找工作的信息搜索、求职面试技巧、创业培训以及计划未来的工作等各种实际的引导，上述各种对于提升高职院校大学专科毕业生的就业能力有很积极有效的作用。高职院校要根据实际情况有针对性地开展就业指导活动，首先要了解企业对人才的需求及岗位要求，进而与高职生进行对比，了解不足并对其有效地进行指导。

高职院校应在就业指导体系构建过程中注重强化高职学生的实践应用技能，让他们早点熟悉社会，给自己的未来工作方向定位，再根据自身条件确定日后找工作的方向，同时可以将就业指导融入实习、实训过程中，利用实习、实训提高学生的集体协作意识及组织协调能力，培养专业技能；指导高职生在求职时学会推荐自己，并指导他们面试的技巧，平时注重培养学生的语言表达沟通能力及人际交往能力；自我推荐与面试模拟可以考核高职生真实介绍自己及完美展示自己，招聘者可以通过面试来了解判断应聘者的秉性和与人交往的能力进而决定是否录用，教给高职院校学生面试的技巧，让他们明白面试时应该注意什么；在找工作的过程中礼仪很关键，谈吐优雅、衣着大方、态度真挚可以让招聘者眼前一亮，细节往往更能表达一个人的特质，所以礼仪培养对高职生来说，也是进入社会之前需要在学校好好学习的重要一课。

高职院校在学生的培养过程中，通过指导高职生就业，一方面可以使学生在求职面试时展示个人风采，另一方面还可以让高职学生掌握更多社交能力及沟通能力，可以更好地从容地面对就业问题，提升就业能力。

4. 增强创业课程培训提高创业就业能力

政府部门面对当前的就业现状，积极提倡鼓励并支持大学生创业，因为创业在解决大学生个人的就业问题的同时，还能为整个社会提供更多的就业机会，政府为创业的大学生提供税费减免、资金支持、贷款等优惠政策，很多高校也开始创建创业园区、创业基地，为学生提供创业的场地，设备等方面的支持，各级地方政府也出台了相应的政策文件对创业高校毕业生进行一次性资金补贴，让他们在平凡中活出精彩。国家将大学生就业问题提升到战略高度，充分体现了党和国家政府的重视程度，把创业作为推动就业的核心动力，是我国在充分总结分析了近年来我国的大学生就业情况，深入了解过扩大就业的规律，科学严谨地分析就业形势而提出的。

大学生成功创业后能够提供就业岗位进而带动就业，这也是缓解当前大学生难找工作的有效方法，对于如何培养毕业生的创业意识并提供合适的创业环境是政府、高校以及社会关注的问题。鼓励大学生去创业是顺应时代需求，符合当代社会经济发展流向，整个社会大环境也在关注大学生创业，既是焦点也是热点，同样也是党和政府以及地方出台相关政策的关键词。创业是毕业生的主动性就业，因此，对于大学生创业与就业相关性的研究就显得十分必要和迫切。让创业催生更多工作岗位带动就业工作，是指劳动行为人建立新的用人单位，包括建立一些个体经营的项目或多方合作的组织，能够推动就业，开创企业，一方面可以解决自身的饭碗问题，同时也能增加更多的求职岗位，提供更多的找工作的机会是解决更多劳动者就业的最佳途径。

大学生已接受过相关教育，并可根据相关领域结合自身所学知识和技能来创造更多的物质和精神财富，并同时为其他人的就业活动提供帮助。综合分析，现阶段大学生创业失败者远远大于成功者，虽然大学生在创业方面有很多优势，包括理论层次，技能水平等，但大学生的整体素质和实力是创业成功的基础，同时政府和社会的政策扶持和导向也起着风向标的作用。中央和各地政府为帮助大学毕业生创业也均制定了相关的优惠政策，包括降低注册成本，给予贷款扶持，税收优惠等。高职院校要以培育创新型人才为目标，全面推行课程的内容设置与教学模式的改变，提升整个师资队伍的整体质量与水平，并逐渐增加教学与培训以及实际应用课程体系的建立和完善。并大力开展相关问题探究和调查，为改革传统的教学模式，提升高职院校在创业教育方面的理论研究水平及教学质量，完善当前中国的高等教育中的创新与创业课程教育与教学体系的建设。

（三）加强政府的宏观调控和高校的自主权

政府的宏观调控对高职院校毕业生的影响最大。政府对高职类院校要用正确的方法，站在一定的高度进行指导，协助高职院校完成人才预测及专业的调控，并掌握各种不同类型的人才培养规模，尤其要注重专业的实用性，以便符合社会需求，提升高职生就业能力，完成高职院校有效的非盲目性的改革，政府除了对高职院校进行宏观指导还应将更多的自主办学的权利交给高职院校，让他们在原有的高等教育体制下能够有所创新，包括：办学内容，思路以及举措等方面有新的突破，进而将职业院校的教育提升一个水平。没有充分的自主权就无法充分发挥高职教育的优势，高职院校在专业设置、教育改革和人事安排等方面拥有更多的自主权，就能够真正面向社会面向市场办学，才能够按照市场的发展需求设置专业类型，确定招生人数。

1.扩大宣传，树立培养学生就业能力的意识

我国的高职院校历史发展时间不长，整个社会不太了解高职院校，高职院校的发展定位及培养的高技能人才不被社会熟知。高职院校毕业生找工作时往往因为在高职院校就读而不被企业看重，甚至有不少企业招聘时不考虑本科以下的高职院校毕业生。面对这种情况，政府部门理应完善就业法制体系建设，着重监管劳动力市场，对有就业歧视的企业采取处罚措施，严禁就业歧视再次发生，从而提高高职院校教育的专科毕业生在一个相比较而言平等的环境中找到工作。除此之外，政府部门还应该通过加强对高职院校的宣传，创造良好的社会舆论环境等方法改善提高高职院校在整个社会中的形象，为高职院校的毕业生创造较好的就业大环境。

政府部门在高职院校毕业生找工作的过程中发挥着至关重要的作用，政府部门一方面要积极履职，另一方面还要避免大包大揽，应坚持以市场为导向，改变高职院校毕业生就业的传统观念，指引高职院校毕业生积极主动争取就业机会。政府是对高职院校毕业生就业造成影响的社会因素中的最主要的一个因

素，大部分高职院校招生的专业设置都由政府宏观把握，而大规模的招生使得人才市场供过于求，带来更大的就业压力，企业面对如此多的大学生便优中选优，造成适合某份工作的高职院校毕业生被淘汰。

另外，有些专业的高职院校毕业生的数量供不应求，如建筑、机电等工科相关专业，市场对他们的需求量很大，这些毕业生好找工作，政府应适量增加这些专业的招生数量；还有些文史类、理科专业就业状况不太好，供大于求，这些专业的招生数量不能再继续扩招，否则会加大就业的难度，应当适当减少这些专业的招生人数，缓解供求压力。政府部门的盲目干扰会造成不符合市场需求的专业出现，而最终影响高职院校毕业生就业。因此，政府部门应适时对不断发展变化的市场及人才需求做出准确的评估，掌握市场需要的人才类型，然后对高职院校专业进行设置，将人才数量与岗位需求数量比尽可能降低。

2. 重视投入，加强政策支持力度

中国的高等职业教育有30多年的历史，随着高职教育的快速发展，各级政府部门也关注高职教育的发展并为其良性发展提供了不少帮助。在政策、资金等方面对高职教育进行引导扶持，包括全力倡导工学结合培养高职人才，给高职院校提供资金支持，建设实训场地并提供设备，加大宣传高职院校，全力指引高职院校毕业生就业。然而，现实仍存在很多问题，如：积极地倡导并开展高职院校与用人单位密切合作的培育人才的方法，为高职院校、学生、用人单位三方创设较好的合作环境，在场地、资金、技术等方面提供软件与硬件的全面保障，积极提高高职院校的社会形象，主动引导高职院校毕业生找工作，让他们更好地就业。由此可知，高职院校要积极争取政府部门出台对高职院校学生就业能力培养有利的相关政策法规。首先，要向各主管部门申请争取对高职教育办学费用加大投入，建设实训场地，健全实训设备；其次，取得政府部门在税费减免等方面的政策支持，使得用人单位主动与高等职业学校展开合作，推进高职院校与用人单位的合作，全面提高高职院校学生的综合素质与就业能力；再次，高职院校可以跟政府及企业主动沟通并协调，以赢得行业支持，鼎力宣传高职教育的毕业生就业，开拓更多高职生就业的途径。

大量的资金投入及实训设备的保障是校企合作、工学结合模式开展的前提条件，这种教育模式成本很高，而高职院校学生的实训又是必须的，因而高职院校应有更大的投入。某些工科相关专业实训和实习对场地及设备的要求更高，而高职院校办学条件有限，提供不了仿真实习基地，必然影响高职生实践应用技能的培养，这一阻碍高职教育发展的瓶颈一直存在，政府需要解决这一问题，然而事实却是，各级政府部门在高职教育的发展中并没有做好管理、协调与监督的工作。政府对高职院校外部宏观优化、长远发展规划、与各行各业及相关企业的合作不够重视，各方面的投入也不足。我国在相当长的一段时间区别对待普通高校与高职院校的招生政策与扶持政策，对高职教育的发展不利，使其社会地位降低，并大大加重了整个社会对高职教育的片面理解，继而造成了一些企业想参与工学结合、校企合作却因资金及政策支持无法落实而放弃。另外，政府对高职院校教学中的工学结合资金支持空缺很大，导致师资受限，在实训与实习的具体操作与管理的时候会浮出各种特殊状况，都需要指导老师来出面化解，如消极怠工、操作不当等问题，人手不够造成很多问题没能彻底解决，甚至有意外发生，种种政策和资金的不落实限制了学校在选择合作企业时的选择范围，不能提供高质量高效率的顶岗实习，影响学生学习实践应用技能。以上种种问题，都需要政府来统筹规划解决。

3. 政策支持，提供就业能力培训服务

政府财政支持是高职教育的主要资金来源。世界上每一个国家的教育在政府部门的地位都是非常高的，政府财政部门对其提供的投入与关注也最多，因为无论多穷也不能穷教育，充足的资金是提高教育水平的前提。高职院校办学要紧贴社会发展需求，注重高职院校学生的实际应用技能，对实训课程、实践基地及专业技能实践的设备有一定的要求，这些都加大了高职院校办学的成本，而资金不充足又会反过来影响办学的质量。注重高职毕业生提升就业能力，设立专门提升培训就业能力的资金，专款专用，为高职院校学生就业能力的培养提供坚实的物质保证。在政策及资金方面，对那些为高职院校学生的就业能力培养提供培训的组织提供支持，进而促进他们的积极性，还要增加对那些校企联办的校外实践基地及创业基地的政策支持力度，指引参与校企合作的企业及行业，积极投入到高职院校学生各方面综合素质提升的工作中，提升其就业能力。

第五章　创新创业教育多层次课程体系构建

如何实施创新创业教育是高校面临的一个重要课题，创新创业教育的成功实施关键取决于创新创业教育的课程体系构建。创新创业教育多层次人才培养目标的确立，决定了创业教育课程体系构建的多层次。按照国务院办公厅《关于深化高等学校创新创业教育改革的实施意见》(国办发〔2015〕36号)文件，要求创新创业教育课程体系的构建，要体现专业教育和创业教育的融合，要注意专业理论知识和教学实践相结合，只有这样，才能实现创新创业教育的目标，才能转变我国高校的人才培养模式，提高人才培养质量，才能适应经济发展的需要。高职院校的课程设置要基于不同专业学生的学科背景考虑，以实现创新创业教育多层次课程体系的构建。

第一节　课程设置是创新创业教育开展的核心

我国对创业学的研究起步时间不长，有一些领域甚至还没有起步。创业学涉及到社会学、管理学、心理学等多种课程。要发展创业学，对高职院校的课程设置提出了更高的要求。首先学科建设中创业课程不能是零碎的，甚至是空白的。创业学作为一门学科应有严谨性和系统性。创业学的教育不能够将社会学、管理学等课程进行简单地移植，它应该是一个系统的涉及到众多类别的学科体系。对高职院校来说课程设置是创业教育的核心。国外许多学者对大学课程设置的目标、课程学习方式、跨学科特点等诸多方面，都展开了如何在专业教育的基础上进行创业教育的研究。

Ronstadt(1987)认为：将专业教育与创业教育进行有效融合的课程设置，将能够帮助学生了解企业家的行为。同时，企业家精神也可以推动学生的创业成长，并实际参与到企业家创业活动中。McMullan & Long（1987）认为：激励创新创业课程体系涵盖了基础课、专业课和创业课，要实现学科之间知识的相互渗透，包括创业意识、能力、执行力等多层次的内容渗透，同时可以将创业内涵完全反映在课程设计之中。创业教育并不是孤立存在的，必须通过高职的课程载体才能得以落实。课程是指学习者在既定目标计划的指导下进行学习的路径。创业教育课程应涵盖一切能够使受教育者成为创业型人才的学科课程和实践活动。高等职业教育的特点决定了课程设置要密切联系地方经济、培养目标与岗位设置，教学内容要注重实用性，以培养学生的实践能力和自主创业能力，使大学生成为开拓创业型人才。高职院校的课程设置常常推动着整个高职院校的发展和进程。

因此要将创业教育与课程建设相结合，创业教育所需要的专业知识需要通过课程教学来获得，创业意识与创业观念需要通过课堂教学来引导，所以创业教育的综合性很强，创业教育的实施必然离不开课程教学。创业课程一旦被纳入到高职教育的人才培养方案中，就会不断被渗透到各个学科的教学中。例如：商贸学院的学生，可要求构建由普及性创业课程、商业贸易技能创业课程与专业创业课程等多层次的创业教育课程体系。其中，普及性创业课程包括创业学、机会识别与风险管理、管理学、会计学、市场营销等等创业基础理论课程，该类课程适应所有专业学生，可设置为学院公选课程，其师资可由创业教育中心的专职创业教育老师，或外聘师资，也可由各院系师资参与；税务会计、生产管理、财务管理等与创业有关的商贸专业技能课程，属于商贸学院专业课程，通过跨系部学分互认方式可作为跨系部选修课程，其师资主要来自于商贸学院，但亦可有外部实务界专家参与部分课程内容讲授；专业性创业课程是指根据不同专业特征，在各专业院系设置的紧密联系本专业的创业课程，如在机械专业设置“技术创新与知识产权保护”“机械行业特征与创业”等课程，其师资主要来自专业学院，也可由外部实务界专家参与部分课程内容讲授。在课程内容设计方面，税务会计、生产管理、财务管理等商业技能课程，设置中小企业税收、生产管理和投融资决策等与创业有关内容，以适应不同层次和专业背景学生跨系部选修时的学习要求。

一、我国创新创业课程设置的实践过程

在我国创业教育的发展过程中，创业课程的设置也在不断地发展变化。创

业课程的实践经历了几个不同的时期。

（一）早期的课程改革方式

早期的高职创业教育改革首先在专业教育的课程设置上有所表现。高职院校对高职的专业课程建设模式进行了一定的改革，在各个原有的专业教学的课程体系中增设了少部分创业教育的内容，或者增设了零散的选修课、讲座、就业指导活动等。学院在现有的专业人才培养方案基础上，新增加了专业创新创业类课程，同时以专业选修课、专业必修课等形式纳入专业教学计划中。这在高职专业教育改革的初期，对于增加学生的创业教育意识是起了一定的作用的。

（二）"2+1" 培养模式的推行

随着专业教育和创业教育改革的深化，高职院校陆续推出了 "2+1" 的培养模式。"2+1" 的培养模式是在产、学、研教育探索的过程中产生的，是为了寻找课堂学习与课外实践相结合、顶岗实习与模拟实践相结合而创造出来的一种人才培养方法。所谓 "2+1" 就是高职学生在学院学习专业课的时间为两年，等到第三年让学生自己去联系企业，到企业进行实习、实训锻炼。这样可以减少专业课的学习时间，从而增加学生实习、实训的时间，达到提高创业教育的目的。

（三）工作室平台的构建

创业教育发展到第三阶段为工作室平台构建的人才培养模式。这种模式主要是基于瑞士心理学家让·皮亚杰创建的 "建构主义" 理论。通俗来讲，建构主义强调以学生为中心的教学方法，认为学习是一个循序渐进的过程，注重经验的积累，重视情景体验式和互动协作的教学模式。企业的真实项目往往具有很强的时效性，设计标准要求高，产品制作要求一次成型，讲究成本核算。及时地按企业要求完成真实项目，对于专业技能较低的大多数高职院校的学生来说存在很大的困难。只有通过学校的工作室平台，模拟或仿真地反复对学生进行技能训练，在学生取得较强的专业综合技能之后，再进入企业工作，进行真实项目的操作，才能高效率、高标准、高质量完成企业真实项目，取得预期的经济效益。

（四）岗位创业教育培养方式

目前高职的创业教育培养又出现了岗位创业模式。岗位创业是指在岗位工作的同时，利用自身专业技能知识以及所掌握的资源进行创新创业的活动。岗位创业培养方式是将创业教育的理念与内容融入人才培养的全过程，以提升全校师生的创业精神、创新意识和创业能力，达到培养社会发展需要的既懂专业知识又懂创业管理的高素质复合型应用人才。温州大学率先开展了岗位创业培养方式，成功地构建了岗位创业教育培养方式。这种培养方式，根据不同专业特点以及人才培养目标的定位，在专业教育的平台上不同程度地融入岗位创业意识、岗位创业知识、岗位创业能力的创业教育知识体系。实现了就业层次的提升、创业教育与专业教育的融合，以及以岗位创业者为培养方式的转变，为学生今后的自主创业和岗位创业打下了基础，使学生的岗位胜任力与岗位竞争力得到了提升。

二、高职不同发展阶段创新创业课程设置教训

创新创业教育发展经历了以上4种模式，这4种模式的发展过程有着不同的经验教训：

（一）第一种培养方式

在创业教育初期，高职院校大都采取了积极的态度和方式开展创业教育，营造了浓厚的创业教育的气氛。学校开始在原有的课程体系中增设创业教育的内容。由于受到传统教育理念的影响，创业教育基本上是以课堂理论教学为主的。创业教育过于突出理论知识的学习，过分推崇教师的“教”，而忽视了学生的“学”。创业教育课程设置没有形成“培养创业意识、了解创业知识、体验创业过程”的课程体系，没有形成与立体化的创业知识、能力和素质结构相对应的模式，更无法实现将创业教育渗透于学生从入校到毕业的整个过程之中，学生很难从这些零散的讲座与单纯的创业课程中获得他们创业所需的知识与技能。

创业能力的培养必须在实践中得以提高，对学生创业能力的培养必须与实践紧密相连。仅仅将创业教育局限于学校知识层面的教育，学生的创业能力培养是达不到预期效果的，也不能有效地实现高职的教学目标。创业能力是一种社会实践能力，不仅需要理论教育，更需要实践教育，创业教育的培养与创业实践活动有着紧密的内在联系。

（二）第二种培养方式

在一系列的教学实践中我们发现，实行“2+1”的教学方式存在着一定的弊端。学生在两年中完成专业课的学习，时间非常紧张。同时减少专业课的学习时间会让学生的专业知识学习无法完成，或者专业知识学得不牢，影响了学生以后的创业实践教育。最后一年的实训课学生自己去企业实习，没有一个企业可以一下要那么多的学生。企业甚至担心一下来太多的学生会影响他们正常的生产运营，态度不是很积极。企业接受的部分学生，也只让他们去做一些包装等杂活，或着跟在师傅后面见习一下，许多重要的仪器和设备不让学生动手，一些关键的技术要领学生也无法掌握，学生并没有真正地实现顶岗作业。因此，学生不能很好地利用企业的工作环境提高技艺技能，实践动手能力的提高效果也不明显。同时学生分散在不同的企业中，老师无法管理和指导这些分散的实习学生。学生有的根本没有去实习，反而是荒废了一年学习的时间，学校的教学资源和师资这一年都被浪费了。

如何调整一年实习的无序状态，高职院校的教育者在进行着不断地探索。后来在课程安排中高职院校又进行了一系列地调整：一种是尽量减少公共课的课时数，保证专业课的课时数；另一种是调整专业课每周的课时数，如：专业课每周4个课时，调整为每周6个课时，以保证专业课的课时数；第三种是把实训课加在理论课中，都放到最后一年相对集中去完成，以保证专业课和创业课的统筹。

（三）第三种培养方式

在以上两种创业教育之后，高职的创业教育仍在不断地探索着。要让学生在学校就能够有一个实训场地，学生在实训场地就可以得到创业教育的实践，同时又解决学生分散实习老师无法管理的难题。于是提出了“工作室平台创业理念”等等。学校的场地毕竟是有限的，要在学校内开办各类工厂，有着一定的局限性。但开展“工作室平台创业”却具有可实施性。

基于工作室平台的专业教学可分为3个阶段：第一个阶段主要完成基础知识学习和基本技能训练，第二阶段主要完成专业综合技能训练，第三个阶段主要是着力提高创意创业能力。学生在3个阶段的能力训练都可以通过工作室这一平台实现。但介于目前我国职业教育中师资、场地和设备等资源有限与大规模教育相矛盾的现实，第一、二阶段的技能训练最好主要集中在模拟企业的生产流程和环境而建成的大规模的实训中心完成，前两阶段少部分技能训练和第三阶段的创意创业能力培养在工作室平台中完成，这样可以实现以最低的成本取得最大效益的目的。这种培养方式目前正在许多的高职院校中实施。

（四）第四种培养方式

“岗位创业教育”培养方式是采取体验的实践教学方法，将“岗位创业认知、岗位创业训练、岗位创业实习”3个阶段构成的创业实践教学形式贯穿人才培养的始终。

“岗位创业教育”方式中，学生可以参与企业生产经营活动流程的全过程，包括管理、产品开发、生产、销售等多个运行环节。学生以各种不同的身份轮换进行实践，比如：学生以总经理、销售主管、财务主管、人事主管等身份进行实习。在实习过程中接受学校专业导师和企业创业导师的双重指导。通过创业教育的融入，引导学生确立岗位意向，选择适合的岗位，以加强岗位需要的专业知识的学习，主动掌握岗位所需的专业知识和实践知识。在学习过程中教师有目的地设置创业教育的情境，通过培养学生创造性、灵活性的思维在多种领域中的运行，激发学生用创造性的思维去感知、领悟创业的知识和过程。“岗位创业教育”培养方式突破了传统创业教育的框架，将创业教育与专业教育培养紧密结合起来，根据不同专业特点以及人才培养目标的定位，在专业教育的平台上不同程度地融入岗位创业意识、岗位创业知识、岗位创业能力的创业教育知识体系，实现了就业层次的提升、创业教育与专业教育的融合以及岗位创业者培养方式的转变，为学生今后的自主创业和岗位创业打下了基础，使学生的岗位胜任力与岗位竞争力得到了提升。

在创业教育理论研究与实践探索过程中，温州大学开展了“点—线—面”逐层递进、“创业教育 + 专业教育”的创业教育实践，从创业教育通识课程体系、创业人才培养模式构建、创业教育与专业教育融合、岗位创业实践基地建设、岗位创业运行机制、创业教育专业化师资建设等6个方面进行改革探索，注重顶层设计与整体推进的结合，成功地构建了以岗位创业为导向的人才培养新体系。

三、创新创业课程设置在高职的持续发展

要保证创业教育融入专业教育的持续推进，各高职院校要根据自身的发展阶段和实践情况制定课程设计。选择与高职院校自身发展能力相匹配的创业教

育模式，使大学生在校期间通过核心课程或选修课程来持续地培养自己对创业的兴趣。学校要安排老师讲授与创业有关的知识和技巧，使创业成为学生专业学习中的一个重要主题，推动大学生主动规划自己的职业生涯与发展。通过学校的主动安排实现创业教育在人才培养过程中的结构性融合，使创业教育在人才培养过程中能够保持连贯性和持续性。学校要从管理层面开始将创业教育的各个要素逐步纳入各部门、各学科、各专业的管理与教学体系中。这涉及到整个高职院校教学计划的调整，还涉及到教学内容的更新、教材的建设、教学方法的变革、教学评价指标的构建等诸多因素。因此，高职院校应当从学院的顶层抓起，各部门合力实施，以保证创业教育课程设置的持续推进。

创业教育课程设置的推进不是由一个部门完成的，是整个院校各个部门合力的结果。首先院校的领导在思想意识中要重视创业教育，要在全院中层会议上宣传并布置任务。中层领导要坚决把创业教育贯彻到高职教育的具体工作中去。教务处首当其冲要合理布置专业教育和创业教育的课程安排，这推动着全校的教学工作的运行方式。学院人事处在制定教师的培养方案时也要紧扣创业教育这个大方针，把培养“双师结构”的教师写进人才培养方案中。同时对于专业带头人的培养、骨干教师的培养以及教师的考核工作都要围绕着这个方针。同样，学校的实验实训中心要给学生提供实训场地，提供项目工作室平台，提供岗位培训平台，让学生在校园里最真实地接近企业的真实情景，完成创业教育的实践操作。学生处要把创业教育的思想灌输到学生的思想教育中，多开展学校内的创业教育工作。总之学校的各个部门只有合力，才能真正在整个校园内推行创业教育，真正把创业教育落实到学生教育的方方面面，培养具有创业精神和创业能力的新一代大学生。

第二节　高职多层次课程设计的建设

高职课程体系及其建设是学校教学工作的基础。高职院校创新创业人才培养方案中以培养“高素质技术技能型人才”为办学目标，创业课程的设置实践经历了不同的几个时期，因此各高校的课程设置要依据高校自身所处的不同发展阶段要求，设计不同层次的课程体系。

从高校的教学工作体系来看，在确立好各专业人才培养方案后，就要开始建立课程体系。课程体系作为专业人才培养方案的支撑，是按照专业人才培养方案对职业岗位的某一能力需求来设计，以实现这一能力需求为目标的工具。实施课程体系的目的，是使学生通过理论知识的学习、实践能力的培养和综合素质的提高，达成职业岗位所需要的能力、素质目标，以适应区域和行业对高素质技术技能人才的需要。

一、树立多层次课程体系建设的理念

课程体系建设不是一劳永逸的工程。在课程体系的使用与实践过程中所反映出来的问题，需要回应和修改。知识更新、人才培养模式改变等因素的变化，也应当在课程体系中体现出来，因此要树立多层次课程体系建设的理念。

（一）多层次课程体系建设的必要性

当今的信息社会，知识爆炸，技术领域不断推陈出新，而社会前进的步伐必然要反映到人才的需求上来。高职教育的课程体系要注重职业与社会需求的变化，一切墨守成规、不思进取的思想意识都必须打破。此外，在整个课程体系建设基本成型后，通过对课程体系的评价与使用实践，获知不足部分，或修补更改，或重启其中某一部分的建设。鉴于上述两点，树立多层次课程体系建设的理念即由此而推出。所谓多层次课程体系建设，就是因职业与社会需求的变化，随时调整、修改、补充课程体系，课程体系各组成部分都处于不同层次建设的过程中，只有这样才能适应高等教育以及经济发展的需要。

（二）多层次课程体系建设的可行性

当今信息社会资讯发达，行业的发展状态、需求、最新的教育观念等都会通过平面媒体、电子媒体等手段迅速地传播，书刊出版业繁荣似锦，网络资料如信息海洋，利用现有的各种资讯手段获取课程体系建设的有关信息及资料，进行多层次课程体系建设是完全可行的，关键是要树立多层次课程体系建设的理念。

（三）多层次课程体系建设的普适性

事物的普适性源于事物的共性和规律，多层次课程体系建设具有广泛的适应性。事物总是在不停地运动的，各学科也总是在不断地发展、前进，即使是基础类课程，十年前与十年后的情况都会有相当程度的改变(例如信息技术现在已强力渗透到包括基础类的所有课程体系中)，某些应用类课程更是发生了天翻地覆的变化。进入21世纪信息时代的今天，难以想象高校的任何一个专业仍然在使用20世纪70年代的课程体系。任何一门课程，只有采取动态式建设课程体系的模式，构建多层次课程体系建设，才能适应社会、经济的变化，才能具有强大的生命力。

(四)多层次课程体系建设的先进性

课程体系建设要紧紧围绕培养高素质技能型人才、满足企业及社会行业用人需求为目标，以解决学生就业和职业发展为出发点，让他们掌握最新、最好的技能及方法。达成这一要求，最终归结为课程体系的先进性问题。只要掌握多层次课程体系建设的的理念，把课程体系建设定义为一个连续循环的流程，不断进行符合企业及社会需求的课程体系内容的开发及建设，就可以使课程体系永葆先进性。

二、多层次课程体系设计的定位

在高职课程体系建设中，要依据多层次建设的理念，吸取国内高职院校发展过程中的先进经验，找准自身所处的实际发展阶段，合理定位，密切关注与课程体系设置有关的信息，使得高职院校的课程设置准确定位。

(一)课程体系建设要结合国内外先进教育理念定位

我国高等职业技术教育启动较晚，课程体系建设要结合国外高职教育先进的理念和成功的做法。同时，国内一些先进院校的成功经验也值得学习推广。课程体系建设一旦与国内外先进教育理念接轨，将全新的思想、最新的理念、创新的办法应用于课程体系建设，必将提高教学效率，使毕业生更为适合社会的需要。

(二)课程体系建设要适应经济发展需求

高职课程体系是社会需求和高职教育紧密结合的纽带，是教学工作适应社会需要的关键环节，课程体系尤其是专业课程体系，若与经济发展脱节将无所用途。在课程体系建设上，要坚持“以服务为宗旨、以就业为导向”的办学指导思想，根据行业和当地经济建设需要设置专业，根据人才市场需求变化不断调整和优化课程体系内涵，构建与就业岗位相适应的课程体系及专业教学体系，全面提高学生就业竞争力，形成独具特色的专业人才培养模式。

（三）课程体系建设要适应能力素质的培养

由于经济发展，社会进步，职业技能、学生素质也随之成为一个变化的指标，与之相关的课程体系也要适应变化。如某一部分职业技能由于生产技术的进步而需要改变，对毕业生的素质要求因为时代或经济大环境而发生变化等，课程体系就应随之跟进调整。以变应变，才能使课程体系的建设与国家及区域经济、社会发展紧密联系起来，与技能培养和综合素质提高紧密结合起来，培养出符合各行业及社会需求的人才。

三、多层次课程体系设置的原则

高职教育是培养生产、建设、管理、服务第一线的高素质技术技能型人才的一种教育。高职教育的本质属性决定了高职教育是高等教育，是职业技术教育的高层次，其培养目标与本科有着很大的差异，与技校也有着本质的不同，课程体系的设置必须考虑专业设置和毕业生的就业。

（一）以就业岗位分析为导向的课程设置

实现国家规划的大力发展培养高职毕业生的目标，落实科教兴国战略和人才强国战略，全面提高国民素质和技能，就要把我国巨大的人口压力转化为人力资源优势。国家建设不仅需要大批科学家、工程师和经营管理人才，更迫切需要数以千万计的高技能人才和数以亿计的高素质劳动者。而数以千万计的高技能人才和数以亿计的高素质劳动者的就业需要岗位作支撑。设置合理的、符合社会需要的专业，并不是坐在办公室中就能完成的，这需要花大力气、下大功夫对就业岗位进行调查研究，分析论证；需要组织专门的机构及人员来完成就业岗位需求的工作内涵；需要面向社会进行岗位职业群调研，并进而掌握整个社会对人才、岗位的需求状况。只有在上述工作的基础上，才可能有的放矢做好新专业的开发及老专业的改造，对拟开设的课程体系进行精挑细选，跳出传统教育课程设置时只注重学科体系和理论完整的旧框架，来设置理论上够用，注重实践教学环节的具有职教特色的课程体系，从而使得课程具有较强的实用性和针对性，适应现代制造业和服务业发展对技能人才的市场需求，培养出大批经济社会发展需要的技能型人才，达到提高毕业生综合素质及综合能力的目的。

（二）以就业服务为宗旨的专业设置

从本质上讲，职业教育就是就业教育，我国职业教育的先驱黄炎培先生曾把职业教育的目的概括为："使无业者有业，使有业者乐业。"要实现这一目的，专业的设置是至关重要的，是高职教育的根本出发点，也是课程体系设计的基础。作为有别于本科教育的一种教育类型，在专业设置上，经过市场需求的专业岗位群调研分析，高职教育应该按行业技术领域和职业岗位群来设置专业，依托于当地经济，依托于行业，特别是依托于市场，这样可以与社会需求紧密结合，增强专业的针对性，培养出社会经济发展所需要的专业人才。一个学校，其专业设置往往体现了学校的培养目标和培养方向，体现了毕业生的知识结构及综合能力，同时也是用人单位在进人时首先考虑的因素。近几年来，各高职院校均可明显的看到：一方面，学生入学的总体报到率在下降，但有的专业报到率仍可达90%以上，而有的专业报到率却达不到30%；另一方面，有的专业毕业生大部分能找到工作，顺利就业，而有的专业毕业生则相反，就业十分困难。因此，从这一角度看，专业设置是否合理、正确，专业设置能否满足社会需要就成为一个至关重要的问题。

总之，要根据产业结构调整实际情况，及时调整专业结构，灵活设置高职专业，使高职专业的设置成为服务于就业市场对人才需求的需要。

第三节　高职创新创业课程体系的设计

创新创业教育的实质是激发学生的创业意识与创业精神，培养其对社会经济市场有利机会的识别、评估与捕捉能力，运用相关知识与技能创建并管理新企业，进而创造社会价值。可见，构建高职创业教育课程体系，是实现创新型创业型复合型高素质人才培养的关键手段。按照高职院校的多层次课程设置的需求，高职院校的课程设置也具有多层次的要求。

一、高职创新创业教育课程体系设计要求

高职创业教育作为一个课程体系，必须全方位考虑各种教育因素。有课程教育因素，也有非课程辅导因素；有学校主教因素，更有社会辅教因素。课程项目常由“创业综合课程、创业仿真实训课程、创业实践课程和创业实战课程”等4部分组成；非课程项目常由“创业研究、创业论坛、创业竞赛和创业者联盟”等4部分组成。当学校与社会共同参与教育时，当课程项目与非课程项目结合教育时，就构成了“创业课程、创业研究、创业论坛、创业竞赛和创业者联盟”等5大模块的高职创业教育课程体系。在课程体系中，每个模块四周有众多要素支撑，学校和社会共同参与教育，理论与实践紧密结合，课程项目与非课程项目互为补充。基于这些因素的相互支撑、制约和影响建立的高职创业教育课程体系，就具有较为全面的系统性、完整性、科学性和合理性。

（一）课程项目设计

创业课程设置一般由学院教务处完成。创业教育是跨越学科最多、综合性和实践性最强的学科。课程讲授以行动为导向，经验引导式体验多于概念规则。主要由4部分课程组成：

1. 综合创业课程

综合创业课程由基础创业课程（创业概念、创业意识、创业心理等）、创业必修课程（创业知识、创业技能、创业要领等）和创业选修课程（企业管理、融资等）组成。以此激发学生的创业热情与信心，促使学生掌握创业知识与技能，提高创业素质与能力。

2. 创业仿真实训课程

通过企业模拟竞争等仿真实训培养学生的创业素质。借助网上模拟公司或沙盘教具，引领学生分设若干个模拟公司，模拟企业经营管理与市场竞争进行实战演练。将所学理论与管理实践融会贯通，丰富扩大学生创业知识和背景，积累创业经验，指导学生自己创业与后期经营管理。

3. 创业实践课程

引导学生走进社会实践、实训基地或企业，参与大学生创新基金支持项目、老师的科研项目、社会创业活动或“挑战杯 ”创业计划竞赛等创业实践活动。通过实践课程主动应用所学知识，进行团队分工合作，真操实做地训练、答辩、调查企业和市场，独立完成一项经营业务或成立一个小型企业的创业计划书设计，真实感受企业的管理运营。从而培养学生的个性心理品质，提高综合能力。

4. 创业实战课程

主要是指导学生的创业项目走向市场。创业教育的目标就是培养学生创办一家企业公司或吸收巨额风险投资。创业项目力求规模小、投入少、见效快、风险小，从小累积逐渐做大。既没有巨额风险投资，也不需要大量成本投入。

（二）非课程项目设计

1. 创业研究设置

要切实提高创业教育水平，必须大力加强创业研究。目前清华、南开等大学已翻译了不少创业教材、专著，介绍西方研究成果，取得了自己的创业与创新研究成果，有力推动了创业教育研究工作。我国高职创业教育刚刚起步，应在创业学术会议、期刊建设等方面加大研究力度，缩短与高等院校和国际水平的差距。

2. 创业论坛设置

因创业活动具有很强的实践性和应用性，应依靠利用各种社会资源力量、网络和校友，凝聚一批具有丰富创业、经营、管理经验的创业家、企业家、风险投资家、政府官员及社会知名人士，形成稳定的校园“创业论坛”机制。常邀请他们到学校给学生开设讲座、进行对话，传授创业经验技能，促进创业教育深化。

3. 创业计划竞赛设置

由学校和社会共同组织的，涵盖创业理论知识和实践内容，深受大学生喜爱的创业计划竞赛，是一种有效创业模拟练习方式。对培养创业意识，提高创业素质，积累创业知识具有十分重要的作用。共青团中央、中国科协、全国学联与清华大学共同承办的第一届“挑战杯”中国大学生创业计划竞赛，收到了较好效果。高职院校在创新创业活动中也不妨参照效仿。

4. 创业者联盟设置

创业者联盟类似于创业者俱乐部，是准备创业的学生和已经创业的学生之间相互交流、沟通、学习的平台。创业者在这个联盟组织里学习、积累和检验创业知识，可获得培训、投资、项目、技术、孵化等方面的支持，获得像企业集群成长机理一样的群体效应，有助于学生创办企业或管理好新创企业。

二、高职创新创业教育课程教学设置

高职创新创业教育课程教学设置跟基础课程设置有许多相近的地方，但也有其独特之处，这里我们仅仅从高职院校创业教育课程目标设置、创业教育课程内容设置以及创业教育教学方法设置3个方面来论述课程教学设置。

（一）创新创业教育课程目标设置

创新创业教育的课程目标，主要是培养学生具有“创业思想意识、创业心理品质、创业知识结构、创业素质能力和实现自主创业”等5个方面的素质。

1. 树立创业思想意识

培养学生创业的自我意识和社会意识，形成社会责任感，树立艰苦奋斗、勇于开拓、不断创新的宏伟志向。

2. 培养创业心理品质

培养学生的独立性、敢为性、坚韧性、适应性、外向性、合作性等创业心理品质，把坚定的意志力和积极的心态作为培养创业心理品质的起点和重点。

3. 形成创业知识结构

帮助学生树立主动性学习和终生学习观念，锻炼善于扩大知识视野和灵活运用各类知识解决实际问题的本领，将所学专业知识、经营管理知识和综合知识，整合形成合理有序的知识结构。

4. 提高创业素质能力

创业能力是影响活动方式、效率和结果的直接操作因素，通过创业课程教育培养学生的专业技能、管理能力和危机驾驭能力，为学生实现自主创业积累经验。

5. 实现自主创业愿望

对少数学生进行创业技能实践演练，尽力提供智力咨询支持或资金物质帮助，使学生或学生团队能自我创办企业，实现就业岗位创造和自我价值实现。对具有核心技术和良好市场前景的创业项目，应支持后向发展，风险共担、利益共享。把项目“扶上马”，参加全国、全省创业大赛之后，在走向市场的创业道路上再“送一程”。

（二）创新创业教育课程内容设置

高职创新创业教育的课程内容，主要含“创业思想、创业政策、创业信息、创业技能、创业心理、创业素质 ”等6个方面，概括为：培育创业意识（创业的需要、动机、兴趣、理想、信念和世界观等）、拓展创业能力（某种行动和解决问题的能力）和塑造创业品质（对自己心理和行为起调节作用的情感与意志等个性意识特征）等3个主题。

因理论性和实践性都很强，应这样设计：

1. 理论课程设置

创业理论教学课程是培养学生理性认识创业，传授创业知识技能，培养创业所需综合素质。创业意识支配着创业者的态度和行为，是创业素质的重要组成部分。良好的创业意识是掌握创业知识、具备创业能力的重要前提和基础。创业能力是使知识、经验与技能经过类化、概括后形成的，是创业实践活动得以顺利进行的主体条件，直接影响着大学生创业实践活动的效率。创业品质是大学生创业意识和创业能力长期内化的结晶，对大学生创业意识和创业能力具有长效的调控作用。可按学校人才培养目标和模式软化学科专业界限设置，采用国际劳工组织开发的《大学生KAB创业基础》、《SIYB项目》和国家规划教材《大学生就业与创业指导》共同构建成一个完整的创业教育课程体系。根据递进原则依次开设创业教育初级课程、提高课程、核心课程和案例分析课程。用创业案例课程教学培养学生创业兴趣，调动学生学习主动性与积极性，掌握创业所需各项知识；理论课程教学生将创业教育上升到为社会创造财富，对国家做贡献的高度，培养学生的创业精神、创业意识和创业人格；争取成功创业，成为新时代青年的榜样。

2. 实践课程设置

学生们都希望把创业教育的“纯理论式教学 ”和“实践体验式教学”紧密结合，获得与自己创业方向相关的个性化实用知识。将创业激情、创业理想变为理性创业规划，参加校内外创业设计大赛、创业工作坊或创业孵化班等亲身实践、真实体验活动；希望派有经验的创业者或企业家亲自为他们授课，积累创业知识与实践经验尝试；以期付出最少的成本，得到最大的收益。所以，要强化创业教育实践方面的教学内容和施教力度。

创业实践教学课程一般由模拟课程和创业实践组成。模拟课程可将全班分为若干小组，每个小组在一定约束条件下，制定一份真实的商业计划书，师生一道分析评判。或通过组织参加创业计划竞赛等方式，让学生通过这种操作性和针对性较强的创业项目来梳理复习创业理论知识，感受创业复杂性与知识重要性。可在校内第二课堂上，组建“大学生创业工作室或孵化园”；还可在企业实践基地、校企合作平台上进行创业体验；安排有经验的老师或企业家当导师，进行营销建议、商业计划、资金申请、风险基金、知识产权、公共关系等一揽子指导。让学生身临其境地感触和体验创业过程中的复杂变化，多渠道多方面扩大实践主体的知识范围和背景，丰富、巩固、锻炼、提高学生的创业知识、个性、能力与经验。

（三）创新创业教育教学方法设置

1. 课程教学的基本思路

整个创新创业教育课程知识如同一座三角形宝塔，宝塔的底层为基础层，由系统化综合课程组成；宝塔的中层为综合层，由创业仿真实训和创业实践课程组成；宝塔的顶层为提高层，由创业实战和自主创业组成。首先，应给低年级的大一学生，开设系统化综合课程、创业实训课程，进行创业知识积累和创业意识、创业素质培养，扎扎实实学好基础层课程，打好创业基础；其次，应给中年级的大二学生，开设创业仿真实训和创业实践课程，进行创业素质、创业品质和创业能力培养，反反复复演练实践，学好综合层课程，积累创业经验；最后，应给高年级的大三学生，开设创业实践课程和创业项目演练，扶持大学生实现自主创业，稳扎稳打学好提高层课程，一鼓作气创业成功。由此形成一个完整科学的课程教学体系。

2. 课程教学的阶段分设

首先是创业定位与设计的萌芽阶段教学：大一阶段需营造良好的创业教育氛围，组织学生听创业者讲创业历程，对激励大学生创业有很强的感召力和示范作用；让学生到青年人创业的企业实地了解情况，参观创业过程，激发创业热情和冲动；然后鼓励学生参加创业计划大赛、创业学术讲座、创业企业家论坛等形式的创业教育，使学生对创业基本知识和要求有所认识，让他们的创业理想、激情和思想火花变成周密的创业行动方案。通过这一系列创业教育后，对创业有所了解，有些思考，增强创业活动的理性认识和信心，然后去寻找一些可能创业的机遇，为今后创业做好知识和能力准备。

其次是创业准备与开发的孵化阶段教学：大二阶段开设创业理论课程，学习经营管理知识、创业知识和心理素质培养等有关知识点，组织学生参加创业实践活动。让学生亲身拟订创业计划，体验创办虚拟公司（如“ERP企业沙盘模拟大赛”、“跳蚤（二手）市场”、“模拟营销策划大赛 ”、“模拟创业设计大赛”等）模拟创业过程。通过“项目准入、全真管理、企业孵化、定期考核”四级联动实践训练，定期对项目进行全方位评估，确定企业成长方向，优胜劣汰。有了前期熟悉创业程序，储备创业知识，接触了解社会等模拟环节后，养成了创业能力。一旦进入创业实践基地，就可将经过严格评估的优秀项目进行股权形式投资建立股份制公司。

最后是创业选择与适应的成长阶段教学：大三阶段开始提供适合创业的场所和资金，促成经过创业教育前两个阶段培训的同学开创自己的企业。准许创业者之间运用创业者联盟这个平台，获得培训、风险投资、项目、技术、孵化等方面的支持，帮助创业前期学生跟踪指导，帮助解决实际困难；帮助创业后期学生对新创企业实施成长管理。同时，加强挫折教育，培养健全的创业心理品质。并启动毕业论文设计，与创业科研开发接轨。

3. 课程教学的施教方法

培养学生创业能力最根本的是提高统摄、想象、概括、综合以及辩证分析等能力，以便更好地进行联想、类比或推演，能够整体把握创业过程的各个阶段，在更高层次和水平上深化自身创业能力。

常用教学模式为：

课堂授课模式：这是前期创业教育的重点。对教学内容按概念、原理、技能等几方面进行系统分类，理清教学内容中知识的线索、分布情况，并将教学内容作为教学大纲的一个组成部分，列出主要知识点、教学要求、重点、难点等，以便执行者具体操作。教学大纲中应指出各教学单元的重点、难点，以方便教师深入分析和领会教学内容的中心思想和整体结构，找到突破重点、化解难点的方法，顺利进行重、难点的教学。要真正实现应用能力的培养目标，还必须对实践性教学环节进行精心设计和认真组织实施。

案例分析模式：创业案例教学对高职老师要求较高，要想达到理想的教学效果，要求老师上课前投入大量时间与精力，准备好成功的与失败的案例素材，引导学生深入进行理性剖析，将经验和教训上升到理性层面。案例选择可来源教材、教师搜集、学生编写的创业计划书或创业大赛设计。教学方法：师生互动式教学，一起分析案例，互相交流促进，形成“互通、互助、互联、互促 ”的学习交流氛围，在潜移默化中强化教学效果。还可邀请企业专家或创业成功的毕业生来当导师参与到教学中，与学生共同讨论提高，使案例教学更加生动、真切。

创业演练模式：创业演练是有志创业的学生模仿、尝试创业的学习、体验与参与过程，主要通过第二课堂(校内创业计划竞赛、产学研结合、在合作平台等)实施，把创业人才培养与科技开发、到合作企业就业等结合起来，有效推动大学生创业活动。

拓展培训模式 ：要建立定期不定期办班培训、组织创业设计大赛和户外游戏式拓展训练等形式的系统化完整化培训体系。模拟真实管理情境，辅助课堂教学，寓教于乐，进行心理和管理方面的培训；普及创业知识，倡导创业文化，增加实习环节，强化素质训练。

导师指导模式：充分利用已建立的专业实习基地，或邀请企业家讲座、评审创业计划，用企业家经验指导学生专业实践的同时，进行创业实践。推行团队导师制度，根据学生爱好特长组织创业团队，聘请有经验的导师把关。

校内创业主要是在导师指导下，学生根据自己的具体情况，利用课余时间从事一些小的创业活动，如组成优势互补的模拟公司，针对新创企业的产品或服务、详细说明运营一个企业的公司介绍、市场分析、竞争策略、公司管理、组织结构、财务分析与风险评估等；也可同产学研创新实践基地和创业孵化基地建设结合，聘请成功人士做兼职导师，指导学生进行创业实践，获得较为真实的创业体验。

校外创业是让学生直接参与企业创业实践、生产创造、自负盈亏等实实在在的创业活动，真切感受创业的艰辛，积累一定的创业经验，为今后自己创业打好基础。

三、创新创业教育质量评价指标设计

创新创业评价指标的选择是综合评价高校创业教育质量的前提，是衡量创新创业教育的质量效果的基础。具体可从以下指标考核学生经过高职教育培养后已达到的创新创业素质，以及老师施教后的学生实际创新创业情况。

大学生创新创业教育质量评价指标包括：

一级指标4个项：课程、师资、学生、环境；

二级指标15个项：道德素养、文化知识、创业素质、创业能力、核心课程体系、相关教材、教学方法、管理模式、教师背景、教师科研、创业背景、学生实践、教学内容、施教方法、教育效果；

三级指标35个项：核心课程数量、核心课程覆盖率、课程类型、自编教材数量、教材内容、教材认可度、案例教学、特色教学方法、课程渗透程度、课程管理机构、课程计划、课程质量监测、“双师型”教师比例、学科交叉背景、求职创业经历、校外教师情况、教师职称情况、教师培训情况、科研成果情况、学术会议情况、工作经验、培训经历、参与率、职业选择、年度创业率、中期创业率、机构开设情况、场地开放率、创业孵化经费、经费覆盖率、实习基地数、社团数、专题研讨会、创业竞赛、校企业合作。

高职院校按照自身发展的情况，可以在以上不同的指标项目中，根据需要选取不同的指标、设立相应的不同分值进行设计。例如：可选学生创新创业素质指标和教师教学效果评价指标来进行考核。

具体如下：

（一）学生创新创业素质评价指标

（1）道德素养良好（0.20）：品德高尚立场坚定（0.08）、讲究诚信诚实做人（0.07）、实现自我奉献社会（0.05）。

（2）文化知识丰厚（0.20）：专业知识扎实厚重（0.08）、通晓经营管理知识（0.07）、了解基本法律常识（0.05）。

（3）创业素质过硬（0.25）：独立生存意识较强（0.08）、意志坚定奋斗不懈（0.06）、目光远大目标明确（0.06）、掌握各种生存技能（0.05）。

（4）创业能力超强（0.35）：创立品牌占领市场（0.08）、科学管理赢在前沿（0.06）、创新拓宽新的领域（0.06）、多方沟通形成合力（0.06）、驾驭信息把握商机（0.05）、迅速应变果断决策（0.04）。

（二）教师教学效果评价指标

（1）教学内容（0.40）：职业精神（0.06）、人格测评（0.05）、生涯规划

（0.05）、求职方法（0.055）、创业技能（0.055）、创新素质（0.05）、合作技巧（0.04）、心理意志（0.04）。

（2）施教方法（0.25）：课堂教学（0.08）、讨论自学（0.04）、模拟演练（0.065）、实习实训（0.065）。

（3）教育效果（0.40）：就业率高（0.12）、创业力强（0.11）、企业反映好（0.09）、出品牌业绩快（0.08）。

为保证创新创业教学不偏离课程设置目标，须采取"阶段定期评价和日常随机评价相结合、教师自我评价和监督抽查评价相结合、学生评价和老师评价相结合、校内评价和校外评价相结合"的过硬考评措施，每教完一课、一阶段或一学期课程，对学生进行一次书面或实际操作测评，将测评结果作为学生创新创业教育能力考核的学分；也可定期对各分院或班级进行测评，纵横比较，找出差距，不断改进完善教学方法，全面提高学生的创新创业素质和创新创业能力。

第六章 创新创业教育的多元化师资队伍建设

与传统专业教育要求不一样，创新创业教育通过帮助学生构建创新创业知识与能力框架，最终促使其形成创新创业精神以及创业品质。这一教育目标要求教师树立建构主义教育观，即以学生为中心，教师作为组织者、指导者、帮助者和促进者，利用情境、协作、会话等学习环境要素充分发挥学生的主动性、积极性和首创精神，最终达到使学生有效地实现对当前所学知识的意义建构的目的。多层面人才培养目标和多层次创业课程体系对高职院校的教师提出了新的要求。教师既要有专业基础知识还要有在企业工作的经历与经验，配置师资的多元化才能适应多层次的创业课程体系要求。多元化的师资队伍要求师资来源的多元化和师资教育技能的多元化。

第一节 多元化需求下的“双师型”师资队伍建设

由于高职院校发展对多元化教师的需求，教育部在《高职高专人才培养工作水平评估方案》中提出高职院校要建设一支“双师型”的师资队伍。对职业院校“双师型”教师的数量提出了要求，其中“优秀学校”专业基础课和专业课教师中“双师型”教师比例要达到70%；合格学校应达到50%。显然，目前许多高职院校“双师型”教师的比列与教育部要求的比例存在着较大的差距。因此，加强“双师型”教师队伍的建设是各高职院校教师队伍建设的一项重要而紧迫的任务。

一、高职院校“双师型”师资队伍建设现状与问题

近年来，高职院校根据专业建设和人才培养需要，引进与培养并举，深入

推进教师队伍建设。通过专业教师进企业实践、与企业联合项目研发等途径，双师素质教师的数量与质量均得到了明显提高；通过聘用企业技术、管理骨干或能工巧匠等途径扩大了兼职教师队伍；通过专业带头人业务培训、骨干教师校本培训，提升专任教师的职教理念和职教理论水平；通过鼓励考研考博、科技创新等途径，教师的学历层次、职称结构也有大幅提升。经过几年的建设，高职院校师资队伍建设初显成效，师资队伍的数量、质量和结构均有了较大变化，为高职院校人才培养、专业建设、教学研究、社会服务提供了有力的人力资源保障。

高职院校师资队伍建设虽然取得一定成效，但与教育部关于高职院校内涵建设的可持续发展要求和省示范院校的要求还存在着差距。主要表现为高级职称教师比例偏低；“双师型”教师的比例和兼职教师的质量与国家、省示范院校建设标准还存在一定的差距；高水平的专业带头人还不足；教师实践教学能力有待进一步提高，尤其近几年新引进的年轻教师，缺乏实践工作经验和专业实践技能；师资队伍激励机制有待进一步完善；人事制度的改革有待进一步深化。无论是从师资队伍的数量，还是从质量上看是远远不够的，从目前师资队伍的整体来看，都还存在着以下问题：

第一，专业性不够。

目前创业教育教师都是从其他专业转入，对创业教育理论研究相对较多，但创业实践经验缺乏，对学生创业实践指导的有效性和针对性不够。

第二，职业化程度不高。

高职院校创业教育教师没有专门的归口部门，创业教育开展一般都由就业指导部门负责，对师资队伍缺乏整体的规划，没有纳入学校专业教师发展计划。

第三，缺乏鼓励教师从事创业教育的机制，专家化人员匮乏。

鼓励教师从事创业教育的机制太少，创业教育教师专家化人员匮乏。创业教育要求教师具有心理学、社会学、管理学、法学等多方面的知识，高职院校的教师还要有崇高的敬业精神。学校在创业教育教师成长方面提供的支持相对薄弱，缺乏一定的培养和激励机制，创业教育教师成长环境不够，不利于专家化人才的脱颖而出。

因此高职创新创业人才培养要求培养创业师资。高等职业院校具有高等教育和职业教育的双重属性，具有人才培养周期短、教育实施灵活的特点。高职教育要办出特色，就要实施创业创新教育，创业教育融入高等职业教育是高等职业教育发展的一种探索，不但体现了素质教育的内涵，也突出了职业教育的创新。培养学生的创业创新精神和能力应成为一种教育理念，渗透于高职学生的培养过程。

同时教师自身持续发展也要求培养创业师资。创业教育的提出作为中国教育新的发展阶段，也赋予了高职教育新的历史使命，推动了高职教育人才培养模式的改革，促进了高职教育科学发展。教师作为教育教学活动的组织者和实施者、知识文化的传播者、人才培养理念的引导者，是高职教育创业型人才培养能够取得显著成效的关键因素之一。

总之，高职院校的教师必须在创业教育理念的指引下，不断提高自身的知识、技能、经验和综合素质，建立全面落实创业教育教师成长理念。

二、创新创业教育指导下全面落实教师成长理念

2002年教育部在“创业教育”试点工作中开始提出：创业教育是素质教育的一个重要方面；政府从中央到地方在引导和鼓励创业方面提供了很多政策支持，大学生创业面临着很好的政策环境支持。《中共中央、国务院关于深化教育改革全面推进素质教育的决定》中指出：“高等教育要重视培养大学生的创新能力、实践能力和创业精神，普遍提高大学生的人文素养和科学素质。职业教育和成人教育要使学生在掌握必需的文化知识的同时，具有熟练的职业技能和适应职业变化的能力。”2015年教育部《高等职业教育创新发展行动计划》(2015–2018年)明确提出：要加强教师队伍建设。要求高职院校要围绕提升专业教学能力和实践动手能力，健全专科高等职业院校专任教师的培养和继续教育制度。推进高水平大学和大中型企业共建“双师型”教师培养培训基地，探索“学历教育+企业实训”的培养办法；完善以老带新的青年教师培养机制；建立教师轮训制度；专业教师每5年企业实践时间累计不少于6个月。增强职业技术师范院校的教师能力培养力度。加强以专业技术人员和高技能人才为主，主要承担专业课程教学和实践教学任务的兼职教师队伍建设。支持专科高等职业院校按照有关规定自主聘请兼职教师，学校在编制年度预算时应统筹考虑经费安排；加强兼职教师的职业教育教学规律与教学方法培训；支持兼职教师或合作企业牵头教学研究项目、组织实施教学改革；把指导学生顶岗实习的企业技术人员纳入兼职教师管理范围。将企事业单位兼职教师任教情况作为个人业绩考核的重要

内容。兼职教师数按每学年授课160学时为1名教师计算。在有关民族地区加强“双师型”教师队伍建设。

按照这些高职院校人才队伍建设规划等文件精神，根据创业教育指导下，要培养高素质技术技能型人才对师资队伍的要求，职业院校应全面贯彻落实教师成长理念，搞好“双师型”师资队伍的建设。按照职业教育教师培养的实践，可以从以下的培养步骤实现教师多元化来源，培养创业教师逐步成长：以教师成长平台体系为依托；以培养专业带头人为突破；以培养骨干教师为抓手，以协同培养兼职教师为策略；以校内外双师素质教师培养为核心，做好校内专业教师双师素质提升、兼职教师的聘任与培养。不断调整优化师资结构，创新教师队伍教育管理机制，坚持培养与引进并重、能力培养与学历学位提高并重，通过校企互动，建设一支结构合理、素质优良的“双师型”教师队伍，以适应高职创业教育发展的新要求，为实现职业院校教育事业发展目标提供人力资源保障。

三、高职院校“双师型”师资队伍建设的策略

创业教育要面向人人、面向社会，着力培养学生的职业道德、职业技能和就业创业能力。我国高校创业教育起步较晚，大多数大学并没有形成完整的创业教育体系。很多高校开设了一些创业课程，但数量极为有限，而且创业课程与专业课程互不融合，基本上是两个各自独立的体系，没有进行很好的学科渗透，这使得创业教育流于形式，不利于不同专业背景下的创业人才培育。究其根本可能存在多种原因，但“双师型”教师的缺乏是专业教育与创业教育隔离的原因之一。因此高职创业教育下“双师型”师资队伍建设，就显得尤为必要。高职院校可以通过“双师型”师资队伍，实现师资来源的多元化和师资教育技能的多元化。

按照创业教育目标要求，高职院校“双师型”师资队伍建设的培养模式有多种。

（一）以教师成长平台体系为依托

校企共建教师成长系统。利用学院现有的信息综合服务系统为网络技术平台，与企业共建教师成长系统。该系统由资源共享子系统、教师职业能力提升

子系统和绩效考核及评价分析子系统共3个子系统构成。

1. 资源共享子系统

资源共享子系统中的资源对合作企业和社会开放，包括由专任教师、兼职教师、合作企业人才、毕业校友、应届毕业生等构成的专家库人力资源共享；会议资料和课件、教案、教学素材等教学资源共享；精品开放课程共享；教科研项目立项机会、教科研成果共享；合作企业信息共享；校内外免费开放实验实训室、图书馆共享；校内外提供科研设备、各种技术咨询服务、项目团队社会服务等信息共享；各级有关人事管理法规制度共享。资源共享子系统将为校内外教师提供人才、师资、知识、信息、经验、科研项目立项机会、教研成果等共享，为专兼职教师职业能力的提升提供资源保障，也为社会提供资源共享。

2. 教师职业能力提升子系统

包括职称晋升专栏、学历提升专栏、教学能力提升专栏、专业建设专栏、科研能力提升专栏、社会服务指导专栏、企业兼职教师和新教师岗前培训专栏等构成。针对每个专栏，将发布相关的新闻信息，上传培训视频资料，大量的链接网上培训课程。开设以专业为单位的线上论坛园地。职业能力提升子系统将为企业、教师、职能部门提供集体学习交流的平台。

3. 绩效考核及评价分析子系统

可根据设置的考核指标，从人事、教务、科研管理等现有数据库系统自动提取数据，自动生成所有人员考核表，绩效考核在线操作，并进行全程后台的考核进程控制。对各种考核结果进行深度的分析，为部门和个人工作改进提供参考依据，同时也为考核指标和考核方法的调整提供依据。

（二）以培养专业带头人为突破

1. 重视专业带头人的选拔与培养

制定职业学院专业带头人遴选与管理办法，选拔校内专业带头人进行重点培养，确保每个专业都有校内专业带头人。通过制度建设，强化对现有专业带头人和具备专业带头人培养条件的教师进行培养。所属部门每年提供专业带头人专业调研机会，有针对性地学习借鉴示范院校人才培养模式改革、校企合作、师资队伍建设等方面的办学理念和成功经验。

2. 加大专业带头人引进力度

根据职业学院师资队伍状况及专业建设、课程建设对人才的需要，规范和完善人才引进工作机制。拓宽高层次人才引进的渠道，加大人才引进力度，发挥引进人才的优惠政策，采取特殊人才特殊待遇、重点专业重点引进、紧缺人才破格使用的措施，引进职业教育所需的“双师型”专业人才。

3. 聘用与培养兼职专业带头人

规范行业企业兼职专业带头人的聘用，与校内专业带头人配合，实施校企互动的双专业带头人制。兼职专业带头人原则上须是行业企业有一定影响力的专家，在职业技术应用方面具有精湛的专业操作技术和开拓性业绩，得到同行公认。职业学院将制定优惠政策，聘用兼职专业带头人参与专业建设。

（三）以培养骨干教师为抓手

1. 确保骨干教师质量

职业院校最少应每两年选拔一次骨干教师，每个专业选拔2名以上具有中级及以上职称或博士学位，具有双师素质，在本专业领域既具备扎实的基础理论功底，又有较强的专业实践能力和较丰富的实际工作经验，能够熟悉企业、行业最新技术动态，具有较强专业技能和教学能力的教师进行培养，以确保骨干教师的质量。

2. 提高骨干教师素质

通过选派骨干教师到职业教育发达国家或地区研修，学习先进的办学理念和职业教育理念、课程开发模式、教育教学方法和先进的技术，开阔他们的国际视野，提高他们的课程开发能力、专业水平和业务能力。通过组织骨干教师参加国内关于职业教育理念和教学能力提升的各类培训，学习新技术，并取得相应职业资格证书，积极参与社会服务和应用技术项目的开发。通过安排骨干教师到企业进行顶岗实践锻炼，在完成实践项目的基础上，通过实践周记、校企双重考核，强化岗位认知及专业技术能力的培养。

（四）以协同培养兼职教师为辅助

1. 规范兼职教师的聘任与管理

进一步规范兼职教师聘任资格并逐步建立行业企业兼职教师教学档案。探索“校企双向互聘”机制，即企业向职业院校派出兼职教师，职业院校向企业派出访问工程师，实现校企互动，协同共建的方式，稳定兼职教师来源。要积极与企业、行业联系，建立良好的合作关系，建立一支稳定的兼职教师队伍。聘请既有实践经验又能胜任教学任务的行业专家或生产第一线的技术能手承担职业院校实践教学任务，并对教学效果优秀者给予奖励。

2. 提高兼职教师承担专业课时比例

充分利用合作企业人才资源，建立一支由各行业第一线高素质人员组成的相对稳定的兼职教师队伍，形成校企双方人员共享、高效灵活的用人机制。提高兼职教师承担专业课时比例，兼职教师承担的专业课时比例达到50%以上，以后逐学期递增。

3. 提升兼职教师教育教学能力

强化对兼职教师的培养，全面提升兼职教师的教学水平。开展兼职教师教育教学能力的专项培训，包含教师职业道德、高等职业教育核心理念及教育学、心理学等课程的学习，不断提升兼职教师教育教学能力，发挥兼职教师在高职教育中的作用。

（五）以校内外“双师型”教师培养为核心

1. 提升教师社会服务能力

高职院校应制定和完善“双师型”教师认证制度，加快专业教师双师素质的认定和管理。通过制定职业学院“双师型”教师队伍建设与管理办法，强化“双师型”教师建设的制度保障。要为专业教师申请“双师型”教师资格创造条件，在政策上给予倾斜。“双师型”教师认证制度是评价和认定“双师型”教师培养的标准。为了提高教师的社会服务能力，应根据行业、职业的实际情况和职业教育的发展，把科研、技术开发和技术服务、企业兼职和实践、实训基地和实验室建设、成熟的项目团队成员、职业资格认证等纳入教师“双师型”的认定要求中。建立校内“双师型”专业教师评价激励机制，一是提高“双师型”专业教师奖励性绩效工资水平；二是将“双师型”作为专业教师职务晋升、评优的必备指标；三是对专业教师参与社会实践、社会服务、挂职锻炼的时间和经费给予制度性保证。

2. 提高教师实践能力

高职院校要制定学院教师顶岗实践管理办法，进一步明确专业教师到实训基地和企业锻炼的目标、考核办法及待遇等，使专任教师深入行业企业第一线实践制度化、规范化，为教师下企业实践锻炼提供制度保障。把具有两年以上专业相关、有社会企业工作年限的专任教师比例，作为部门工作目标任务的一项重要指标，并纳入对各二级学院、系、部绩效考核的内容。要求专业教师积极参加企业生产实践、应用技术研究项目、工程应用项目、开发应用项目、调查与对策研究项目，参加专业技能培训并考取高级技术（技能）等级证书，提高自身实践能力。

3. 建立“双师型”教师培养长效机制

借助教师成长系统，建立“双师型”专业教师继续教育的培训制度和“教师职业生涯规划”制度，把“双师型”提升纳入每一位教师的个人职业生涯规划，根据教师年龄、学历、经历等具体情况，制定继续教育培训计划，定期予以考核。鼓励教师组队承接企业项目，借助校企合作与企业联合培养专业教师，针对教师实际情况实行分类培养，对未具备“双师型”的教师要求5年内到企业顶岗实践两年以上，学院要积极派遣教师到企业顶岗锻炼。

4. 健全专任教师准入机制

应建立专任教师准入机制，落实职业学院人才引进管理办法，为学院的人才引进提供制度保障。在人才引进过程中，根据学院专业发展和师资队伍建设的需要，分批引进人才，通过向社会公开招聘、引进等方式，特别注重从生产一线引进学历层次高、实践经验丰富的专业技术人才，确保新进专业教师原则上具有3年以上企业工作经历，具备硕士以上学位或中级及以上职称，不断改善和优化专任教师队伍的结构。通过各种努力，建设一支符合职业院校办学宗旨要求的“双师型”教师队伍。

第二节　加强教师创新创业教育教学能力培养

党的十八大和十八届三中全会对高校创新创业教育工作作出了重要部署。深化高校创新创业教育改革，是国家实施创新驱动发展战略、促进经济提质增效升级的迫切需要，是推进高等教育综合改革、促进高校毕业生更高质量创业就业的重要举措。创新创业教育改革有利于推动高等教育教学改革创新，可以促进高等教育与科技、经济、社会紧密结合，能够加快培养规模宏大、富有创新精神、勇于投身实践的创新创业人才，并能为建设创新型国家提供强大的人才智力支撑。

一、高职院校要明确教师创新创业教育责任

近年来，我国高校创新创业教育不断加强，取得了积极进展，对提高高等教育质量、促进学生全面发展、推动毕业生创业就业、服务国家现代化建设发挥了重要作用。但也存在一些不容忽视的突出问题，一些地方和高校重视不够，创新创业教育理念滞后，与专业教育结合不紧，与实践脱节；教师开展创新创业教育的意识和能力欠缺，教学方式方法单一，针对性实效性不强；实践平台短缺，指导帮扶不到位，创新创业教育体系亟待健全等。要解决这些问题，高职院校要明确全体教师创新创业教育责任，加强教师创新创业教育教学能力建设。

高职院校全体教师创新创业教育责任是，教师要以发展的眼光充分尊重学生的个性与差异，培养学生善于思考的良好习惯，鼓励学生的创新意识和创新行为，使其各有所长。教师还要创造机会，给学生提供展示个性能力的舞台，留给学生自由想象与发挥的空间和时间，调动学生求知的主动性和创造性。教师更要运用创新性的教学手段方法，开展有针对性的训练与实践活动，激发学生创造性，促进学生全面发展。教师只有承认学生发展的多样性与差异性，才能充分调动学生的潜能；只有尊重学生的兴趣与个性发展，才能为学生创造更多的选择机会与空间，帮助学生将兴趣与专业相结合，让学生真正地热爱学习，最终为创新型人才的培养奠定基础。

因此学生创新创业教育能力的培养对教师创新创业的教学能力提出了一定的要求。

（一）对创新创业教学要有认识能力

教学认识能力包括对所教学科专业知识和教学思想、理论与规律的认识。教师的学科专业功底对其教学能力起着至关重要的作用，不学无术或少学乏术绝对难以成为好教师。因此，教师除了拥有较为丰富的学科专业知识和较高的专业科研水平之外，还要重视教学理论的研究与创新创业教学技能的培养，使自己努力成为所属领域中学有所成并仍十分活跃的学者、科学家、工程专家或艺术家。

（二）对创新创业教学要有实践能力

教学的实践能力是教师教学的基本功，主要包括理解和处理教材的能力、

了解和把握学生的能力、深刻理解和熟练掌握教学内容的能力、恰当选择或创造教学方法的能力、熟练教学操作的能力和良好的语言表达能力。在教学中，教师要善于通过组织教学实践活动，启发诱导学生创新创业的兴趣，集中学生注意力；教师对待创新创业教学自身要有熟练操作的能力；还要善于运用生动活泼、流畅通达、富于感情的语言，激发学生创新创业的热情，提高学生自学能力，启迪他们提出问题的创新思维，锤炼他们分析和解决问题的能力，增强教学的艺术性和感染力。

（三）对创新创业教学要有研究能力

教学是一门学问和艺术，有它自身的性质和规律。教师要不断认真地学习，更要能在创新创业实践中坚持不懈地磨炼、研究、总结、升华，达到理论的高度。学者未必是良师，教师的学科专业知识丰厚，并不意味着学生能从他那里学到渊博的知识。失去对学生的尊重与关注，缺乏对课堂的理解与把握，没有对教育理念与教学方法的研究与创造，教学就难以促进学生的全面发展，教师的教学能力与学术水平就难以提高。因此教师自身对创新创业教学要不断地进行总结归纳，提高自身的研究能力。

创新创业教育除了对高职院校教师的能力提出了要求以外，对高职院校创新创业教育教师的管理也提出了新的要求。高职院校在教师管理中，要完善专业技术职务评聘和绩效考核标准，加强创新创业教育的考核评价。配齐配强创新创业教育与创业就业指导专职教师队伍，并建立定期考核、淘汰制度。聘请知名科学家、创业成功者、企业家、风险投资人等各行各业优秀人才，担任专业课、创新创业课授课或指导教师，并制定兼职教师管理规范，形成全国万名优秀创新创业导师人才库。将提高高校教师创新创业教育的意识和能力作为岗前培训、课程轮训、骨干研修的重要内容，建立相关专业教师、创新创业教育专职教师到行业企业挂职锻炼制度。加快完善高校科技成果处置和收益分配机制，支持教师以对外转让、合作转化、作价入股、自主创业等形式将科技成果产业化，并鼓励带领学生创新创业。通过这些方式方法让教师明确创新创业教育的责任。

二、高职院校教师创新创业教育成长环境

教育部在《关于大力推进高等学校创新创业教育和大学生自主创业工作的

意见》中，要求各高校把创新创业教育有效纳入专业教育和文化素质教育教学计划和学分体系当中，建立多层次、立体化的创新创业教育课程体系，国家各级高职院校都积极开展了这项工作。经过几年的实践证明，要建立科学系统的体系，没有一支结构完善合理的专业化师资队伍与之相匹配就无法真正发挥作用。因此，我们要培养高职院校创新创业教育的教师。这就需要有高职院校创新创业教育教师的成长环境。所谓创新创业环境是指开展创新创业活动的范围和领域，是创新创业者所处的境遇和情况。它是影响创新创业活动与各种因素、条件的总和。高职院校创新创业环境是纷繁复杂的，涉及政策与法律的革新、人文社会观念的转变、行业的发展情况、自然环境的突变、科学技术的迅速升级等因素。这些因素的变化，促成了高职院校创新创业环境的风险与生机。

（一）政府主导创新创业教育教师成长环境

众所周知，我国教育事业属于政府主导型，政府在教育发展和改革中扮演着重要角色，政府的指挥棒能调动学校领导、师生参与创业教育的热情。我国的高职院校创业教育起步多年尚未取得明显的效果，创业教育师资数量和质量的严重不足已成为主要的制约因素之一。政府要出台相应的政策，建立创业教育教师培养机制，为高职院校的教师提供创业教育成长环境。

第一，成立创新创业教育师资培训机构，推进创新创业教育师资职业化的进程。通过专业化的培训，不仅可以培养一大批高校急需的创新创业教育师资，并且参加系统学习的教师要进行入职选拔考试，严把入口关，只有获得职业资格认证的，方能持证上岗，不断提高师资素质，增强其专业能力，优化和提高高职院校创新创业教育教师的从业标准，改善我国高职院校创新创业教育的整体水平，缩小与发达国家的差距。

第二，打通创新创业教育教师的成长通道，推进创新创业教育师资专业化的进程。一方面在部分高校开设创新创业管理方向的学位教育，打通创新创业教育教师学历教育通道；另一方面增加创新创业学类职称系列，打通教师职业晋升通道。只有这样才能吸引更多的优秀教师参与、转入创新创业教育师资队伍。

（二）高校提供创新创业教师成长职业环境

高职院校创新创业教育实施的核心在于教师，高职院校应高度重视教师的培养，特别是年轻教师的培养，为创新创业教师的成长提供职业环境。

第一，树立“双师型”教师培养理念，营造教师成长氛围。创业教育和高职教育都要求教师既懂理论也懂实践，创业教育理念下的高职院校师资队伍更应加快“双师型”建设的步伐，高职院校要在新引进教师编制、任职条件、职称评审、工资待遇、聘任政策等方面向“双师型”倾斜。同时要开通“双师型”教师培养渠道，让现有的教师进入工厂、企业从事生产管理及工程技术工作，切实提高实践能力。

第二，建立教师培养激励机制，引领教师成长。首先，完善制度保障，激励教师投身创业教育。学校建立完整的创业教育课程体系并纳入人才培养的学分体系，另外对于教师从事创业团队指导等明确工作量计算标准，为鼓励教师投身创业教育形成制度保障。其次，积极鼓励教师开展创新创业实践活动，为教师参与企业咨询、研究活动、体验创业等提供便利，通过开展“产学研”实践项目，扶持教师带着自己设计或研发的项目去创业，增加其管理实践经验，培养一批“创业型学者”或“学者型企业家”。

第三，搭建教师锻炼平台，提升教师成长空间。创业教育完成融入高职教育还是一种新的教育方式，师资队伍的培养应本着边学习、边实践、边培养的原则，为教师搭建更多的实践平台。同时在实践的过程中不断地修改、完善创新创业教育与高职教育的融合。

（三）内在动力驱动创新创业教师自身成长

创新创业教师的自身内在动力驱动教师个人成长。教师有了国家好的政治政策的大背景，有了学校提供的职业成长背景，来自于教师自身主动成长的内在动力能驱动教师提高自身的综合素质。

第一，主动学习，勤练内功。一方面在创业理论方面应加强创业意识、创业准备、创业心理、创业风险、创业营销、初创期企业管理及财务管理等方面的知识学习。另一方面，加强岗位实践经验的积累，教师走向社会、走进企业、走入学生创业团队，在实践中提高自己。理论与实践相结合，不仅可以提高教师教学的自信心，还可以提高教学的针对性。

第二，参加创新创业培训，提高创业教育授课技巧。创新创业教育与传统的教育不同，创新创业教育的授课方式可以用三多和三少来概括，即：多一些互动参与，少一些抽象概念；多一些双向交流，少一些单向灌输；多一些热情行动，少一些乏味说教。鼓励教师参加多种创新创业师资培训，专门的创新创业培训项目都要求进行小班化教学，教师使用参与性的教学方法，突出学员的主体地位。创新创业教育教师可参加培训借用授课方式，以此来提高自己的授课技巧。

第三，注重理论研究，提升成长空间。作为一名创新创业教育教师，不能仅仅成为“教书匠”，还应是一位“科研型教师”，通过理论研究学习国内外最前沿的相关知识，不断更新知识，更新观念，促使教师不断学习，不断“洗脑”，由此形成终身学习的能力。

创新创业教育在我国发展历程不长，在高校的开展也是近年来的热潮，创新创业教育教师的成长需要国家、社会、学校的高度关注，更需要教师自身对创新创业教育的热爱。高职院校创新创业教育教师在成长过程中，还必须把知识的积累、技能的锻炼建立在高职人才培养目标基础上，唯有这样才能肩负创新创业人才培养的重任，学校也才能为国家经济建设大量输送具有创新创业精神的高素质技术技能型人才。

三、高职院校创新创业教育教师的成长路径

教学能力是教师的思想素质与业务能力的综合体现，表现在教学活动的过程之中，并且通过一定的教学行为方式来体现。教学能力是在一定的教学思想、理念支配下，在掌握教学知识、教学技能的不断实践过程中形成的，包含教学的认识能力、实践能力和研究能力等相辅相成的本质要素。教师的教学能力是影响教学质量的决定性因素，现代教育以生为本、因材施教的教学理念，要求教师具有独特魅力的创新性教学能力，能针对学生情况选择适合的教学方法，又能区别学生个性给予特殊指导，以充分发挥学生个体优势与潜力，做到既能教又会教更爱教。

高职院校教师创新创业教育教学能力的提高有多种途径。

（一）参加培训，汲取同类院校办学精华

国家、省市或学校每年都会开展各种类型的继续教育活动，定期举行各种相关的培训、讲座、研讨或是各种职业资格证书的考证培训，教师通过参加培训，目的是能集中学习和了解到国内外最新最先进的教学理念、模式、内容、

手段与方法；能结识许多高校的同行，利于会后时间相互交流与学习；还能感受到不同高职的校园文化，找出本校与同类院校的差距，提高教师自身综合素质和专业能力，更好地开展高职院校的创新创业教学活动，最终有利于个人教学能力的提升。

（二）参与合作，借助团队提高水平

高职院校为促进教师队伍的建设，一般都建立了教研室，把教学人员分成了不同专业团队，由团队来组织开展各类教学活动，教师要积极参与团队的创新创业教学活动，互相合作，使团队成为提高教学、科研能力和进行专业发展的良好平台。同时学院还提供了各种类型的顶岗实践平台、创新创业平台、经验交流学习平台、教学平台、企业与科研成果对接平台等，教师要借助于这些平台，提高创新创业的能力。可以依靠教研室的团队力量，开展定期集体备课、教学研讨、相互听课、举行公开课等活动，进而提高教学水平。

（三）请教学习，提高教学能力

高职院校各系部和各教研室都是不同的团队，各团队中都有开展创新创业教育工作的优秀团队，其他团队可以向优秀团队请教学习，组织与优秀团队之间开展经验的交流与互动，不断提高本团队的创新创业教育能力。一是学习他们热爱教学、心系学生的强烈事业心和责任感；二是学习他们为了掌握教学规律而肯投入的精神和善于投入的能力；三是学习他们对教学工作认真实践、精心研究、一丝不苟做事的扎实作风；四是学习他们注重教学创新，更重视学生创新意识和创新能力的培养；五是学习他们灵活高超的教学艺术。

（四）开展教研，提升教学水平

为了提高创新创业的教学能力，教师除了不断地进行教学实践与反思并总结积累经验外，还必须结合创新创业教学实际与发展的需要，开展创新创业教学改革和教学研究。随着当代科学文化技术与社会经济的迅猛发展，学校的教学理念、教学内容、模式、方法和手段都正在经历深刻的变革，虽然在宏观层面这些问题已有不少研究，但具体到学科专业教学方面，则存在大量的实际问题，有待去探讨和研究，这正是教师锻炼与提高创新创业教学能力的好舞台。

（五）自主学习，提高业务素质

要培养教师自主学习的能力。教师要不断学习专业新知识，与专业前沿保持同步，使大脑知识储备充足，讲课才能发散学生思维，联想性好，生动有趣。教师要借助互联网、国家精品课程网站或专业杂志等资源，学习国内外先进的教学理念、模式、方法与技术，把专业教育与创业教育有机地结合起来在课题中实施。要加强师德建设，确立坚定的、崇高的师德信念，严于律己，全心全意投入教学之中。要坚持教学反思，对创新创业教育思想与实践及时进行评价、反馈与调节。

（六）加强沟通，注重培养

现代教育理念强调，在教学中教师是主导，学生是主体，教师应主动接近学生，加强沟通，运用创新性教学手段充分调动学生学习的积极性和创造性，教会学生如何获取、掌握所需知识和信息的方法，培养学生创新性思维，注重学生综合素质的培养，真正做到“授人以渔”，成为学生学习的引导者。

高职院校创新创业人才的培养离不开教师创新性教学能力的提高。教师创新性教学能力的提升，关键在于各级领导重视，能以科学发展观和正确的人才规划为导向，建立完善的教师培养机制，创设教师学习、实践和发展的平台，营造良好的发展环境，并充分调动教师学习、实践、反思和完善的积极性，开通高职院校创新创业教育教师的成长路径。

第七章　创新创业教学质量监控系统的构建

中央十八大明确指出：经济发展方式转变依赖于创新创业活动。创新创业是提高大学生就业的重要途径，也是深化高校素质改革的重要举措，实现高校创新创业教育离不开完善的教学质量监控与保障体系，高校只有构建健全的监控与保障体系才能促进高校创新创业教育的健康发展。

第一节　高职教学质量监控体系的发展现状

2012年《教育部关于全面提高高等教育质量的若干意见》(教高[2012]4号)，要求各高校要大力提升人才培养水平、增强科学研究能力、服务经济社会发展、推进文化传承创新，全面提高高等教育质量。随后教育部下发了《关于加强高职高专教育人才培养工作的意见》，对高等职业教育的健康发展以及高等职业教育教学质量的运行和提高方式给出了指导性的意见，要求高职院校要大力提高教学质量，以保障高职院校人才培养的质量；要建立科学、高效的教学质量监控体系，全面提高教学质量和办学水平。随着区域经济与产业的发展，新时期国家对高素质创新型、应用型和复合型的技术技能型人才的要求越来越高，建立科学、高效的教学质量监控体系已经摆上重要的议事日程。

教学质量是高等职业院校得以存在和持续发展的生命线。人才培养质量已作为衡量高职院校办学水平的第一标准。高职院校在校生规模不断扩大，也使高职教育的人才培养质量水平的提高和质量管理工作的难度更大，形势更加严峻。因此强化质量评价与质量监控管理具有现实的必要性和重要性。

高职院校只有建立全面系统的教学质量监控体系，才能够及时调整教学管理部门的工作，有效地监控教师的教学活动，以保障人才培养的质量，为社会培养更多高素质、创新型人才，实现高职院校创新创业人才培养的目标。

一、高职教学质量监控机制情况

当前培养高素质、创新型人才是高职院校人才培养的目标，这个目标对高职院校的教学质量提出了较高的要求。教学质量是衡量人才培养目标的重要指标，对人才培养的质量会产生直接而深刻的影响。人才培养的目标要求提高教学质量，建立高职院校全面系统的教学质量监控体系。这里所说的教学质量监控就是指高校的管理部门对高校教学过程和教学效果进行定期或者不定期的监督检测，并实施有效管理和控制的过程。教学质量监控体系就是教学质量监控的各个方面所构成的系统。教学质量监控体系可以实现对高职院校所有教学过程的管理和监控，发现教学过程中出现的问题，找出对教学质量产生影响的因素，不断解决问题，改变影响因素，从而进一步提高教学质量，以达到高职院校人才培养的目标。否则，教学管理过程就会无序发展，教学工作也就无法正常运行，高职院校人才培养的目标也难以实现。因此，高职院校人才培养的目标要求建立教学质量监控体系。

目前高职院校基本建立了以下几种教学管理和监控：

（1）日常教学检查制度。一般情况下学院对教学工作实现每周一次的领导检查，及时发现问题并及时处理，以确保教学工作的正常运行。

（2）实施课程教学中期检查考核评估制度。提高中期检查，实现对教师的教案、备课情况、学生作业情况等进行检查，以督促教学工作的推进，以保证教师完成基本的教学工作。

（3）建立听课制度。通过院、系领导对每一位教师授课的听课，当场给出授课情况评价，以提高教师的教学工作。

（4）建立教学奖惩制度。由学校教务处对各位教师的教学情况进行统计、考核，并按照教学情况的评价进行奖惩。

（5）制定科研评价制度。通过对教师科研工作的督促，要求教师在完成日常教学工作的同时，也进行学术科学的研究。

这些常规的教学管理及监控工作，对高职院校的教学工作的正常运行起到了一定的推动作用。

二、高职教学质量监控存在的问题

随着高职院校的发展与政策的引导和要求，高职院校在教学质量基本监控的基础上也进行了一些改革，但对教育教学质量的认识有待提高。许多高职院校还没有把提高质量作为一个带有全局性、长期性和基础性的重点工程来抓，师生缺乏质量的危机意识。同时，尚未建立起有效的教师教育教学质量标准，教师教学工作没有一定的标准要求可以遵循，难以有效地推进质量建设工作，"全员参与、全程监控"的机制尚未有效建立。教学质量监控体系尚未有效构建。许多高职院校没有体现出校企融合、工学结合的办学特色，教学质量的"一把手"工程有待贯彻和落实，职责不明，管理不力，要求不严，彼此推诿，指挥不灵，无法有效地推进质量工程的建设发展。没有建立多渠道的信息反馈和质量分析机制。"政、校、行、企"四方联动的质量管理工作尚未启动和实施，教学质量管理的手段比较落后，效率低下，在采用现代化教学管理技术上缺乏主动、积极态度，管理人员素质不高，责任意识、质量意识和服务意识有待进一步加强，教学质量的评价体系不够完善。比较注重课堂内的教学活动而忽视课外教学实践；注重对教师教学基本功的评价而忽视对学生综合能力培养的考查；注重对课程教学的评价而忽视课程建设等方面的考查；注重环节评价而忽视整体评价；注重结果评价而忽视过程评价；注重定量的评价而忽视定性的考查，从而使教师教学质量评价结果不能反映教学过程的全部。人才培养的方向需要调整。对人才需求的预期调查不够充分，没有紧贴社会经济发展的需要培养人才，加上高水平专业带头人偏少、资金投入不足、师资力量欠缺、奖惩制度不明等原因，导致各专业的建设水平不高，甚至个别省市级示范性建设专业长期难以有效地组织起专业建设工作。

高职院校教学质量的监控问题具体如下：

1. 教学过程监控要素不全

我们看到当前对教学质量的监控，主要是通过对教师的课堂教学工作进行监控来实施的，这种监控存在着要素不全的问题。教学的课堂只是教学过程的一个方面，教学过程还应包括许多因素，对其他因素的监控同样重要，不能只注重教学形式的监控，而缺乏实际教学环节的监控。例如，教务处一般会检查教师是否带了教学教案、大纲、进度表等，但忽视了教学过程是否应用了新的教学方法，引用了新的案例，是否与学生积极互动等。

2. 教学质量评价不够完善

教学质量的评价对教师的影响很大，但许多院校尚未建立系统的教学质量综合评价指标体系。教学评价中人为的成分比较多，客观的指标还不够，这使得教学质量的评价难以反应出教师的真实水平，缺乏科学性和客观性，教学质量评价体系仍然不够完善，影响了教师教学的积极性。例如，督导对平时来往较多的老师，出于个人感情会给出较高的评分，没有客观公正地对教学做出评价。

3. 教学评价具有片面性

教师的教学情况一般由学院督导来完成，督导的教学质量评价数据构成了对教师教学水平的衡量。但这种单一数据不能真正体现教师的教学评价，忽视了真正的授课对象——学生对教学的评价情况。学生对教师教学情况的评价在衡量教师教学水平中应具有重要的参考价值。同时对教师的教学评价不仅应包括学生的评价，还应包括管理部门、用人单位等多部门的评价，避免单一评价的主观因素，造成对教师教学评价的片面性。

4. 教学活动的监控范围不够

目前，高职院校对教师教学活动监控范围较窄，对教师的教学活动监控仅仅是局限在教师的课堂授课情况，而忽略了教师在家里完成的备课情况，授课完成后的作业情况，课后的辅导情况，以及教学实践情况，这些都应该构成教师教学活动的监控范围。很多课程的教学内容分为理论教学与实践教学两个环节，学院在教学管理监控过程中，还要监控只重视理论教学而轻视实践教学的情况。如果不开展实践教学，就无法保障教学质量的提高。

三、高职教学质量监控的改进措施

教学质量监控体系是高等职业教育教务完成的管理核心，是高等职业教育人才培养质量提高的保障。全面系统的教学质量监控体系是由教学质量监控的各个方面所构成的，不仅包括教师教学的课堂过程、各级领导的听课过程、学生的学习过程，还应该包括完善的督导对教学的过程监控、完整的教学质量管理制度、多方的教学质量监控系统、全面的评价系统、教学的激励和约束机制，高素质的教师队伍，以及用人单位对毕业生的素质和创新能力的评价数据等等。

这些共同构成全面系统的教学质量监控体系，以保障教学工作的提高和高素质人才的培养。

除了当前高职院校普遍运行的教学质量监控方式外，最重要的是要建立以下机制：

1. 完整的教学质量管理制度

完整的教学质量管理制度是高等职业学院教学监控的依据。学院管理部门要通过调查研究，在教师中征询意见，根据教学的实际情况，制定一系列教学管理规章制度。包括：教学的组织管理条列、教学的运行管理条列、教学质量管理条列等大的规范，具体细化为：人才培养方案的指导意见、教学的课程标准、教学的管理工作条列等等。教学管理工作者可以依据制度监督教师的教学工作；教师也可以依据制度规范自己的教学活动，充分调动学院教学管理者和教师授课的积极性。同时在教学实践活动中，要根据教育过程的实际情况，变化情况，不断地修订原有的教学质量管理制度；进一步端正学风，督促教师及管理人员恪尽职守，保障教学过程的各级工作顺利进行，提高教学质量，保障人才培养质量。

2. 多方的教学质量监控系统

教学工作始终是高职院校的中心工作，教学质量是评价和衡量学院工作的重要依据。学院全体人员要牢固树立人才培养质量是生命线的观念。因此建立多方的教学质量监控系统是非常必要的。我们要明确教学质量监控的主要内容，要围绕人才培养目标定位，监控要贯穿于学生的整个学习过程，包括从入学到毕业的整个教学过程和环节。要完善学院、二级系部、教研室等多方教学质量的监控，建立教学质量监控管理平台，实现学院领导、系部领导、教研室主任对教师教学工作的共同教学监督。通过平台学院管理人员随时随地都可以看到任何一位教师的教学情况和课堂学生情况，真正实现教学质量的监控，促使教师做好教学工作，提高教学质量。在加强人才培养过程质量监控的同时，做好教学基本建设的质量监控工作，并要做好教学质量监控的反馈处理。

3. 全面的教学评价体系

高职院校要建立由教学管理人员、教学督导、教师、学生、用人单位等多渠道的教学质量评价体系。通过采集各种评价信息，综合分析教学质量状况，研究存在的问题，提出解决办法。首先教学管理人员要做好教学过程的管理工作，保障教学工作的正常完成，提高教学质量。其次督导对教师的评价应该及时公布，这样有利于教师了解授课中存在的问题与不足，并及时改正。再次，建立教师与学生共同进行的双向质量评价体系。对教师课堂教学质量的评价，应由所有学生进行评价，避免只由班委评价的片面性。同时教师对学生学习质量的评价，应包含理论学习和实践动手能力，但须进行考核内容和方法的改革。最后，接受用人单位的评价。及时了解用人单位对毕业生的素质评价，通过麦克斯等第三方的数据分析，改进学院教学质量存在的问题。

4. 教学的激励和约束机制

要加大教学的激励和约束机制。教学的激励机制，可以增强教学管理者对教学工作监控的责任心；可以加强教师做好教学活动的积极性；可以促进学生遵守课堂制度、自觉学习的上进心等等。同时教学的约束机制，可以保障教学活动和管理工作的规范运行，减少教学事故和违纪行为的发生。通过激励和约束机制，及时将教师授课的督导评价情况、学生评价情况、课后作业情况等公示出来，同时将考核结果与教师的职称晋升、工资晋级等相挂钩，真正实现奖优罚劣，以调动管理者和教师做好教学工作的积极性，真正实现教学激励与约束机制的作用。

总之，教学质量是高职院校发展的根本，建立适应学校实际情况的、切实有效的教学质量监控体系，才能发现和有效解决教学中的问题，促进学院健康发展。教学质量监控与保障体系的建立与运行需要各级领导的高度重视，更需要广大师生的理解与支持，还需要各部门的通力合作。高职院校要加强自我管理，逐步建立健全一套适合校情、能自我监控、保证教学质量、实现良性循环的教学质量监控与保障体系，把提高教学质量放在更加突出的重要地位抓紧抓好，使高职院校具有更强的生命力和竞争力。

第二节　创新创业教学质量监控的运行机制

国家、教育部以及地方政府部门大力倡导推进创新创业教育，以此为抓手深化高等教育教学改革，培养学生创新精神和实践能力，同时也是落实以创业带动就业，促进高校毕业生充分就业的重要措施。根据区域经济社会发展的需要，高等职业院校积极推进创新创业教育，取得了显著的成效。但由于高职院校组建时间较短，创新创业教育教学质量监控本身也是新事物，缺少成功经验的借鉴，因此，高职创新创业教育教学活动的监控要在高职教学质量监控的基础上建立创新创业教学质量的监控，进一步提高高职创新创业教育教学质量。

一、高职创新创业教育教学质量监控的主要范围

高职创新创业教育教学质量监控的范围包括学校定位、培养目标、培养方案、教学条件、师资力量、学生素质、校园文化、教学管理等多层次、全方位管理与监控。此外，构建通畅的信息反馈机制是提高高职院校创新创业教育教学质量的重要手段，如高职院校教学的督导、师生座谈会的反馈、问卷调查等都是提升创新创业教育教学质量的有力抓手。因此我们结合创新创业教育教学活动的特点，将创新创业教育教学质量监控的主要范围定位为培养目标、组织机构、师资队伍、信息反馈和条件保障这5个方面，各要素之间相互影响，协同演化，共同提升创新创业教育教学质量。

培养目标主要聚焦学校在政策等方面的重视程度，以及人才培养的规格是否符合区域经济社会发展的需要等；组织机构是指是否建立了高效的管理机构，负责部署和执行各项质量监控措施；师资队伍是指高职院校从事创新创业教育教学任务的教师和管理人员的工作能力是否满足学生成才成长的需要，师资队伍的培养和考核机制是否健全；信息反馈主要考察创新创业教育教学在不同群体中的反应，注重信息渠道是否通畅，反馈的信息是否具有真实性和及时性；条件保障主要考量制度、硬件设施设备、软件配置等保障创新创业教育教学质量的实施情况，涉及制度的制定机制、完善教育教学保障机制、激励机制等，要求考察措施是否有力，效果是否突出等。

高职院校创新创业教育的质量监控要围绕上述范围内的5个主要要素展开，全面监控创新创业教学质量，评价创新创业教育教学活动的状态，为提高高职院校创新创业教学质量奠定基础。

二、高职教学质量监控的运行机制

根据高职院校创新创业教育教学质量监控的主要范围，我们来分析高职创新创业教育教学质量监控的运行机制。

（一）重视高职创新创业教育教学质量监控工作

高职院校应该重视创新创业教育教学质量监控工作，将创新创业教育教学质量监控纳入到日常教育教学监控体系，并作为其重要组成部分。要在学校政策层面积极支持创新创业教育教学质量监控工作，优化创新创业教育的环境，确保创新创业教育教学质量监控工作的顺利进行。积极鼓励各教学部门、基层教学组织、教师和学生参与各项创新创业教育教学质量监控活动，每年对创新创业团队进行考评，并将对学生创新创业团队的考核评比结果纳入学校素质教育工作的考核体系中。此外，高职院校应注重校园创新创业文化的建设，充分利用校园文化创造氛围，通过宣传栏、校园刊物、广播站、校园网络、报告会、学生社团组织及寓教于乐的文体活动等载体，使学生了解创新创业的政策法规等信息；通过各类制度化和非制度化、显性和隐性的环境因素及其综合作用，潜移默化地诱发和形成师生员工强化创新创业教育教学质量的意识和个性心理品质，从校舍建筑和环境布置、校风学风建设到丰富多彩的社团活动，营造高品质的创新创业文化氛围。

（二）打造高效组织机构与高素质质量管理队伍

高效的组织机构与高素质的质量管理队伍是确保创新创业教育质量监控工作成败的关键。高职院校应建立专门的质量监控组织机构和服务体系，如可将创新创业教育质量监控的职能从教务处独立承担转变为由学校主要领导任组长，相关职能部门负责人为成员的校创新创业教育教学领导小组统管；教务处和创业学院合理分工，组织、协调和指导创新创业教育教学质量监控工作；各二级学院和相关职能处室分头落实，负责创新创业教育教学质量监控的具体运作和实施，架构层次清晰、布局合理、任务明确、齐抓共管的质量监控组织体系。在队伍建设上，一是要求创新创业教育教师除了具备创新创业教育的专业知识、较强的课堂讲授能力之外，还需要拥有创业实践指导能力以及强烈的责任心和吃苦耐劳的精神。二是严格规范教师的招聘机制，以保证创新创业教育教师一开始就建立在较高的起点之上，为以后的工作开展提供良性的基础条件。三是建设一支能创新、善策划、执行力强、有行业影响力、与企业能融合的专兼职创新创业导师队伍和具有较高服务水平的创业园管理队伍。根据现代服务业需求的高技能人才的特点，吸引企业高管、小企业主等来承担教学任务，以此来弥补校内专任教师的不足，丰富的社会实践经验也将有效提高学生的创新创业质量。四是高职院校要定期邀请专家学者就创新创业教育的内涵、目标和人才培养路径等基础问题进行讲解，并有针对性地对创新创业教育教学质量监控的目标、评价指标和监控办法进行传授，提高质量监控队伍的工作水平。五是要积极选派优秀的中青年骨干教师赴创业教育比较发达的美国、英国等国家进修深造，提高专业技术水平；选派专任教师到现代服务业企业挂职锻炼，提高企业阅历和经营管理水平；在场地和资金等方面提供优惠政策，鼓励专任教师自主创业，提高创业实战水平。

（三）构建完善和畅通的教育教学信息反馈渠道

要建立创新创业教育教学质量监控长效机制，信息机制是基础，而信息机制又包括信息搜集和信息反馈机制。通过对搜集的信息进行整理分析，可以有针对性地提出改进措施。而反馈原理是指系统只有通过反馈信息才能实现控制。控制过程实际上是一个信息流通过程，整个信息流通构成一个闭合回路。反馈是借助受控系统的输出信息反作用于施控系统的输入信息，并对系统的再输出发生影响，从而使系统得到控制和调节的过程。因此，只有反馈渠道畅通，教学质量监控系统才可收到及时有效的作用。此外，高职院校要建立部门和人员定期交流机制，共同研讨如何更为有效地提升创新创业教育教学活动的质量，同时消除误解、形成共识，提高工作合力。

三、创新创业教育教学质量监控保障机制建设

创新创业教育教学质量监控保障机制建设是提高人才培养质量的重要环节，也是实现高职院校人才培养目标的重要保障，高职院校要完善创新创业教育教学质量监控保障机制的建设。具体可从以下几方面入手。

（一）完善创新创业教育教学的制度建设

制度是组织行为准则，它最能反映学校治校的理念与思路，是教学质量监控长效机制的最好保证。高职院校建立完善的创新创业教育教学的制度机制包括教学管理制度、教学质量监控工作制度和教学质量保障制度。创新创业教育教学管理制度是教学质量监控的根本依据，高职院校要周期性的修订完善整体各项创新创业教育教学管理规章制度，尤其是创新创业人才培养的总目标、教

育教学工作规程、教育教学工作领导小组工作制度、教学事故处理条例、创新创业课程建设方案、创新创业实践教学工作条例、教师和学生管理条例、教材开发与管理制度等，以完善的制度规范创新创业教育教学工作，能最科学有效地提升人才培养质量。

（二）建立完善的教育教学保障机制

教学运行与保障是教学质量的重要组成部分，互相促进，缺一不可。高职院校要针对创新创业教育教学的经费投入、仪器设备、创业园建设等建立相应的标准。这对规范办学以及提高教育教学工作水平提供了强有力的物质与政策保障。在硬件保障的同时，建立完善的教学质量软件保障机制也尤为重要。如学校领导者、决策部门对教学管理工作的重视程度，教学管理制度的顺畅运行的疏导，监督部门的责任权利保障等都必须有据可依、有章可循，要定期对创新创业教育教学质量评价指标体系进行比照，寻找差距，加大投入，提高创新创业教育教学活动的效果。

（三）建立有效的创新创业教育激励机制

高职院校要建立起利益驱动机制，这既是体现教师劳动的重要指标，也是促使教师主动、积极参与创新创业教育质量提升的重要动力。对在创新创业教育中作出突出贡献的教师，按照既定的报酬标准予以奖励。同时，要为教师个人的进步拓展空间，对于教师在教材编写、论文发表、进修培训、经验交流等方面，除了物质上给予鼓励，还应在软件方面创造空间给予支持。利益上的激励机制建设能增强教学工作中的向心力和凝聚力，使创新创业教育教学活动能够步入良性发展的轨道。

创新创业教学质量监控运行机制的建设是实现高职院校人才培养目标必不可少的手段之一，因此高职院校要做好教学的质量监控，特别是创新创业教学质量的监控。

第三节　创新创业教育教学质量的监控体系

创新创业教育是适应经济社会和国家发展战略需要而产生的一种教学理念与模式。在高校中大力推进创新创业教育，对于促进高等教育科学发展，深化教育教学改革，提高人才培养质量具有重大的现实意义和长远的战略意义。但对于高职院校开设的创新创业课程的教学效果是否明显，创新创业师资队伍的教学能力是否突出，目前还没有明确的标准进行衡量，这对于有效提升高职院校创新创业教育质量是极为不利的。因此，我们引入创新创业教育教学质量的监控体系，确定教育教学质量监控体系的构成要素，为提升高职院校人才培养质量的实现提供可行性办法。

一、高职院校教学质量管理理论的内涵与发展

我们探讨高职院校教学质量管理理论的内涵，就要了解全面质量管理的概念。全面质量管理即TQM（Total Quality Management）。1961年美国著名质量管理专家费根堡姆在其《全面质量管理》一书中首先提出了全面质量管理的概念："全面质量管理是为了能够在最经济的水平上，并考虑到充分满足用户要求的条件下进行市场研究、设计、生产和服务，把企业内各部门研制质量、维持质量和提高质量的活动构成为一体的一种有效体系。"这个定义强调了以下3个方面：首先这里的"全面"一词是相对于统计质量控制中的"统计"而言，也就是说要生产出满足顾客要求的产品、提供顾客满意的服务，必须综合运用各种管理方法和手段，充分发挥组织中每一个成员的作用，从而更全面地去解决质量问题；其次，"全面"是相对于制造过程而言，产品质量有个产生、形成和实现的过程，这一过程包括多个环节，它们相互制约、共同作用的结果决定最终的质量水准；再次，质量应是"最经济的水平"与"充分满足顾客要求"完整统一的。全面质量管理观点在世界范围内得到了广泛的认同，但各个国家在实践中都结合自己的实际进行了创新。特别是20世纪90年代后期以来，全面质量管理成为一种综合的、全面的经营管理方式和理念，在教育管理领域也得到了广泛的应用。刘

福银（1999）应用全面质量管理观来审视高等学校的人才培养质量和对大学生实施全面素质教育，提出了全面教学质量管理的基本思路和运用TQM理论评价高校人才培养质量与全面素质教育的方法。李均宏（2005）将全面质量管理理论引入到图书馆管理工作中，提出了图书馆全面质量管理方法、要素和实际路径。雷丽虹（2008）详细阐释了全面管理理论的内涵要义，并就全面质量管理的理论和方法对于提高高职教育的质量提出了实施建议。刘萍（2009）将全面质量观念引入到高校教学管理当中，并运用全员、全过程和全方位的理念构建了教育质量管理的运行体系。孙琰（2009）认为：准确地在职业教育中运用全面管理理论的管理方式以适应需求多元化的社会环境是高等职业教育在新时期大发展的必要条件。孙晓川（2010）基于对全面质量管理理论的研究和高等院校实施教学全面质量管理现实性的分析，提出了高等院校教育教学全面质量管理应遵循的原则和应实施的策略。成华（2010）将全面质量管理理论引入到大学生党建工作中，整合"专兼结合"的学生党建工作队伍，建立完善的分层培养教育制度，健全全方位、全过程的质量监控指标与信息反馈体系。

基于上述研究，我们认为高职院校创新创业教育教学质量监控就是要坚持全面质量管理的思想，要把创新创业教育教学看作一个多要素、多层次、多功能的系统，对一切同教育教学质量有关的因素进行系统控制，即对各方面的工作过程(确定目标、制定计划、组织实施、检查总结等等)以及全体师生员工实行全员、全过程和全方位的管理，最终达到全面提高创新创业教育教学质量，实现预定的人才培养目标。高职院校构建教学质量监控体系就是通过一定的工作体系和运行机制把涉及到教学工作的各种因素有机整合在一起，形成相互联系、相互作用的动态关系，从而保证教学质量。在构建教学质量监控体系过程中，高职院校要遵循高等教育规律，按照学校的办学定位、培养目标和教学计划，对教学过程进行监督、协调、评价与控制，使之最优化。教学质量监控体系本身具有信息的搜集、传递、反馈、分析、处理等功能，高职院校通过教学质量监控体系的运行，对教学活动进行衡量、协调、研究、评价、发现问题、改进问题，从而实现组织目标——教学质量的稳定提高。建立和运行教学质量监控体系对学校教学工作可以起到积极的作用，主要表现在教学质量监控体系把原来较抽象的建设目标、任务要求和考核标准进一步具体化，从而形成可以直接操作的、可用以考察和分析乃至准确衡量一所学校教育教学发展状况的量化体系。高职院校教学质量监控体系实际上是对教学工作进行的全方位、全员性、全过程的质量管理的一套操作系统，是在扩大高校办学自主权的形势下，加强自我管理、自我约束、自我完善，增强自我发展能力的保证机制。教学质量监控体系的运行可以使教学工作更科学、高效和规范，使教学管理各部门及师生按行为准则办事，并带动学校所有环节的工作。教学质量监控体系像一面明镜，每位教师、学生、管理者都能看到自己的形象，从而使他们不断发挥自己的最大潜力，激励自己变压力为动力，同时也增强集体凝聚力和荣誉感。

根据以上分析，我们认为高职院校教学质量监控体系的内涵就是：高职院校在教学运行过程中，用以保证教学质量的一系列教学质量管理工作体系和监控运行机制，通过这些机制的有序运行，实现自我管理、自我约束、自我激励、自我完善、巩固和提高教学质量的目的。教学质量监控体系的核心是调动教与学双方的积极性，通过对信息的收集整理与分析、评价、反馈、调控等环节，不断提高教学质量，培养合格人才，以适应社会发展的需要。

二、教学质量监控体系的作用

高职院校教学质量监控体系的作用问题是高校教学质量监控体系研究的基本理论问题之一。高职院校教学质量监控体系的作用就是高校教学质量监控体系本身所起到的功效。

（一）鉴定与诊断功能

鉴定与诊断功能是高职院校教学质量监控体系的基本功能之一。高职院校开展教学质量监控是保证教学质量、培养合格人才、增强办学活力、进行自我检查与自我诊断的基本管理手段。鉴定功能指管理者根据学校既定的目标与质量标准，按照一定方案，对学校的教学质量进行评鉴，判断教学活动是否达到预定标准。诊断功能在教学质量监控体系履行鉴定功能的同时发生。即教学质量监控体系在鉴定教学质量是否达标的同时，还应分析整个教学活动的成绩与问题，总结成功的经验和失败的教训，并深入分析深层次原因，明确改革的方向，提出相应的建议和改进措施，供决策人员和被监控者参考。没有诊断的鉴定是残缺的，教学质量监控体系就会失去其本来意义，达不到提高教学质量的目的；鉴定不充分就进行诊断是盲目的，教学质量监控体系就会“误诊”，甚至偏离正确的方向。

（二）指导与监督功能

高职院校构建教学质量监控体系是改进与加强学校对院系进行宏观管理、指导与监督，实现决策民主化、科学化的必要条件。这里的指导是指监控者在实施教学质量监控过程中对被监控者进行办学思想、培养目标、质量标准、评价方案等的解读，寻求被监控者的理解、认同和支持。教学质量监控体系的监督功能具体表现为3个方面：一是方向监督。引导和督促学校全体师生员工始终按学校的办学定位、培养目标进行教学改革和研究。二是对教学过程优化的控制和促进教学质量的不断提高。三是进行教育成本核算。督促和推进院系及有关部门合理利用人力、物力、财力资源，使之发挥最大效益，培养更多更好的人才。值得注意的是，这种监督应是相互的，不仅是管理者对教师和学生的监督，还应包括教师和学生对管理者的监督。

（三）调控与反馈功能

调控是指教学质量监控体系对监控对象的教学或学习等活动进行调节和控制，使之得以健康发展。调控功能包括管理者的调控和师生自身的调控。高职院校通过教学质量监控体系的运行，可以及时获得准确的反馈信息，然后分析这些信息，根据其中比较科学可靠的信息调整学校的教学活动，对整个教学过程进行及时的调控。反馈功能得以实现的基础是教学质量信息的搜集和处理。教学质量信息按信息流向可分为反馈信息和控制信息：反馈信息来自管理对象，反映质量状态；控制信息发自管理主体，用以实施质量调控。按信息来源可分为教师信息、学生信息：教师信息反映教师工作质量和教师对质量的评价；学生信息反映学生学习质量和对教学质量的评价。从国内外教师教学质量评估比较成功的经验分析来看，要调动教师的积极性，就必须淡化评估的评比功能，强化反馈功能，促进教师主动地进行教学改革与研究，不断发现问题、改进教学、提高教学水平。

（四）导向与发展功能

这里的导向功能是指教学质量监控体系的质量标准、监控方案、规章制度、评价指标等对教师的规范与制约，引导教师调整自己的教学活动。有什么样的质量标准，教师就会朝什么方向努力；有什么样的监控方案，就会引导教师在教学中做什么和怎样做；有什么样的规章制度，教师就会按规定的要求进行工作。这些质量标准、监控方案、规章制度对教师来说，起着“指挥棒”的作用，发挥着导向功能。另外，学校的政策规定与质量文化对教师有着潜移默化的影响，这也体现了教学质量监控体系的导向功能。“发展”既是教学质量监控体系的特点之一，又是教学质量监控体系的重要功能，更是高职院校构建教学质量监控体系的真正目的所在。教学质量监控体系的发展功能表现为教师教学水平的提高、教学改革的深化，最终实现教学质量的提高和合格人才的培养。

（五）约束与激励功能

约束起源于科学管理范式，在管理活动中它反映的是组织在社会化活动中的基本条件和物化经验，关注的是事物的标准状态与组织的协调情况。培养目标、管理制度、质量标准、监控手段的规定性决定了教学质量监控体系的约束功能。

要真正发挥监控体系的约束功能，必须努力使“他监控”内化为“自监控”。在现代意义上的教学质量监控体系中，在重视约束功能的同时，更应强调以人为本的激励导向作用。在以人为本的教学质量监控体系中，激励应贯穿于教学质量监控过程的始终，成为监控过程的伴侣，并灵活运用物质、精神、活动等富有成效的各种激励手段，满足教师自身发展的需要，只有这样才能充分发挥教学质量监控体系的激励功能。约束与激励在教学质量监控体系中各司其职，相辅相成，既对立又统一，是一个问题的两方面，彼此不可代替，亦不能相互错位或偏废任何一方。教学质量监控体系的约束和激励功能的发挥，如同一盘棋，关键的一着是人，着眼于人的主体性充分发挥的约束和激励才具有战略意义，其功能才能完全统一在共同的人才培养目标旗帜之下，相得益彰地贯穿于全面的质量监控运作之中。

三、创新创业教育教学质量监控体系的实施

基于教学质量监控内涵以及教学质量监控体系的作用分析，我们认为，构建创新创业教育教学质量监控体系要从以下几方面入手。

（一）创新创业教育教学质量监控体系的全面构建

一是制度保障体系的构建。对创新创业教育教学质量监控制度的管理，主要通过建立教学质量管理的规章制度，有效组织教学相关组织机构，使教学相关管理活动、各个教学环节规范、科学、高效运转，确保教学质量的稳步提高。

教学质量管理规章制度主要包括：教学检查制度，学生评教、领导评教、同行评教、行业专家评教、师生评管制度，领导、教师听课制度，教师评学制度，学生教学信息员制度，教师教学质量考核制度，教师岗前培训制度，学生课程考核管理规定，试卷分析制度，创业设计评估制度，毕业生创业情况调查制度，实践教学评估制度，课程建设评估制度，教学状态评估制度，教学事故处理制度，教学督导等制度。这些制度的建立和实施初步形成了创新创业教育教学质量监控制度的制度管理体系。

二是督导评价体系的构建。教学督导评价体系是创新创业教育教学质量监控体系的重要组成部分。创新创业教育教学质量督导体系工作大体分为3个方面：其一，建立教学质量督导机构及专门负责教学质量督导评价的工作部门，主要是对收集的信息进行处理、说明与判断，找出、分析并诊断问题；其二，对教育教学质量进行经常性督导评价；其三，对学校办学水平和教育教学质量做出准确的评价，为教学改革及学校改善管理措施提供依据。

三是激励约束体系的构建。教育教学质量监控激励约束体系也是创新创业教育教学质量监控体系的一个重要组成部分，其作用是依据监控评价结果，对教学活动的主体——教师、学生以及教学管理人员等进行行为上的激励约束，主要包括制度约束、环境约束、自我约束和道德约束。激励的形式主要包括物质激励、精神激励、需求激励（满足自身需求、实现自身价值）、竞争激励等。约束体系是从抑制角度出发，通过一系列制度措施来纠正偏离管理目标的行为发生。

（二）创新创业教育教学质量监控体系的全面实施

创新创业教育教学质量监控体系的全面实施是指将教学质量监控体系的实施覆盖在高职院校内部的各个方面，并要求全员参与。所谓全员参与创新创业教育教学质量监控是指实施教学质量监控管理的组织机构和人员参与的广泛性，主要由学校、二级学院和教研室、教师、学生4个层次构成。

第一层次是学校教学质量监控与管理机构及人员。由主管院长、创新创业教育指导中心、教务处、教学督导委员会及其管理人员组成，形成创新创业教育教学质量管理决策、教学过程监控和教学质量评价“三位一体”的教学质量监控模式，在教学质量监控中起主导、组织、调度、指挥和监督作用。创新创业教育学院（中心）和教务处作为集中的监控机构，根据学校创新创业教育教学质量管理制度对整个教学过程进行全方位的监控，主要侧重于监督。教学督导委员会包括校内督导和校外专家组成，主要侧重于评估。

第二层次是二级学院和教研室教学质量监控管理机构及人员。由二级学院院长——主管教学的副院长——教学秘书等二级学院管理人员和教研室主任组成。二级学院主要是制定结合所属专业的创新创业教育教学计划，组织课程安排，开展教学质量研究及教学质量检测，对教学环节进行教学检查，进行教学基础建设，对教研室的教学活动和学生的学习活动进行管理等，二级学院侧重于检查。教研室主要是根据教学质量管理的目标和教学计划要求，对所属课程的各个教学环节进行组织管理。同时，教研室主任负责本教研室老师的各种教学活动，教研室侧重于执行。

第三层次是教师。教师主要是对学生的学习质量进行监控，这包含对学生课堂的学习、课后作业、平时的考勤、期终的考试等整个学生学习的过程进行监控和指导，这些方面的教育管理主要由教师落实。

第四层次是学生。高职院校可由学生组成学生评议教学委员会，收集每位学生的评教意见，并集中对学校的教学管理情况、教学督导情况、课程设置情况、和各位任课教师的教学情况进行评价，由学生评议教学委员会统一上报，学生主要侧重于反馈。

（三）创新创业教育教学质量监控贯穿学生培养全过程

一是在学生入学前，通过市场调研来确定人才培养目标，根据社会需要制定人才培养方案，确定人才培养计划，做好教育教学设施设备和师资队伍等教学条件的配置，这是整个前期工作。

二是学生入学后，从入学的始业教育开始，通过创新创业通识课程教学、基础课程教学、核心课程教学等各个环节及各种形式的实践性教学环节和社会实践环节，培养学生的创新创业意识和创新创业能力，尤其是强化以学生创业园为主体的创新创业项目孵化基地的质量监控，提高学生创业园管理团队的指导能力，架构学生创业资源共享平台，提高学生创业项目的孵化水平。

三是学生毕业后，通过委托社会中介组织，对学生的创业或就业质量进行调查，了解学生的成长状态，掌握学生对在校期间参与的创新创业教育活动的反馈，及时总结，提高创新创业教育教学活动的绩效。

高职院校通过创新创业教育教学质量监控体系的实施，完成高职院校人才培养计划，实现人才培养的目标，为社会输送更多更好的高素质、高技能型人才。

第八章　创新创业教育实践体系建设

创新创业教育实践体系是以培养学生的创新意识、创业精神、创业知识、创新技能等为基本内容的一个实践体系，它是通过创新创业教育课程、社会实践、行业竞赛和创业平台建设，充分调动高校、研究机构、政府、企业和社会多方力量来培养创业型人才的教育实践体系。创新创业教育实践作为创新创业教育的重要一环，对推动高职院校的创新创业教育的发展有着重要的作用。

第一节　创新创业教育实践体系构建基础

一、教育实践体系构建的理论基础

（一）教育实践体系

顾明远编著的《教育大辞典》中，对教育实践教学有一个明确的解释：教育实践教学是相对于理论教学的各种教学活动的总称。包括实验、实习、设计、工程测绘、社会调查等。旨在使学生获得感性知识，掌握技能、技巧，养成理论联系实践的作风和独立工作的能力。这种对教育实践的定义，是从其内涵和外延来理解的。

（二）教育实践体系的内涵

教育实践体系是一个有机的整体，大部分学者都认为其有狭义和广义的内涵之分。总的来说，由目标、内容、管理、评估体系等要素构成教育实践体系整体，这是按照其广义层面来描述的。而狭义的教育实践体系，是指教育实践的内容体系。

我们是以广义的教育实践体系内涵作为参照，但并不局限于其设定的目标、内容、管理和评估4大要素。我们把实验、实训、实习、毕业论文等环节作为教育实践活动，把体系的管理、评估、条件保障作为教育实践体系的环境资源来加以重新认识。所以我们认为，教育实践体系是以教育实践人才培养目标为核心前提，以教育实践活动为主体内容，并以相应环境资源作为支持条件的一个有机联系的整体。

教育实践是和社会诸多领域有着紧密联系的实践活动，教育实践体系的构建也涉及到各种与之相关的要素。在综合考察教育实践内涵的基础上，笔者认为教育实践与学习论的思想密不可分。它们不仅为教育实践体系设计提供理论指导，也为人们认识教育本质、确立教学目标、选择教学内容等教育问题提供重要的理论依据。学者们对学习的探讨从未停止过，无论是行为主义心理学创造的“刺激—反应”学习理论，还是认知主义心理学家对人类认知过程及组成因素的研究，社会因素和个体因素已经成为学者们关注的焦点所在，特别是建构主义学习理论对教育思想产生了重大的影响。

建构主义学习理论认为，知识、技能不是被动积累的，而是学习者积极实践的结果。知识、技能的建构必须从激发学习者学习动机开始，而传统的教育模式往往是先理论后实践，实践能力弱的学生在社会上缺乏核心竞争力。因此，必须确立教育实践教学在创新创业人才培养过程中的主体地位；学习者的学习过程要关注知识、技能的连贯性和教学内容的情境性。使用情境教学方法，使学习内容具有真实性任务，使学习行为在与现实情境相似的情境中产生。教育实践教学正是符合情境教学要求的，使学生通过具体的社会实践、实训、实习等实践环节，在解决具体问题情景中，积极主动地建构自己的理解过程、创造过程。

（三）教育实践体系构建的理论原则

教育实践体系的高效运行，必须考虑到多种要素间的相互作用。在综合了创新创业人才培养范畴和教育实践体系特征的基础上，我们提出了构建教育实践体系过程中需要遵循的一般性理论原则。

1. 目标性原则

高职院校教育实践体系的建构必须紧紧围绕培养大学生创新创业能力这一人才培养目标来进行，要把培养既具有扎实的理论基础，又具有较高创新素养和较大创业潜能的人作为教育实践体系的出发点。制定的教育实践体系人才培养目标应该根据高职院校人才培养规格、专业学科特点及发展规律以及社会对人才的需求，来进行明确的、有针对性的具体目标设定。

2. 系统性原则

高职院校教育实践体系的构建，应该根据高等教育的规律，人才培养特点，按照各个教育实践环节的地位、作用及相互之间的内在联系，运用系统科学的方法进行统筹安排，教育实践环节的时间安排上要保持连续性，要处理好实践教学与理论教学的关系，合理分配课时比例，保持整个教学过程的系统性。实践教学与理论教学的相互衔接，相互渗透，使体系内的各个环节协调统一，贯穿于高等教育的全过程。

3. 层次性原则

大学生能力的发展，是一个循序渐进的过程。遵循这一客观规律，教育实践体系也应分阶段、分层次逐步深化。其教育实践目标要由易到难，教育实践环节由简单到复杂，教育实践方法由单一到综合，分阶段、分层次，循序渐进的加以构建。

4. 实践性原则

实践出真理。因此，对教育实践体系的构建要有利于学生实践能力的培养，主要体现在教育实践目标要符合社会发展和人才需求，除培养学生的应用实践能力外，还注重创新创业能力的培养，以满足学生自主发展的需要。在教学内容上，应突出知识更新的要求，以实践、实训活动为主导，模拟真实的环境来开展教育实践。

二、教育实践体系构建的目标导向

创新创业人才培养目标是高校教育实践体系构建的目标导向，也是其核心前提。指的是在教育实践体系的构建中，要把培养学生创新创业能力作为教育实践人才培养目标，把创新创业人才培养目标贯穿教育实践体系的每个环节中，通过教育实践活动培养学生的实践能力、创新素养和创业潜能，使学生对实际问题的解决能力和综合素质得到提高，使学生做到德、智、体、美全面发展。

（一）培养学生理论联系实际的能力

教育实践的首要任务就是要求学生能将理论知识与实践动手能力相结合，

将课堂教育与社会实践相结合。学生工作以后，坚持理论联系实际，充分利用理论知识、指导思想，去观察、处理问题，解决实际工作中遇到的现实问题。学以致用是从古至今都崇尚的人类知识获取和使用的目标，其实现学以致用目标的过程就是通过教育实践。教育实践培养学生运用知识、创造知识的能力，使学生能真正发挥理论指导实践的作用，为学生毕业后进入社会工作创造必要条件。

（二）培养学生发现问题与解决问题的能力

在用人单位看来，现在的大学生发现问题、解决问题的能力并不理想。因为实践经验的缺乏，在工作中很难发挥高学历知识教育的优势。因此，通过教育实践，积极调动学生的观察力、理解力和思考力，培养学生创新能力、激发学生创业潜能创新，对新时期人才培养的意义尤为重要。在日新月异不断变化的世界环境中，具备创新能力的人才才能发挥举足轻重的作用，为社会发展做出贡献。只有通过创新能力的不断提升，使学生富有创造力，激发创业潜能，才能开辟新的行业和领域。

（三）培养学生的创新实践能力

在创新创业人才培养的要求中，学生创新创业能力的核心就是创新，创业是在具备一定程度创新的基础上升华得到的。实践能力是创新能力发展的基石，高职院校要构建面向创新创业能力培养的教育实践体系，在教学中培养学生的创新实践能力，是符合现代教育要求和社会人才需求的。没有实践能力，创新能力是不可能得到发展的。学生在实践中不断积累自己的实践能力，形成良好的创新意识，无形中就会使自己的创新能力逐步提升。

人才综合素质的提升是一个国家综合国力提升的表现。国家培养学生的综合素质，正是靠在学生进入社会前，通过教育实践来逐步使学生得到全面发展。

高职院校要依据自身的学校定位，适当调整各学科教学计划，以培养学生创新创业能力教学理念为指导，突出教育实践体系各环节的连贯性和整体性，完善教育实践内容，积极培养学生实践能力，满足新时期学科专业发展对专业人才的需要，力争实现创新创业人才培养目标。

三、创新创业教育实践体系的认知

创新创业教育实践体系是指将创新创业教育建立一个由浅入深，由简单到复杂的教学与活动体系，通过这个体系，把专业教学活动、社会实践活动、实习实训活动、科学研究活动、创业实践活动结合起来，形成循序渐进的创业全过程实训。创新创业教育实践体系的实现主要是通过整合学校、企业和社会的各种资源，建立开放式、多元化的创业实践平台与基地来实现。

创新创业教育实践体系是在创新创业教育的实践观指导下的体系建设，大学生创新创业教育有别于专业课教育和基础课教育，要求传授理论知识的基础上，让学生掌握认识自我、认识事物、认识社会的方法和手段，培养学生创新创业能力、发展事业的能力，因此在授课或活动的过程中，要坚持理论与实践相结合、突出实践的原则。根据创新创业实践教学的特点，我们把创新创业实践体系分为认知性创新创业实践、思考性创新创业实践、模拟性创新创业实践3个部分。

（一）认知性创新创业实践

一是组织学生参加社会实践和社会调查活动，深入认识社会，了解企业现状与发展，提高认知能力；二是指导学生充分利用课间实习与毕业实习，接触专业实践活动，提高专业创新创业能力；三是指导学生在实习实训基地中体验企业管理和企业文化，提高管理创新创业能力；四是发挥优秀毕业生的创新创业典型的示范作用和成功案例的激励作用，或请进来采用讲座、座谈的形式教育和引导学生，丰富学生创新创业知识与体验，或采用访谈的的形式让学生接触典型、感受典型、学习典型，提高创新创业的激情与能力。

（二）思考性创新创业实践

学校通过举办创新创业计划的相关比赛，引导学生参与各种科研训练活动，进行创业教育的熏陶。尤其是综合性、设计性科研训练活动，如各高职院校开展的大学生研究训练计划项目。使学生在训练、比赛中，激发创业意识、体验创业经历、增进沟通交流、培养团队精神。定期开展创新创业技能专题讲座、学术周、科技月等科技创新活动，以设立研究、创新基金等方式对学生的科技创新项目提供资金支持、创新实验平台。

(三)模拟性创新创业实践

模拟性创新创业实践，创立校内外创业孵化与创业实践基地。指导学生参加有关提高专业和创业能力的训练活动。依托校内大学生创新创业实践基地与大学科技园，让学生通过实践从理论中走出来，汇集智力、知识、技术、资金，使其成为学生科技合作交流与创新创业服务的平台；依托校外创业孵化基地和各类型创业中心的合作，与各企业合作，共建模拟创新创业平台(如工厂、企业)等实战场所，与此同时要充分发挥各高职院校校友会的有效资源，达到“节能高产”。让学生感受企业的发展历程，实际参与企业的具体管理和运作环节，使教学与社会生产紧密结合起来。

在创新创业教育的实践体系中，要做好统筹规划，做好创新创业园区的建设，重新评估现有创业园工作开展情况并加强建设，规划建设一批新的创业园区。在创新创业园区的建设方面，省教育主管部门应积极协调省财政部门，把创新创业园区的建设纳入专项资金项目，进行专项建设。创新创业园区应包括创新创业教育、项目管理、资金管理、孵化器、创新创业培训等功能。

第二节　创新创业教育实践体系存在的问题

随着中国高职院校教育改革的持续推进，创新创业教育的不断发展，一些深层次问题逐渐显现出来，创新创业教育实践体系不健全就是其中之一，这个问题在一定程度上制约了创新创业教育的发展。

一、创新创业教育实践体系构建的困境

创新创业教育实践活动在高职院校已经开展起来了，也取得了明显的效果。但在创新创业实践过程中出现的困境也是不可忽视的。

(一)创新创业教育目标模糊

创新创业的教育在高职院校已经开展了数年，可是创新创业的目标和定位在许多人的心目中仍然是模糊和单一的。美国考夫曼企业家精神研究中心(The

KauffmanCenter for Entrepreneurship Leadership）所定位的创新创业教育的目标是“通过培养创业意识、了解创业知识、体验创业过程，使大学生能像企业家一样行为，具备将来从事职业所需的知识、技能和特质”。创业教育目标应该是知识与技能，结构与方法，情感、态度、价值观三维目标的统一。

目前高职创新创业教育存在目标模糊的困境，主要体现在两个方面：一方面，创业教育缺乏价值引领，分类、分层指导不够。高职学院创新创业教育核心是培养人才，需要回答好“培养什么样的人”和“怎样培养人”这两个问题。这其中包括价值观引导和教育，具体到某个高职院校，就是其人才培养的价值引领和特色层次。然而，当前高职院校创新创业教育人才培养目标总体模糊，创新创业教育实践内容设计指向主要是以技能性教育为主，如创业的商业管理与运营技术、商业税法以及融资方法等，忽视了价值塑造的内容，培养也存在趋同化现象。另一方面，创新创业教育目标的单一性造成创业教育功利化倾向严重。许多高职院校的教师认为创新创业教育仅仅就是专注于培养大学生成为小老板，或者成为企业家的一种商业教育或创业培训，这种缺乏分类、分层次的创新创业教育目标限制了创新创业教育的受众面，即主要面向具有创业意愿和已经付诸创业实践的群体开展，并没有面向全体学生开放。造成了一般高职院校的创新创业教育只是精英教育，大部分大学生都没有加入到创新创业教育的实践中来。例如：高职院校的创业大赛就带有极强的精英化痕迹，关注的只是小部分有骄人业绩的人，参与面不广。但与之相矛盾的是，随着信息技术和互联网的蓬勃兴起，当代大学生逐步告别传统求稳的就业观念，愿意以自主创业的方式开始尝试实现人生价值。这些有创新创业意愿的学生是有很大一部分的，但是像技能大赛这样的实践活动却不具有普遍性，也仅仅是少部分同学参与，由此可见，模糊的、单一的创业教育目标，必然会造成创新创业教育与现实需求的冲突。

（二）创新创业教育实践缺乏整体推动

随着社会经济的发展和国家政策的倾斜，一些高职院校在创新创业教育实践体系建设方面进行了探索。这些高职院校通过开设创新创业教育课程，开展以创业教育为主题的第二课堂活动，设立高职院校创业园、创业孵化中心、创客等，为学生开展创业实践活动提供了极其丰富的载体，创业教育实践活动也开展得轰轰烈烈。但随着活动的开展，一些新问题也接踵而来。例如，在一些高职院校中，创业课程由相关学院开设，创业教育实践环节由学工部门牵头，创业竞赛由团委牵头，这容易导致多部门功能设置重叠、任务内容重复，最终造成资源浪费。多部门牵头开展的创业教育在发挥了各自优势的同时，也容易造成各自为政、缺乏协同，致使创业教育实践缺乏体系性和联动性，进而阻碍创业教育实践的健康和快速发展。高职院校创业教育实践是个系统工程，它与创业教育的目标体系、课程体系等息息相关，需要协同联动，共同推进发展。然而，目前高职院校创业教育实践工作多重视载体建设而忽视实践体系构建，缺乏统筹规划与顶层设计，缺乏整体推动的战略眼光。这些问题致使创业教育呈现出声势大、成效小，尝试多、规范少的尴尬局面。

（三）创新创业教育课程建设不成体系

经过多年的发展，我国创业教育从照搬照学外国模式，到探索具有中国特色的创业教育之路，取得了一定的成果。据KAB中国官方网站统计，截至2014年12月，国内有251所高职院校设立了KAB创业教育俱乐部，241所高职院校成立了大学生KAB创业教育基地，50多万大学生参加了学习实践。许多高职院校开设了《大学生KAB创业基础》、《创业管理》、《大学生就业与创业指导》等课。与此同时，形式多样的创业教育活动也在各大高职院校开展，如“挑战杯”大学生创业竞赛、模拟公司训练营、创业孵化项目评比、创业之星评选等。许多高职院校在创业实践方面取得了不小的成就。但是，高职院校已设的创业课程和开展的创业活动，明显存在一些问题。一是课程之间缺乏相关性、互补性和层次性，没有形成创业教育课程体系。有的创业教育课程仅仅定位在知识传授上，相对封闭，缺少实践体验环节。二是创业活动之间缺乏连续性。例如，创业竞赛仅仅停留在竞赛上，缺乏竞赛之前的系统谋划和竞赛之后的持续关注，其典型表现是大学生“挑战杯”创业项目往往止步于大赛结束时。三是创业课程教学与创业实践活动之间缺乏联系。创业实践活动不是创业课程教学的必要延伸，创业教育课程也不是创业实践活动的理论支撑。众所周知，创业教育课程与其他纯知识传授型课程有本质的不同，它本身是一种实践，即需要将创业知识、创业理论与创业技能、创业实践有机结合，实现创业教育第一课堂与第二课堂的协同发展。鉴于上述实际，涵盖创业实践教育的高职院校创业教育课程体系的建设任重道远。

（四）创新创业教育服务平台能力单薄

创新创业教育实践的最终目的是推动创业项目落地。因此，创新创业教育实施中，除了提供必要的教学条件外，还需要有大量创业服务平台的支撑。然而，目前高职院校创业教育服务平台的能力普遍单薄。究其原因，一是缺乏社会企业的支持。在以赛代训的背景下，学生创业项目大多缺乏实践基础，难以进入实际操作阶段，尤其是社会企业界的支持热情不高，使得服务平台缺乏资金扶持、经验指导和技能辅导。二是缺乏技术力量的支持。这反映在当下大多学生创业项目缺乏高深的技术含量上，学生创业项目可复制性较大，影响了创业项目的生命力。三是高职院校内部支撑学生创业的联动功能低下。在一些占有国家大量研究资源、优秀师资和科学技术的研究型大学中，每年有成百上千项科技发明与专利因缺乏联动和激励机制的设计，无法对接创业学生的需求，进而丧失了转化的机会。事实上，要推动创业项目的落地，相关服务平台的有力支撑是关键。

二、高职教育实践体系困境原因

创新创业教育实践的困境有多种，而这些困境的产生是因为在高职院校的各个方面还存在着多种矛盾冲突。

（一）高职院校内部不同层面存在观念冲突

高职院校内部不同层面存在的观念冲突对于创业教育实践体系的构建有着深刻的影响。“冲突”具体表现为以下3个方面：一是对人才培养定位认识不一致。在高职院校中，部分教师认为，人才的培养是高职院校的职责，而创业人才只是部分人才，不包括全部的学生。教师对人才培养的定位还不准确。二是对创业“失败”和“成功”的理解不一致。有些人认为创业教育实践是育人的过程，对于学生来说，即便创业失败也是一种成长；相反，持不同观点的人认为，大学生创业成功率极低，而失败对大学生打击可能很大，担心大学生难以承受，影响大学生的身心健康，故没有必要在上学期间承担这样的风险。三是不同专业之间对创业理解的不一致。职业性相对强的专业对创业教育需求相对弱一些，因而对创业教育的阻力会更大；相反，职业性相对模糊的专业对创业教育需求相对较高。

这些冲突往往会体现在不同人群的思维和行动中，包括学校领导干部、教师和辅助人员。观念的冲突在一定程度上造成了创业教育目标的模糊和创业教育脱离学生实际需求的现象，不利于创业教育实践体系的构建。

（二）高职院校创业教育实践缺乏顶层设计

纵观前几年的高职院校创业教育，其顶层设计是欠缺的。高职创业教育已经有了多年的实践，可有的是从经济管理学院萌芽启动的，有的是从技术转移中心牵头开始的，有的则是从就业角度唤起对创业教育的关注，还有的则是为了完成各类比赛任务而推行的阶段性活动等等。由于缺乏系统的顶层设计，加之创业教育常被放在第二课堂或者旨在丰富学生课余生活的课外活动中进行，学校相关单位或部门常会凭经验或兴趣而行，使得创业教育变得零散化、碎片化。

实际上，即便是看起来相对系统的创业培训也存在上述类似问题。举行一次培训就算是开展了创业教育，培训还常出现“三无”现象，即课程设计无体系、培训过程无监管、培训结果无评估。这种现象与相关部门对创业教育的随性定位有很大的关系。

此外，由于高职院校对部门的功能分工缺少系统的研究，在部门的职责定位和工作范畴上容易形成“重叠”与“缺位”并存的现象，即易出成绩的工作常被抢着做，需要革故鼎新、面临巨大挑战或者需长期默默坚持才可能有所收获的工作往往成了大家争相躲避的对象。这容易诱发各自为政甚至冲突的局面，导致力量集聚难、资源整合难，也难以形成良好的创业教育组织环境和创业教育文化氛围。

（三）高职院校创业教育学科建设滞后

由于创业教育缺乏全国层面的学科设计、指导和要求，除了个别高职院校自我探索之外，绝大部分高职院校很少涉及创业教育学科和专业建设。

创业教育学科建设的滞后直接影响了创业教育课程体系的开发与建设，部分高职院校的“创业教育既没有系统的创业学课程，也没有融入到学校的专业教育当中”。此外，高职院校缺乏对创业教育的研究，同时高职教育的研究机构的设置也被认为是可有可无的，对于如何将创业教育的理念融入本校的人才培养理念、如何处理创新与创业的关系以及如何实现科研成果的转化等问题没能做出很好的回答。

因此，创新创业教育在全国高职院校范围内缺少理论支撑，课程设置和资源分配缺乏顶层依据，专业设置缺乏学科依托，这一切都影响了创业教育的广度和深度。

三、创新创业教育实践体系构建策略

高职院校创新创业教育实践体系要以解决实践活动的矛盾冲突为目标，在实践活动中完成创新创业教育体系的构建。

（一）构建以学生需求为导向的创业教育目标体系

创新创业教育实践体系作为一项培养人的创新创业精神和能力的系统工程，其目标要根据大学的人才培养目标和大学生的需求来制定。

创新创业教育目标体系的构建可以很好地解决创业教育目标模糊与单一的困境。大学创业教学目标体系的构建应该分为两个层面：一是面向全校学生的共性层面，主要是以创业意识、创业知识、创业能力、创业精神等创业素能为目标；二是面向特殊群体的个性层面，主要是针对具有强烈创业意愿和梦想的学生，以培养其市场的敏锐性、决断的自主性、思考的独立性、创业的竞争性和合作性、技术的创新性、管理的科学性等品质为目标。

高职院校要围绕培养创新创业人才的目标，把推动大学生创新创业教育工作作为培养高职人才的重要组成部分，构建一体化的创业教育目标体系。在共性层面，高职要把向社会输送更多有志于担当社会责任、创造社会财富的精英人才作为人才培养的重要目标，积极探索创业意识激发、创业技能提升、创业项目打磨、天使投资对接、创业项目落地的“全链条”式创业教育实践体系，逐步形成以学生需求为导向、以创业素能为核心、以创造价值为动力、以创业实践为抓手、“学研产用”相结合的分层分类的创业教育模式；在个性层面，高职要将“培养有志于担当社会责任、创造社会财富的创业精英”作为创业教育的目标，实现企业家精神、创新能力、组织能力、领导能力、机遇把握能力、技术型创业、国际化创业等素能的融合。

（二）构建以资源整合为导向的创业教育组织环境体系

创业教育组织环境主要是指通过对以创业实践载体、创业社团、创业竞赛和创业实践平台为主体的创业教育实践类资源进行有效整合，创造良好的创业教育环境，形成浓郁的创业教育氛围。构建创业教育组织环境体系能够有效地解决创业教育实践载体繁杂和实践体系零散的矛盾。

大学在开展创业教育时，一方面要建立统一的创业教育领导机构，进行顶层设计和宏观规划，统一调动高职院校的创业教育资源，对全校创业教育工作和创业教育组织或团体进行宏观管理和监控；另一方面，要打破学校各部门各自为政的局面，将优秀的创业教育资源进行整合，营造良好的创业教育环境，共同构建创业教育的组织环境体系。

高职要以资源整合为导向，采取多项举措构建良好的创业教育组织环境体系。一是加强顶层设计，提供机制和政策保障。一方面，建立学生创新创业工作协调机制，成立大学生创新创业教育工作领导小组，协调校内有关部门单位抓好创新创业人才培养；另一方面，出台一系列文件，帮助引导大学生处理好创业与就业、学业的关系。二是整合校内资源，激发创业意识。高职要依托勤工助学与创业指导中心、“蒲公英”青年创学院、青年创业俱乐部、微创业联盟等近30个创新创业社团，持续开展“创业者导航”、“创业点子秀”、创业沙龙、“创业在路上”等活动。三是加强校内创业教育实践基地建设。为满足学生创业实践需要，高职院校要建立创业教育实践基地，引导学生经常参加创业实践活动。为创业教育实践体系构建创造良好的组织环境体系，有效地保证学校创业教育的顺利开展。

（三）构建以专业教育与创业教育融合的创业教育课程体系

在专业教育中融入创业教育，建立创业教育的课程体系，这能有效地化解创业教育课程建设封闭和实践活动孤立的尴尬。一方面，专业教育为创业教育提供创业教育的观念、技能、能力、思想和理论，为创业教育的开展提供了指导；创业教育对专业教育的观念、技能、能力、思想和理论进行检验，同时为专业教育提供素材和内容。另一方面，专业教育与创业教育相互融合，将创业教育贯穿人才培养全过程，既发挥专业教育的知识优势，也体现创业教育的实训、实践优势。创业教育课程体系主要包括学科课程、通识课程、活动课程和实践课程等方面。学科课程是以创业教育学为主的一系列课程，是根据高等学校创业教育目标和实施创业教育的需要，为学生在创业过程中必须掌握的创业教育学科理论知识和创业理论知识而设置的理论性课程。

创业教育活动课程是根据高等学校创业教育目标，学生在教师的指导下，根据市场发展和自己的兴趣及条件，选择不同项目，以独立或小组合作的形式，用类似创业活动的方式开展的课程形式，主要目的在于辅助专业教育。创业教育实践课程是以创业模拟实践和创业实践为主的课程，主要目的在创业的实践和实战。

（四）构建以技术引领为导向的创业教育实践支撑体系

大学创业教育必须以技术为方向引领，建立起一整套完整的“产—学—研”联合教育体系，在能力范围内将能够用于实践教学的基地充分利用好，建立创业教育实践支撑体系。创业实践最终要走向市场、走向社会，这就要求创业教育实践不仅要整合校内资源，加快高职院校科研成果、学生创业成果与企业需求的融合，还要依托更广阔的社会资源，争取和引导政府、企业对创业教育的支持，实现创业教育实践项目资源与平台的无缝对接。

高职院校可以通过校友会、大学科技园、所在区域高新技术产业园等机构组建对大学生创业感兴趣的天使投资团，以实现快速融资，也可以与所在地高新技术产业园开展实质性合作，为大学生创业提供免费场地支持，促成大学生创新创业实践体系的完整架构。

第三节　创新创业教育实践体系的建设

当前，我国高等教育人才培养与我国经济社会发展需要相比，还有许多不相适应的地方。主要是创新型人才匮乏和人才创新创业能力不强。党的十七大提出“提高自主创新能力，建设创新型国家”和“促进以创业带动就业”的发展战略。《国家中长期人才发展规划纲要》（2010—2020年）中总体部署部分也提出了“加强人才资源能力建设，创新人才培养模式，注重思想道德建设，突出创新精神和创新创业能力培养”及“突出培养创新型科技人才”。这些指导方针对高职院校人才培养提出了新的要求，特别是要加大对大学生创新意识和创新创业能力培养的力度。创新创业教育的核心内涵是：面向全体学生，结合专业教育，将创新创业教育融入人才培养全过程。创新创业教育的主要特点是实践性与主体性，即以学生为主体充分发挥其主观能动性，注重体验的教学实践特点，通过体验使学生获得创新创业的感性认识与经验积累。健全的高职院校创新创业教育实践体系是使创新创业教育观念转化为教育实践，是实现创新创业教育培养目标的重要基础与保障。

一、教育实践体系构建的主体内容

（一）教育实践体系构建的阶段内容

按照不同的教学目标，遵循实践内容深度的递进，实践技能层次的递进，综合应用水平的递进原则，教育实践活动主要包括基础实践阶段、专业实践阶段和综合实践阶段3个层次阶段。通过这3个实践阶段，学生可以合理地、循序渐进地安排实践教学活动，将创新创业人才培养目标和实践教学内容具体落实到各个阶段中，达到学生实践能力、创新能力的培养要求。

（1）基础实践阶段是专业能力初步锻炼的阶段。这个阶段对加深理论知识的理解、弥补课堂教学的不足起着重要作用，也是专业实践阶段的前提。基础实践阶段主要包括课程实验、社会调查和参观见习三部分，重点培养学生基本技能和基础实验能力。课程实验的教学目标是以理论知识为支撑，使学生具备以操作能力为主的基础实践能力，通过实际操作和应用来发现和解决问题；社会调查通过实地调查研究，促使学生去验证和解决课程中遇到的理论性问题；参观见习的目的是增长自身专业知识的见识，主要通过老师带团参观与专业相关的校外单位等方式进行。

（2）专业实践阶段是经过专业知识的系统学习之后，把所学知识运用到科研探索中的阶段。它强调专业实践的重要性，是对学生科研能力培养的有益尝试。专业实践阶段主要包括课程设计、项目实践和专业实训3个部分。课程设计对培养学生提出、分析和解决问题以及初步形成科学研究的专业综合能力起着重要的作用，是巩固所学理论知识的重要途径。学生在课堂学习时间有限，不可能完全掌握学科专业知识，所以项目实践环节可以使学生根据自己的特长，选择感兴趣的某一专业项目，在教师的指导下，以项目小组的形式组合在一起学习和研究，通过互帮互学，培养团队精神和融会多学科知识的能力，培养学生设计实践的能力。专业实训主要采用校企结合的形式，由学校老师和企业老师带队，走到实际的工作环境中去，让学生亲身体会到未来的工作状态，帮助学生及早的适应工作环境，使其满足行业需求。它是连接校内学习和企业需求的桥梁，是毕业实习的一个提前模拟。

（3）综合实践阶段主要包括科研竞赛、毕业实习等，重点培养学生综合实践能力和创新能力。在科研竞赛中，学生在学校指导教师的辅导下，参与老师课题研究、科研立项和大学生创新性实验项目等学术活动，也可以参加本专业的各项竞赛活动等，锻炼学生把理论知识与实践能力相结合的能力。为了能让学生在毕业实习的时候尽快进入工作状态，适应真实的工作环境，毕业实习是学生自己参加到相关企业部门中去，并没有教师从旁指导，是学生真正投入到实际工作中，发挥自己的综合能力，解决问题，给企业创造经济效益的过程。学生在毕业实习中，积累工作经验，为就业做准备。毕业实习过程中学生专业知识得到了总结和升华，体现出学生的科研能力和创新能力。

（二）教育实践体系构建的资源环境

教育实践体系的构建必须有一系列教学硬件和软件的提供，才能保障教育实践的顺利开展，这些软件和硬件就构成了教育实践体系资源环境。其主要包括教育实践体系构建的前提条件、环境保障、质量保障等多个方面。

完善教育实践管理机制是高职院校教育实践体系构建的前提条件。适合创新创业型人才培养的教育实践体系必须要有与之相适应的教育实践管理机制作为其前提条件。其管理机制包括以下内容：（1）分级组织管理。高职院校教育实践管理实行校、院二级管理体制，由学校负责对教育实践制定相应的管理办法和措施，各二级学院作为办学实体负责教育实践的组织和实施。（2）教学制度管理。目前大部分高职院校的学生必须按照专业教学计划，接受与其他专业同学相同的教学内容，而不能自主选择个性化的课程，这样并不利于大学生实践创新能力的培养。完善教育实践制度，需要实行“弹性学分制”，保证学生获得学分途径的多样性和灵活性，促进学生的创新能力的最大化发展。（3）运行评价管理。建立起包括学科专业资源、软硬件条件、校内外实训实习基地等实验教学资源有效利用和共享开放的机制，保证教育实践资源得到最大的有效利用，为教育实践活动的开展提供可靠的保障。同时，需要对教育实践的各个环节制定相应的评价反馈机制，利用这种机制来促进教育实践质量的提高，通过评价反馈保证实验教学改革的机制，对实验教学资源的有效配置与利用起到了良好的监督与指导作用。

（三）教育实践体系构建的基地建设

教育实践体系构建包含基地建设。教育实践基地建设可分为校内实训基地建设和校外实习基地建设两个方面。校内实训基地主要是面向本校师生，采取校企结合的模式，在校内开设企业培训课程，进行企业模拟实践项目，能体现学校管理和专业特色的实训场所。校外实习基地需要依托企业的老师，按照企业生产实践的真实需求，参与学生的校外实习教学环节的管理和指导工作。良好的实践环境是培养学生实践能力和创新能力的重要基础，所以高职院校应该确立以校内实训基地发展为核心，稳定与扩展校外实习基地建设，采取校内外共建相结合的思路，来为推进高职院校教育实践改革的基本环境保障。高素质的教育实践师资队伍是高职院校教育实践体系构建的质量保障

高职院校开始认识到，教育实践人员已不再是传统观念中的教辅人员，而是教学活动的主体。实践教师队伍素质的高低，直接关系到学生实践能力、创新能力培养的好坏。

二、创新创业教育实践体系建设的措施

（一）创新创业教育实践管理机构的建立

高职院校创新创业教育在我国经过十多年的摸索和实践，已经取得初步的成绩和一定的经验。目前多数高等学校采取在院校创新创业领导小组的直接指导下，依托教务处、科研处、学工处、团委、就业等部门的相关力量，协调各系部投入创新创业教育实践活动。教务管理部门负责创新创业课程（多为选修课程）教学计划的制订。学生管理部门负责组织、协调校内的创新创业项目比赛活动。科研部门联系有关专家进行评审、检查、讲座培训等工作，并与就业管理部门一道做好学生创新创业成果的催化、孵化、转化。各系部配合各种创新创业教育实践活动，组织师生，提供设备场所，进行具体工作。

这种组织工作形式对于面向赛事与项目型实践活动比较实用，却存在着局限于操作层面和技能层面的问题，而创新创业教育是一项全面的、系统的、长期的发展战略，因此，要理顺领导体制，着力推进创新创业教育实践工作。2010年5月，教育部高等教育司在《推进高等学校创新创业教育有关情况》一文中提到：我们建立了高教司、科技司、学生司、就业指导中心4个司局联动机制，形成了创新创业教育、创业基地建设、创业政策支持、创业服务“四位一体、

整体推进”的格局。并准备成立由知名企业家、企事业单位专家、高职院校教师、有关部门负责同志参加的“教育部高等学校创新创业教育指导委员会”。高职院校创新创业工作要想全面系统、持续有效地得到发展，应独立设置高职院校创新创业教育实践管理与研究专职机构，负责统筹创新创业教育、创新创业基地建设、创新创业资产管理，创业政策扶持和指导服务、创新创业教育理论研究等工作，全面协调教学、科研、学工、团委、就业、大学生创业园以及各院系部门参加的创新创业教育实践和大学生自主创业工作。

（二）创新创业教育实践的开展

创新创业教育是一项系统工程。要想完成高职院校创新创业教育的任务，引导学生正确创业，需要将创新创业教育融入各专业学科，把创新创业素质与技能培养贯穿于专业教育实践的全过程。

1. 结合专业实践教学，打好创新创业基础

加大对学生创新思维和创新创业能力培养的力度，是制定新的专业人才培养方案的主要内容。建立创新创业人才培养体系，专业实践教学至关重要。创业的本质是创新，是变革。对于创业者来说，光有创新是不够的，但没有创新的创业活动难有后劲。创新需掌握充分的专业基础知识与扎实的专业技能。专业实践教学是帮助学生巩固理论知识、增强动手操作能力的最好手段。专业实践教学内容要结合专业人才就业、创业需求进行充分调研和论证，根据职业岗位知识与能力的要求，将创新创业知识与能力的培养融合于各门课程之中，有效组织实施教学实践活动。

不断跟踪行业发展动向，及时调整课程与实践教学环节设置，把握专业学习方向，确保学生所学知识与技能的适用性与先进性，以利于创新创业人才培养目标的实现。

此外，各科专业的课堂教学都要尽可能运用实物教具、视听多媒体教学设备及相应教学软件等，使学生对专业基础知识的学习有更多感性的认识。

2. 推广项目型实践教学，提高创新创业水平

推广以项目型实践为核心的创新创业实践教学模式，让所有学生得到创新思维和创新意识、创新创业能力的训练与培养。项目型实践教学以实现课题项目要求为目标，是对学生专业知识与技能的综合运用能力进行的训练实践，强调的是对学生科研能力与创造性思维能力的培养。项目型实践最能体现学生在

创新创业实践中的主体性特点，从项目方案的研讨设计，设施器材的申请准备，到项目方案的执行操作、检测修改，以至目标实现，整个过程都可放手由学生自己完成。学生是项目实践的主角，教师应主动充当配角，起参谋辅助、启发引导作用，让学生更多地感受创新科研的过程与情境，增强他们创新创业的意识和勇气。创新型项目实践教学可以借鉴“大学生机械创新设计大赛”等系列赛事项目，围绕学生动手能力、实验综合能力、独立思考能力、实际应用能力等创新实践能力的训练，开展大学生创新性实验项目，使广大的学生得到科学研究与发明创造的初步训练，使学生学会利用所学专业知识与技能解决实际问题。创业型项目实践教学可以借鉴“挑战杯”创业计划竞赛等系列赛事项目，培养学生人际交往能力、组织管理能力、开拓创新能力、竞争能力、决策能力等创业基本能力和素质。创业过程本身就是创新的一种表现形式，创业实践环节是对创新实践内容的丰富和发展。从某种意义上说，创业能力强弱，反映了一个人的创新精神和实践能力的强弱，创业教育与创新教育在人才培养的目标上是高度一致的。

3. 抓住毕业实习契机，加强创业能力训练

我国大学生创业欲望强烈，但实际参与创业的比例不高，创业成功率更低。究其原因，主要在于校内的各种实践与社会生产实际存在一定距离，大学生缺乏现实社会工作经验。毕业实习过程中，学生通过在单位为期数月的岗位工作劳动，可使学生积累一定实际工作经验，对所学专业内容有更深切的体会，为真正走入社会奠定基础。近些年来，大学生毕业实习多采用个人联系实习单位，直接与自己未来的就业或创业挂钩的形式进行实习，这是磨练学生吃苦耐劳品质，培养实干精神，学会自立自强的重要过程，也是开展创业训练的大好时机。学校应抓住这一机会，在毕业实习之前，组织学生预先进行KAB（Know About Business）、SYB（Start Your Business）等创业教育项目培训，并制定与创业能力培养相关毕业实习计划，要求学生在实习过程中关注思考创新创业相关课题，并在其毕业实习报告中得以体现。通过学校的组织引导，学生的创新意识、创新创业能力将会得到进一步的加强与提高。

（三）创新创业基地的建设

高职院校创新创业实践基地是培养学生创新意识、创造能力和创业意识的重要物质基础。校内创新创业基地与大学生创业园和校外实践基地的有机结合，

为大学生创新创业实践提供了平台。

1. 共享已有校内实践资源，统筹营建创新创业基地

提倡节约环保、资源共享的理念，校内创新创业实践基地建设可以凭借学校现有科研实验场所、实验仪器设备等专业实践教学资源为基础，根据创新创业人才培养的基本技能实践、创新项目实践、创业项目实践等类型需要，对其规模、功能及结构进行系统研究，统筹规划与调配，适度重组与补充，尽可能减少重复建设，最大限度地合理利用实验室的仪器设备资源，挖掘更多的实验功能。提倡建设开放性实验室，在满足正常的教学、科研工作基础上，对需要进行创新创业项目实践与基本技能训练的同学，实验室也可安排一定时间予以开放。

发挥实验室对学生创新创业素质的培养作用，鼓励学生开展探究性的学习与研究。校内创新创业基地是学生创新创业能力培养的基础性实践平台。

2. 搞好大学生创业园建设，发挥其创业人才培养功能

大学生创业园或科技园的投资主体主要是政府、大学和少数企业，是我国高等教育体系的重要组成部分。园区融大学生创业实践、创业孵化、创业培训、创业服务功能于一体，是促进高职院校产学研结合，开发大学生创新思维，进行大学生创业教育实践的重要基地。各高职院校建立的创业园或科技园都会结合其特有的专业属性，入住的大学生初创企业多数会与其所学专业有关。目前以科技型、信息型等产业或行业为主，大部分是中小型企业。园区鼓励大学生将实验室研究的成果和创新项目带到基地进一步研究开发，并通过提供法律、税务、财务及政策信息服务帮助初创企业规避创业风险，提高企业的成活率。园区还有着创新创业教育培训功能，可以在孵化基地中举办专题讲座、典型经验介绍、创业企业观摩等多种形式的培训，以提高大学生的创业技能。对于大学生来说，进入这些园区企业参加创业实践，通过真实的创业活动，可以使他们的潜能得到进一步的开发，这种培养模式是学校教育的重要补充。高职院校应充分利用大学生创业园或科技园，为高职院校毕业生和在校大学生提供良好创业环境，使之成为高职院校创业孵化基地，成为创新创业教育实践基地。

3. 深化与校外实践基地的合作，强调创新创业教育理念

校外实践基地是学生在校期间结合专业学习，走出校门接触社会生产实际的重要实践场所。通过参观见习、生产劳动实习和毕业实习，培养了学生的专业技能、社会劳动适应能力、职业道德修养、创新创业实战能力。学生在实践

中可以全面了解与体验实习单位的机构设置、工作流程、管理制度、产品与服务的市场行情以及企业文化等诸多方面，这些为学生未来的就业、创业储备了知识，积累了经验。

学校要重视和加强校外实践基地的建设和维系，积极与企业、单位等部门合作，发挥自己的科研优势，与他们一道克服技术难题，开展产品研发，互利互惠，实现校企双赢，长期合作。学校与企业、单位的合作可以使教师的教学、科研更加结合实际，也使学生的创新创业有的放矢。学校应充分利用校外实践基地这一平台，发挥其创新创业教育实践资源优势。

(四)创新创业教育实践的资金保障

高职院校创新创业教育实践工作要想得到长足发展，需要得到持续有力的资金保障。目前，对各高职院校而言，创新创业教育是一项长期战略发展目标，是一种投资于未来，投资于长远，受惠于学生，受惠于社会的事业。在现今讲求经济效益，轻视社会效益的大环境下，难以引起学校教育部门足够重视。

高职院校创新创业工作多在上级部门下达任务后，搞些学生活动，完成应景性工作。对创新创业教育实践工作缺乏系统性、长期性认识与规划，资金投入明显不足。大学生创新创业需要启动资金，具有一定的投资风险。受到资金条件的限制，各高职院校慎重评估、审核学生申报项目，能够真正实施的少之又少，创新创业受益面非常有限。

大学生创新创业实践，缺乏启动资金是最大的瓶颈。创新创业教育实践工作是一项系统性工程，各种实践活动的开展、实践基地的建设、对师生进行的教育培训、创新创业机构自身的科研与日常运行等也都需要有相应的财力予以保障。建议教育部门领导制定相应财务政策，在年度财务计划中，必须划拨高职院校创新创业教育实践专项资金，并将创新创业工作纳入学校年度业绩考核指标，让各校领导能够充分重视起来。创新是一个民族进步的灵魂，是国家兴旺发达的不竭动力，国内高职院校要把创新创业教育实践放到重要的战略地位。

必须看到，我国目前创新创业教育仍处于起步发展阶段，大学生创新创业教育实践体系是一个庞大的体系和工程，需要投入大量的人力、物力、财力及政策信息资源支持。高职院校创新创业教育实践体系建设需要教育部门领导与广大师生共同关心，切实努力，才能迈上健康迅速发展的轨道。

第九章 创新创业教育人才培养质量评估

国家教育部在《关于推进高等职业教育改革创新引领职业教育科学发展的若干意见》(教职成[2011]12号)中提出，要提升高职教育教学质量并完善人才培养评估体系。教学作为高职院校最重要的活动，其质量在相当程度上影响着当今高职教育的内涵式发展。要保证和提高高职院校创新创业教育教学质量，就必须要建构完善的、适合高职院校的、可执行的多维度人才培养质量评估系统。同时，在《关于加强普通高等学校毕业生就业工作的通知》中，国家有关部门对高职院校毕业生就业时自身的创业能力很关注，明确地提出并支持高职院校毕业生的自主创业。国家《中长期教育改革和发展规划纲要》也明确提出：创业教育要面向人人、面向社会，着力培养学生的职业道德、职业技能和就业创业能力；十七、十八大报告提出了加快推进以改善民生为重点的社会建设任务之一，就是实施扩大就业的发展战略，促进以创业带动就业。

目前高职院校毕业生的就业形势相当严峻，因此加大创新创业教育带动就业，培养学生自身的创业能力，完善高职院校创新创业教育人才培养质量评估体系，才能提高高职院校人才培养的质量，提高就业率。

第一节 高职院校教育评估机制现状

高职院校创新创业教育的主要目的是使大学生通过一定专业、学科的教育，培养创新创业意识，增长创新加创业知识，体会创新创业过程，让大学生在校期间经过创新创业教育的培养与实践，在毕业时能像企业家那样，具备一定的知识技能、创业精神和创业意识，渐渐学会应用企业家的思维方式。围绕着创新创业教育的主要目的，高职院校开展了一系列的专业、学科教学的改革，同时开展了学生创新创业的实践活动。高职院校建立评估机制，对于创新创业教学改革与实践活动开展情况进行评估是势在必行的。

一、中外创新创业教育评估机制现状

(一)教育评估的主体

国外的创新创业教育评估主体大多是非政府、非营利性机构，通常情况下，鉴定专家都是志愿人员，经过一段时间的培训合格后，才可以成为创新创业教育机构的主体。我国高等教育教学评估中心是在政府管理范围内，教育部直属行政性事业单位。此外，行政人员是我国高等教育评估主体，除此之外没有固定的委员会。现阶段，我国各高职院校是高等教育评估的专家的主要来源，因此，我国的评估机构也没有独立于高职院校而存在。

(二)评估程序

一般高等教育评估程序为：政府、高职院校或者其他社会组织委托评估机构组织专家组，专家组内必须有政府、社会、学校代表成员，以政府或社会用人部门制定的政策及标准为主，以学校的自我价值取向为辅，制定评估方案，评估目标学校，专家组提出评估意见。评估模式主要体现在以下4个方面：

(1)聘请专家。通常情况下，国外的创新创业教育评估机构聘请的专家都是大学教授、高等教育行政或高级技术主管、重要的经济专业人员。而我国大多数评估专家都是抽调高等教育系统内部人员，培训后成为专家，评估人员并不具有代表性。

(2)制订评估方案。国外的创新创业教育评估方案大多是依据国家法律法规和教育方针政策，制订评估准则也必须以结合信度、效度为原则。目前，我国是由教育行政部门和评估机构协商得到评估指标体系，同一评估方案可在不同高职院校使用。

(3)实施评估。国外的创新创业教育评估的实施，有两部分组成的，一部分是专门的评估机构给的评估结果，另一部分是高职院校的自行评估，并将二者有机地结合起来。我国高职院校在实际评估中，评估过程往往流于形式，容易弄虚作假，自评阶段就是检查材料，按照评估指标完善学校的各项数据；再评阶段则是评估专家按照评估指标进行形式化的检查。

（4）给出评估意见。国外的一些国家进行创新创业教育评估之后，会结合大学的自我评估给出评估报告，评估报告完成后，不含评论和建议的报告的前一部在委员会批准后，交给被评估高职院校的校长。之后，还要再开展一次协商性访问。

（三）评估的重点内容

国外的创新创业教育评估的重点内容主要为各个高职院校普遍都开设创业教育课程，以及创新创业教育是否形成了完整的创业教育体系和浓厚的创业氛围。我国的创新创业教育的评估重点为各个高职院校开设的创新创业教育能否帮助学生进行自主创业、开办公司、成为老板。创新创业教育在中国高职院校起步较晚，但却是中国高等教育由精英教育向大众教育转化过程中，同时面临社会与教育的双重压力下的理性选择。

二、国外创新创业教育评估机制启示

在国外高等教育具有健全的评估主体，评估主要机构的评估专家并非由被评高职院校人员组成，不是政府机构。通常情况下，是以社会上的评价机构对高职院校进行评价的相关数据为依据来进行评估，使得评估的过程有社会机构参与。我国的高等教育评估机构是政府机构，由被评高职院校人员组成专家组。因此，我国应改良高等教育评估机构和评估方法，组织建立有影响力、多元化、专职化的评估人员队伍。

结合我国的实际情况，借鉴国外高等教育评估机制的经验，我国可从以下几个方面发展我国高职职业教育评估中介组织：

（一）建设评估中介组织

首先，要不断开展评估的研究工作。评估中介组织的职能除了评估，还有开展理论研究，提高自身业务水平等等。同时，作为专业性组织，为了促使评估的方式方法、技术手段等不断改善，评估工作必然需要理论做指导。因此，中介组织必须要着重于加强理论研究以指导实际工作。

（二）评估中介组织的运行过程

我国评估中介组织的评估程序与国际评估组织的评估模式基本一致，即在评估工作开始前，由政府部门、社会或高职院校委托中介组织进行评估，与委托方签订合同，明确说明评估中双方的责任与义务，然后通知被评估对象——高职院校，高职院校在接受评估后，依照评估程序先进行自评，向评估中介递交自评报告及学校其他材料。评估中介组织的专家小组分析、审阅各高职院校的自评报告，提出可能存在的问题及疑问。然后，对高职院校进行现场考查，采用多种形式，通过多种方法掌握并了解有关情况，并与高职院校有关方面交换意见与看法，最后形成评估报告、建议和结论，呈送给委托方，由其最终确认。

（三）明确政府、社会、高等学校在教育评估中的地位与作用

以成立“教育部高等教育教学评估中心”为契机，将高等学校面向社会自主办学作为目标，分化政府职能，转变政府部门作为高职院校办学者的角色，将“三角式”的新型关系建立于政府、高等学校和社会三者之间，政府、高等学校和社会各自的质量保证定位是：政府主要通过加大宏观调控与监督力度进行外部保证，应当切实转变职能，转移工作重点，建立一个公平、透明、合理、公正和权威的高等教育质量评估、认可机制上来，并通过任命部分评审机构决策人员，采取立法、奖惩、拨款和指导独立评审机构决策等手段，主要领导和影响评估进程。范富格特这样描述高等教育质量的国家监督模式：在一个按照国家监督模式的质量评估系统中，政府应该避免试图完全驾驭高等院校的活动。高等学校应充分发挥其作为内部保证主体的主动性作用。高等学校应自行控制其教育教学质量，并积极做出自我评价，不断调适高职院校内部的自我约束、自我发展的机制，建立学校与社会、市场三者之间的良性循环，形成完善的内部教育质量保证体系。社会应致力于调节学校和政府之间的矛盾，其建立建设的社会中介组织，应是一种相对独立的有一定的学术权威性、民间性的教育质量保证机构，在保证教育质量的同时，也要本着公正、客观、科学的原则进行教育教学评估，保证教育的质量。

（四）构建切实有效的评估指标体系

相比于我国所有的本科高职院校均采用相同的评估指标体系，法国的高职院校则是依据CNE将高校分为不同的类型和层次，不同的分类以不同的评估方式和标准进行评估，最后得出评估报告。因此，我国均采用相同指标体系的评估就略显不足，我国也应该按照标准将各高职院校分类，针对不同类型的高职院校，制定不同的评估指标，建立不同的评估专家组进行评估。在我国，高教

评估被分为两种基本形式和两种基本类型。两种基本形式是指：一发展评估，二声誉评估。发展评估主要用于总结经验，肯定成绩，诊断问题和改进工作，是教育评估中主要的、常见的形式。声誉评估又分为合格评估和选优评估两种。合格评估是保证基本办学条件和教育质量的评估，选优则是遴选优秀，择优支持，促进竞争和提高水平。发展评估是对学校整体做出评估，声誉评估是对学校专业学科课程教育教学水平的评估。最后，各级评估机构应建立多元化的评估指标体系，针对高等学校不同的办学主体、层次、机制、质量，展开分工协作。国家级的评估机构可根据高职院校整体办学质量、条件编制不同的指标体系进行评估；各省评估机构可分别编制为国家示范高职院校、省级重点高职院校、省级普通高职院校等不同类型，对不同类型的院校使用不同的指标体系进行评估；市级评估机构可依据不同的指标体系对所属的地方性普通高职院校、民办高职院校进行评估；校级评估机构可从微观方面保证教育教学质量，根据各校实际情况，编制更具体的、细致的指标体系，内容可以依据各科课程大纲、教学计划、优秀课程和教学评估指标体系、教材评估指标体系，重点建设专业评估指标体系和教学管理工作评估指标体系等。

创新创业教育评估在我国教育行业具有十分重要的意义，所以，我们应当采取多种措施，进一步完善我国教育评估的基本制度，以促进我国教育评估的进一步发展。

第二节　人才培养质量评估系统构建策略

高职院校教育教学质量要想稳步地提高，就要培养出更具有竞争力的学生。因此构建科学、规范、有效的多维度人才培养质量评估系统，进一步提高学生的创业能力和竞争能力，有着重要的现实意义和深远的历史意义。

一、高职院校人才培养质量评估存在的问题

随着高等职业院校的发展，教学质量监控的制度正在不断完善，人才培养质量评估系统也正在逐步的建立和改善。但是在国家要求提高就业率，加强学

生创业能力培养要求的情况下，与此相适应的人才质量监控指标体系和评价体系就有所滞后。

目前我国高职院校人才培养质量评估系统中的构建与实施存在一些问题。

(一) 教学质量指标体系不够完善

学院教学质量指标体系条框性的管理章法较多，对于具体问题管理的操作细则较少，质量建设出现参差不齐的情况。

(二) 教学质量体系建设要素不全

教学质量建设体系偏重于教师教学质量的评判，而对于教师的潜能发挥、教学行为的效力均缺少督查、分析、评价和纠正，教学质量评价的监管所包含的要素不够，目标不够明确。

(三) 学生创新创业能力培养没有纳入质量监控

我们对教学质量的评价，仅仅局限在对教师教学过程的评价，以及学生在校期间的质量评价，而对于学生毕业后，自身创新创业能力的质量以及用人单位对毕业生的质量反馈信息方面没有纳入教学质量的监控之中。

二、建立人才质量评估体系的策略

分析当前高职院校的人才培养质量评估系统存在的问题，我们认为建立人才质量评估体系的策略，应该构建出符合高职院校特色的基于学生创业能力培养的多维度的教学质量监控评估体系，才能更好地提高高职院校的人才培养质量。我国高职院校的教育质量保证体系要以提升教学质量水平、预防教学质量单纯由管理层推动的弊端为目的，形成在进行质量监管的同时，先制定创业教育的培养方案，实现对学生创业能力的培养，之后再进行多维主体参与的教学质量监控，以提升教学质量管理工作的效率与效益。

具体改革内容包括以下几个方面：

(一) 建立多层次的人才培养方案

按照高职院校创业教育存在的问题，我们可以看到创业教育最重要的是要注重培养学生的创业能力，才能更好提高职业教育的发展，提高毕业生的就业率，实现“以创业带动就业”的目的。要实现学生创业能力的培养，就要将创业教育的理念注入到专业人才培养目标中。因此建立多层次的人才培养方案非常必要。多层次的人才培养方案包括：目标融合性人才培养方案；多层次课程体系方案；多元化师资队伍建设等等。

（二）建立高职院校人才培养方案的监控体系

在确立了多层次的人才培养方案后，高职院校要建立人才培养方案的监控体系。该监控体系要基于教学环节的全部过程，包括课堂理论教学、实践教学（含实习、实训、毕业设计、顶岗实习）、专业设置与调整、培养方案及教学计划修订改革、课程及其资源的建设等等各个方面，同时要将人才培养质量管理理论中的全过程管理理念引入该体系中。

（三）建立多方互动的教学评价指标体系

在教学过程管理中，要建立高职院校教学质量的量化评价标准。包括学生评教子指标体系，教师评价学生学习效果子指标体系，教师学生评价教学管理子指标体系，教学管理部门评价教师子指标体系等。即在提高学生创业能力培养的基础上，学院的教学管理部门、教师、学生三方要建立互评的质量监控与评价体系。

（四）建立完善的教学督导机制

改革教学督导的监督方法，建立科学、合理的监督教学质量评价指标体系。在高职院校成立专门的教学督导部门，建设一支多层次、坚持常规性工作的教学督导队伍，负责学院教师的教学质量监管，使督导的作用发生重大转变，不仅要起到“督”的作用，更加要注重将“导”的作用贯穿整个教学质量监控过程的始终，实现督导评价由终结性评价向形成性评价的转变。

（五）建立多方参与的教学结果管理质量监控与评价体系

建立和完善用人单位及毕业生对教学质量评价的跟踪反馈体系及其科学、合理评价教学质量的指标体系，将毕业生的就业情况、创业能力融入质量管理评价中。如果说毕业生是学校的“产品”，那么生产前的市场调查和出厂后的质量跟踪调查都是必不可少的。通过建立教学质量评价的跟踪调查点、定期发放及回收教学质量评价的问卷等方式，了解用人单位及毕业生对教学质量的评价。以便及时改进和提高教学质量。

总之，建立基于学生创业能力培养的高职院校多维度的人才培养质量评估系统，将素质教育、创业教育思想融入人才观和质量观中，通过对教学的过程管理和结果管理，把对学生的创业能力的培养贯穿于专业教育与创业教育的融合中，贯穿于整个教学过程中，在多维度的人才培养质量评估系统中完成对教学质量的监控，从而实现对课程、专业建设工作的动态监控和形成性评价，形成全员参与、全过程控制的人才培养质量监控和保障体系，提高学生的创业能力和就业率。

第三节　创新创业教育评价体系建设

高职院校创新创业教育评价是创新创业教育发展到一定阶段的产物，是创新创业教育管理的重要环节，也是做好下一步创新创业教育的基础。因此做好高职院校创新创业教育评价体系的建设是非常必要的。

一、创新创业教育评价体系的基础

在评价体系建设方面，必须明确4个基础性问题：评价的原因、评价的部门、评价的时间、评价结果的使用，这些构成创新创业教育评价体系的基础。

（一）建立正确的评价观

开展创新创业教育评价必须确立正确的评价观，即：正确的价值取向、准确的功能定位、科学的质量标准。正确的评价观决定着评价的目的、内容和方式。对于创新创业教育来说，考核一个学生的学习质量，不能单纯看学生知识掌握程度，还要看其感悟知识和运用知识的水平，要引领学生积极投身于广泛的思考与实践中，并在其中培养与锻炼学生的创新精神。当然，考核创新创业教育总体培养质量，也不可以单纯看创造岗位与创办企业的数量，而要看创新创业综合素质的提升，看创新能力的培养，看创业精神的养成。

（二）基础评价主体系统

建立由政府、媒体、中介机构、学者等共同组成的多层次创新创业教育状况评价主体系统。创新创业教育评价的评估主体是多元化和互补性的。多元化是指督导与评价活动的施动者（组织者）以多元化为特征，各主体之间具有互补性，多方的参与机制能保证督导与评价活动的全面性。多元主体主要包括政府、社会、学校。

（1）政府即教育主管部门。高等教育评估就是通过其教育主管部门以及行政机关来实现的。教育部是从1985年开始对广东教育进行评估试点工作的，1998年高等教育评估写入了《中华人民共和国高等教育法》。到2003年普通高职院校学校教学工作水平评估，都是由国家层面完成的。但是在评估中创新创业等方面却没有明确的考核指标，建议应在评估中将创新创业设为专门指标来进行评价。在省级教育行政部门中，更应建立创新创业评价体系，作为衡量地方大学水平和服务地方经济的重要内容。

（2）社会包括中介组织、企事业单位、家庭。首先，中介组织评价。高等教育的发展，越来越引起社会的关注，一些社会组织开始参与到高等学校的评估、评价工作。主要表现在一是评估组织的出现。比如，上海市高等教育评估事务所、江苏省教育评估研究院、辽宁省教育评价事务所、云南高等教育评估评估事务所、安徽省教育评估中心、山东省高等教育评估中心。二是大学排名评估现象与发展。一篇题为《我国科学计量指标的排序》在《科技日报》于1987年9月13日刊登，其主要内容是对当时我国近90所重点大学进行排名。以美国费城科学情报研究所公布的《科学引文索引》为数据源，由中国管理科学研究院科学研究所进行统计、整理、排序。此次排名成为我国大学首次排行，尽管它只有一项指标为数据源，但却标志着我国学者对大学定量排名研究的起点。学校创新创业教育和学生的创新创业能力应引起评估机构的重视，应把创新创业人才的培养作为重要指标。其次，企事业单位评价。一些学校因本科教学水平评估需要或因其他需要，开展了毕业生回访活动，建立了与企业之间有关联系，但都过多关注毕业去向和毕业后的发展，没有通过用人单位反馈毕业生存在的问题从而深入研究学生培养中存在的问题。应建立企事业单位的评价制度，形成指标体系，通过企事业单位对毕业生的全面评价，研究学生创新创业教育中存在的问题。最后，家庭评价。家庭评价没有引起学校各种评估工作的重视，学生的教育与成长，社会、学校、家庭3个环境都是重要的环节，互相影响，学校的教育要充分参考吸收其他两方面的意见和建议，创新创业能力也要通过家庭来进行评价，建立家庭评价反馈制度，全面衡量创新创业教育效果。

（三）选择正确评价内容与时间

首先，高职院校创新创业教育具有较显著的"延迟效应"，无法在创新创业教育开展初始和结束期第一时间的进行测评，因此，选择正确的评价内容与时间极为重要。有学者将创新创业教育评价分为创新创业教育学习期间、创新创业教育结束后不久、创新创业教育后的0—5年、创新创业教育后3—10年、10年以后5个时段。最后，创新创业教育工程巨大，关联各方面，其评价的标准、方法及内容也是多样化的。因此，创新创业教育评价内容要体系化、标准化。

（四）建立创新创业教育评价的工作机制

首先，要有完备评价指标。通过创新创业质量来体现学校教学质量、水平、发展前景，也能对创新创业流向进行分析，以此提高创新创业教育工作水平与高职院校办学水平。其次，要有不断创新评价方式。评价方式影响统计结果的准确与真实性。要不断创新评价方式以确保调查统计的全面性和有效性。最后，要加强评价的监督与管理。不要造成评价主体和评价标准的混乱，有效满足因评价主体多层次、多样化所产生的个性化目标需求。

创业教育评价体系，主要包括对创新创业教育目标的评价、效果的评价、教师的评价、管理的评价、社会影响的评价等；目标的评价包括：政府评价、社会评价、毕业生评价；效果的评价包括：教育教学方法、方式、载体、环节；教师的评价包括：队伍、专业、学历、素质、能力、知识结构；管理的评价包括：组织体系、管理制度、服务平台、保障系统；社会影响的评价包括：创新、创业实绩等等。我们以这些为内容建立创新创业教育的评估机制、指标体系、评价周期，根据指标特点，确定评价的主体为政府、中介组织、学校。在创新创业教育评价中应坚持以下原则：社会评价与学校评价相结合，他人评价与自我评价相结合，过程性评价与结果评价相结合，量化与非量化评价相结合，同时还要坚持指标的全面、可操作的原则。

二、创新创业教育质量评价的主体部分

创新创业教育的主要目标是要实现教师的教育思想和理念的变革，学科结构、课程内容和功能的变革，学生学习方法的变革。基于此变革重点，并结合评价体系框架的核心内容分析和上述评价指标体系的构建，我们认为评价机制中最复杂和核心的模块是对创新创业教育体系中的参与主体，主要是师资队伍及学生群体的评价、教学课程体系的评价3个部分。

（一）师资队伍的评价

在以往的教师评价中，比较多的是将教师进行分等排队，目的是将其分成优秀、合格、基本合格和不合格几个等级，以对其做出奖励或处罚。针对创新创业教育的发展，我们对评价的功能有了新认识，并意识到评价对象教师并不是被动的客体，而是评价活动的积极参与者，是评价中不可忽视的重要组成部分。因此，在评价中首先由教师进行自评，有利于提高收集到的评价信息的质量，做出客观正确的判断，有利于被评价教师本人发现问题并主动改进和提高。同时，随着创新创业教育的发展，教师自身的专业技能、素质技能等也都应该跟上时代的步伐，做好教育方面的各种工作。教师评价的目的已经不再是原来对教师工作的简单鉴定、认可、判断、证明和区分，而是注重为教师提供创新创业教育的信息、咨询和改进的建议。这样，既有工作数量、工作质量等指标，又有工作方法、工作态度、工作成效等指标，形成“态度、能力、实效”三维一体的评价机制。

在对教师的科研创新意识、能力及相关成果、教师创新创业教学能力等进行评价时，注重定性与定量、内部与外部、过程与结果的结合。

随着评价机制的逐步规范，以前广泛运用的定量方法，并不能充分反映一个教师的实际情况，许多评价内容不能用数量关系予以清晰的表示，一味地用定量方法进行评价会影响评价的信度和效度。因此，我们在运用定量方法开展教师评价的同时，采用一些定性方法。如座谈、问卷调查、个别访谈等。这样更全面地了解教师的实际情况，更有利于给教师一个切合实际的评价。每位教师都需要有不断发展的空间，需要根据评价结果在工作中不断反思与总结、学习和培训，从而不断提升自我。

(二)学生群体的评价方式

教育过程的一个重要环节就是对学生进行评价，评价的发展性功能集中体现了“一切为了学生发展”的教育理念。学生的发展需要目标、引导和激励。但传统的学生评价太过于强调学科知识体系，把测试作为评价的唯一形式，忽视了人文性，制约了学生综合能力的发展。创新创业教育的意义在于促进学生提高其创新创业素质和能力，引导其不断发展和完善。在评价中，要通过对学生注意状态、参与状态等方面观察了解学生，评价学生，促使其在课堂中全身心投入学习，并在创新创业实践中体验满足、成功、喜悦等的感受，从而对后续学习和实践更有兴趣和信心。

在评价方式选择上要注意以下几个方面：

第一，明确学生创新创业学习和实践的目标。

贴近学生实际，来设计和制定与其相关的发展目标和方向，进而确定评价的内容、方法，不断反思并改善教师的教和学生的学，发挥评价的发展性功能。

第二，注重评价过程。

学生的发展是成长的过程，而促进学生发展也要经历一个过程。收集并保存学生发展状况的关键资料，呈现和分析这些资料，形成对学生发展变化的认识，在此基础上，针对学生的优势和不足给予学生有针对性的改进建议。而且，在这个过程中，学生的自我反思、自我认识更为重要，在自评、互评和他评的过程中不断发扬长处，纠正不足，实现发展、进步和提高的目标。

第三，关注学生个体差异。

每个学生都具有自己不同的素质和生活环境，爱好、长处和不足也都是各有不同。学生的差异包括考试成绩的差异，以及生理特点、心理特征、兴趣爱好等各个方面不同特点，这些不同使得每个学生发展的速度和轨迹不同。因而要依据学生的不同背景和特点，正确判断每个学生的不同优势及其发展潜力，提出适合其发展的有针对性的具体建议。

第四，在评价过程中，应实现考核方式的多样化，鼓励教师改革考试制度。

要根据创新创业教育课程的性质、特点、内容，结合教学大纲的要求，采取闭卷与开卷、半开卷，集中考试与阶段考核，场内完成与场外完成，个人独立完成与小组集体完成相结合的方式。通过评价，鼓励学生思考、尝试、创新和实践。

（三）课程体系的评价方式

课程体系的评价从总体上来说，就是要由原来的主要针对教师的“教”切换到现在的主要针对学生的“学”，具体方式如下：

1. 针对教学任务的评价

好的课堂要指导学生有效地学习，这对教师的要求很高。教师要明确地提出学习任务及目标，要让学生明白这堂课要学什么，达到什么样的要求与目的。在评价过程中，根据学习任务及目标提出明确与否，恰当与否，有针对性与否及学生完成情况和效果的好差给予适当评价，分出等级。

2. 针对教学过程的评价

教学过程要看教师发挥其主导作用及学生主体作用的表现情况，同时，教师课堂授课内容的组织设计和表达、学生对所学内容的参与活动和消化也要引起关注。此外，还得注意在教学过程中养成良好的学习习惯，教师引导与学生活动的时间比例、学生自主学习的体现等方面。在评价过程中，要针对师生双边互动情况，给予适当的评价和合理的分类。

3. 针对课堂教学的安排情况

教师要注意课堂教学的组织安排不能一味追求教学任务的完成密度，要有张有弛地给学生必要的时间，以便他们能充分思考、讨论、提问及放松休息。在此过程中，还要充分考虑学生的年龄特征，避免学生在疲劳的状态下学习。所以，在评价时应视具体情况分析，不可盲目与单一。

4. 针对引导学生提出问题及解决问题的情况

在课程改革的新形势下，对老师的要求就更加严格了，能设疑和解疑，还要能启疑和导疑，转变教学方法，即把过去的“教知识”转为“教方法”。即要求学生能找到提出问题、探究问题的方法。因此，评课时，应注意学生能不能提出有代表性的问题，能不能通过探究合作等方式实质性地解决问题。

5. 针对教学效果的评价

教学效果，它是将课本知识、教师本身的知识及师生互动所产生的知识融为一体。除此之外，学生的认可程度也是反映课堂效果优劣的一个表现。平等地、实事求是地评价教师，并鼓励学生评说自己所学的课，体现民主意识。另外，评课时除了要对常规的知识掌握程度、能力培养程度、学生学会的比率等做出评价外，还应多接触学生，从学生中得到公正的结果。

三、高职创新创业人才能力评估的构建

随着经济的高速发展，国际竞争日益激烈，创新创业教育已成为高等教育的一项重要内容。在实现高等教育跨越式发展的进程中，重视创新创业教育已成为一种世界潮流，越来越受到国家、政府、社会的高度重视。提高学生自主创新创业能力，是高职院校培养高素质专业人才的重要措施。大学生创新创业能力评估的构建可以增强创业教育的针对性和实效性，切实提高大学生的创新创业水平，增强国家的国际竞争能力。

高职院校在实践操作中，可以构建大学生创新创业能力CTP评估和评价模型。

CTP主要通过对学生的创新创业意识、创新创业理论、创新创业实践，即意识（Consciousness）、理论（Theory）、实践（Practice）三部分进行评价，对创新创业教育的意识倾向、软环境建设、课程体系、实践平台、组织支撑五个载体进行评估。

创新创业意识模块（C）：该模块主要评估学生对创业机会的警觉性和敏感性，是否具备创业潜质、创业愿望与热情以及创业成就感和企业家精神。主要测评大学生的个性心理特征，包括果断、坚定、灵活、进取心等；创业态度，包括坚定的信念、积极进取的态度等；创业机会的识别，包括对国家政策和经济发展趋势的把握、周围环境消费需求的判断等。

创新创业理论模块（T）：该模块主要评估学生是否接受过系统化的理论培训和创新创业专业知识技能的训练，是大学生创新创业前必要的知识储备。主要测评学生所在学校是否开设创新创业教育的相关学科，所开设课程性质、学时学分、教学大纲、人才培养计划；是否具有专业的教师对有创业意向的学生进行一对一指导等内容。

创新创业实践模块（P）：该模块主要评估是否具备保证学生的创业意识、想法、热情、知识能够在模拟环境中得到实验的条件，并及时将实验中所发现的问题反馈给学生，帮助其进一步完善计划，提高创业的成功率。主要测评学生对所学知识的实际应用能力，分为两部分：模拟实践和社会实践。模拟实践主要通过沙盘演练、创业计划竞赛等形式，考查学生的团队精神和创业能力；社会实践主要通过商业调查、消费市场调研、模拟经营等形式，考察学生承受

挫折和人际沟通的能力。

学生创业能力CTP评价体系的3个模块具有时间上的继承性、逻辑上的递进性的特点，在实际操作时按如下步骤进行：首先，对学生创新创业意识和创新创业兴趣进行测查；其次，进行创新创业基础理论的考核；最后，要对学生创新创业技能的模拟实践进行评估。

具体测评以下5个载体：

一是测评大学生创新创业教育的理念和意识倾向。创业意识是创业者在创业实践活动中的内在驱动力，包括创业的动机、理想、需要、信念、价值观等要素，是创业行为的内在需要和强大驱动力，是创业者创业成功的重要基础。该载体是大学生创新创业行为的起点，主要通过问卷调查、霍兰德职业倾向测试、大学生气质类型测试等方法测量学生的自主创业意识、艰苦创业意识、风险创业意识、开拓创业意识、合作创业意识以及创业意识倾向性6个方面。

二是测评大学生创新创业教育的软环境建设情况。软环境是指除物质生活条件以外的与思想有一定关联的东西，该载体是培养学生创新创业意识的重要基础。主要测量学生所在学校通过各种渠道(如校报、校广播站、张贴宣传海报)，开展创新创业专题讲座，举行演讲比赛，宣传各级各类创业文件和政策，对学生创业教育的资金投入及政策支持等方式发生的频率并赋予不同分值，根据学生得分来推测学生所在的环境是否会激发其创新创业热情。

三是测评大学生创新创业教育的课程体系建设情况。课堂教学能帮助学生系统地接受专业知识，是创业教育的主阵地。完善的课程体系能够改革传统课堂教学的方式方法，更新教学内容，以培养学生创业能力为中心，充分发挥课堂主渠道作用，把传授创新创业所需的各类知识作为培养目标。该载体主要对学校创业教育开设情况，开设课程学时，课程内容中有关理论知识，如经营管理、商业计划写作的知识与技能、创业意向理念和动机，准确把握市场需求、成本预算与风险预测等方面的技能与知识等部分开设情况进行测评。

四是测评大学生创新创业教育的实践平台建设情况。主要围绕学校是否组织学生参与创新创业设计大赛、创新创业沙盘等；是否提供创新创业基金、设备和教师指导的支持等；是否建立创业孵化器、创业厂房、创业实践基地；学生是否能够自主提出较为成熟的创新创业项目和观点、在创业设计大赛获奖情况等方面，在实践平台建设的基础上进行质量评估。

五是测评大学生创新创业教育的支撑组织建设情况。该部分主要针对学生获得的创业信息渠道，是否建设有类似创业俱乐部、未来企业家协会等组织，是否获得成功创业者的支持等方面进行测评。

经过多年的实践与探索，结合高职院校发展的实际经验，初步构建出创新创业能力评估评价体系，但该评价体系在未来的研究中将继续完善与发展，才能进一步提高大学生创新创业能力评估的专业化、科学化水平。

第十章　高职院校的协同创新

在教育部下发的《国家中长期教育改革和发展规划纲要(2010—2020年)》和《教育部关于全面提高高等教育质量的若干意见》中对协同创新作出了积极的战略部署。有效整合高职院校的创新资源，构建协同创新的新模式，能够更加有效地提高人才培养质量，推进创新型国家的建设。按照协同学的理论，协同创新实践是多个独立的、没有直接隶属关系的组织形成的目标趋同、知识互补、运作配合、收益共享的创新模式，本质上是一种管理创新，也就是说围绕创新目标，多主体、多因素共同协作、相互补充、配合协作。从国内外实践来看，高职院校协同创新可分为内部和外部两个类别，内部协同创新是指高职院校内部形成的知识，即：思想、专业技能、技术的分享机制，特点是参与者拥有共同目标、内在动力、直接沟通，依靠现代信息技术构建资源平台，进行多方位交流、多样化协作；外部协同创新的主要形式就是产学研协同创新，特别是高职院校与科研院所、行业产业、地方政府进行深度融合，构建产学研协同创新平台与模式。在协同创新的进程中，高职院校发挥着重要的力量，共同推进高职院校的创新创业教育发展。

第一节　以机制体制改革引领高职院校协同创新

教育部发布了《高等学校创新能力提升计划实施方案》，提出了“以机制体制改革引领协同创新”，可见机制体制建设在高职院校的建设和协同创新中有着重要的地位和作用，也是高职院校参与协同创新的重要任务。高职院校要进行协同创新能力的提升，就必须进行机制体制的改革，要以机制体制的改革引领、推进协同创新，进一步提高高职院校的人才培养质量，全面提升高职院校服务经济社会的能力。通过机制体制的改革，可以突破高职院校内部机制障碍，打破外部体制壁垒，营造有利于协同创新的环境氛围，充分释放人才、资源、信息、技术等创新要素活力，实现创新资源的聚集和最优配置，实现高职院校资源的共享，提高高职院校人才培养的质量。

一、协同创新中高职院校机制问题与改革

按照《辞海》的解释："机制"是指有机体的构造、功能和相互关系，泛指一个工作系统的组织或部分之间相互作用的过程和方式，例如市场机制、竞争机制、用人机制等；"体制"是指国家机关、企事业单位在机制设置、领导隶属关系和管理权限划分等方面的体系、制度、方法、形式等的总称。高职院校的机制是指高职院校内部的构造、功能和相互关系；高职院校的体制是指高职院校在机制设置、领导隶属关系和管理权限划分等方面的体系、制度、方法、形式等。因此高职院校"以机制体制改革引领协同创新"，就是要针对高职院校的内部的构造、功能和相互关系以及高职院校在机制设置、领导隶属关系和管理权限划分等方面的体系、制度、方法、形式等存在的问题进行改革，并以此引领高职院校协同创新的能力提升。

（一）协同创新中的机制问题

高职院校的机制问题，主要体现在高职院校内部的资源配置、高职院校系部之间的协同、高职院校的行政权力与学术权力博弈等问题上，具体表现如下：

资源配置的问题。高职院校的资源配置主要是由行政管理部门进行分配的。行政部门如何将资源有效并合理地在院系之间进行分配，这个问题常常会成为高职院校行政与教学科研之间的主要矛盾。一所院校的总资源是一定的，目前省市财局对学院人均收入的限制也是一定的，高职院校不能违背财局的经济指标，这些都限制了资源在行政与院系之间的分配。行政的经费多了，院系的就少了；院系的多了，行政的就少了。由于行政人员自己掌控着资源的分配，必然会导致资源的分配会偏向行政一些，造成年底教师的一些课时费用、甚至教师的教科研奖励都无法兑现，教师怨声载道，严重影响教师的教学情绪。

系部之间的协同问题。目前高职院校的教学是以系部划分的。高职院校的行政部门一旦分配好当年的各种资源，就由系部自己管理了。各个系部都有自己的教学资源和实训基地，而这些教学资源，比如说：多媒体教室、电脑房等

等，甚至实训基地也分为每个系专有，而这些资源在高职院校院系之间缺乏高效的协同性。一个院系的资源，其他院系是不能使用的，这就造成了院系之间的资源不能有效地相互支撑，交叉融合，无法实现院系之间资源共享。学院的资金在各个院系之间重复建设，学院内部形成了条块分割，各自为政的组织制度，资源的利用率低下，管理模式缺乏活力，缺乏相互的交流与协同。

行政权力与学术权力问题。高职院校是实行行政管理的，往往用行政权力去决定学术问题。高职院校的教研、科研课题的申报一般都有名额限制，在申报的过程中，需要进行相应的评审。可是高职院校内部的评审者一般都是高职院校具有行政权力的领导，这些领导评审一般会把课题申报的名额给与他们具有同等权力的领导。虽然评审中是匿名的，但同一院校大家都比较熟悉，一般根据材料都能知道是谁的课题。这样造成了普通教师在教科研课题申报中往往连资格都很难取得，他们只能在自己的课题上挂上具有行政权力的领导作为课题主持人，才能够取得课题申报权。这种现象普遍存在于高职院校之中，具有学术能力但没有行政权力的教授，很难在学术问题上发表自己的意见与评判。

（二）高职院校机制问题的改革

高职院校机制的问题极大地制约了高职院校的协同创新，因此改革高职院校内部机制成为必然，这也是高职院校参与协同创新的重要任务。高职院校只有实现内部的机制改革，才能更好地实现高职院校内部的协同创新发展。

具体改革体现在以下几方面：

理顺学院与院系的关系。高职院校对本校未来的发展要有统一的规划。可以组成专门的领导小组商讨制定学院资源的分配与使用。学院与院系的关系是整体与局部的关系，学院负责整个学院资源的管理，那就要有整体的安排与规划，统筹好学院的资源分配，在保证学院发展的前提下，优先考虑院系的要求，考虑每位教师教学的要求，保障教师的教学资源到位，以提高教师的教学积极性。

协调院系之间的关系。学院应对院系的发展与建设统筹规划。学院相应的部门要协调好院系之间的资源配置，同时要保障院系之间的固定教学资源的使用具有流动性。各个院系虽然只是各自为政，维护自己的利益，但学院要建立完备的机制，使得院系之间能够有效沟通，保障教学资源、实训基地等固定资源的充分利用。学院要审批系部资金的建设方案，不要让资源在各个系部重复投资，造成资源浪费。

明确行政权力与学术权力的关系。在高职院校中行政权力与学术权力要有明确的定位，以保障高职院校的行政权力不干涉高职院校的学术事务。高职院校的行政权力是行政人来实施的，行政人和行政机构成为行政管理的主体，用来管理高职院校的人事、组织、宣传、基建、后勤等事务，保障高职院校教学工作的正常运行。高职院校的学术权力，是在管理学术评价、学术发展和学风建设等事项上发挥重要作用的，具体包括在学院的科学研究、对外学术交流合作等重大学术规划、学术道德规范等学术事务上发挥作用。行政权力与学术权力的关系既相互独立，又相互关联，二者不可混淆。

二、协同创新中高职院校体制问题与改革

高职院校是以提高人才培养质量为工作核心的。但目前我国高职院校普遍存在科学研究与人才培养脱节、教学与经济社会发展脱节等问题。如何对高职院校的体制进行改革，引导科研、教学和社会服务的协同一致，这是问题的关键，也是我们实施协同创新这一改革“工程”的目的。外部协同创新，其主要是针对产、学、研的协同创新，是高职院校与科研院所、行业产业、地方政府所进行的一种深度融合的创新，是要构建产、学、研协同创新的平台与模式。实施高职院校协同创新改革，就要对高职院校进行体制上的改革。高职院校的体制是指高职院校的体系、制度、方法、形式等。要通过对高职院校的体系、制度、方法、形式等的改革，使高职院校与科研院所、行业产业、地方政府进行深度合作，突破高职院校发展中体制的障碍，以保障高职院校办学质量的提高，完成高职院校的协同创新。

（一）协同创新中的体制问题

高职院校的体制问题，主要体现在高职院校管理体系的平衡问题、高职院校管理制度的行政化问题、高职院校人才培养规划等问题上，具体表现如下：

高职院校管理体系的平衡问题。高职院校在多年的发展过程中，形成了书记、校长、系部领导，再到基层领导的行政管理体系，这种行政管理体系在发展过程中凸显了自身的不平衡性问题。高职院校的高级领导层指学校的党委常委，即以书记为首的领导班子，包括校长、副校长等。中国高职院校的党政关系是党委领导下的校长负责制。这种体制下最明显的问题是领导班子

合作得不好而导致的权利不平衡的问题。如果一所院校的书记掌握着绝对的权利，那么校长、副校长就等同于虚设；若校长掌握着绝对的权利，那么书记就会相对较弱。这种不平衡在高职院校是经常存在的，这必然导致其他的教职员工拉帮结派，围绕着不同的领导权力对学院的资源分配以及权力分配上进行拉锯。

高职院校管理制度的行政化问题。高职院校的管理制度一般是由行政管理人员制定的。但由于高职院校一般是由书记负责管理党务工作，校长负责管理教学事务，并且多年不变。其他各处室分别设立了处长管理各部门的行政事务工作。这种管理体制过于行政化，管理人员在某一个岗位长久不变，导致管理机制缺乏活力；行政部门与教学部门的沟通不流畅，服务于教学部门的意识不强。由于管理人员长久不变，学院管理制度的制定，学院的长远规划都与管理者个人的认识有关。如果学院某部门的领导没有认识到学院某种改革的重要性，那么其他人员也将无法推动该部门的管理制度的改革。系部的管理工作也是一样。同时行政部门的管理人员普遍在职称、学历上都比教师低，大部分都没有从事教学工作，但他们却是学院教学制度的制定者，制定的教学管理制度常常与实际的教学工作有部分脱节。行政管理部门与教学部门交流不够，造成教师怨声载道。

高职院校人才培养规划问题。高职院校的人才培养缺乏远景的战略规划。高等教育的需求随着中国经济社会的全面发展已经发生了很大的变化，而高职院校的人才培养计划却长久保持原来的形式，虽然有些变化，但并没有对未来的前景进行远景规划。高职院校与社会创新力量的协作存在着壁垒，没有做到资源、人员、信息、技术等各方要素的高度集成和有效配置，这必然导致高职院校开设的专业并不是企业、社会上所需要的，高职院校培养的毕业生难以找到合适的工作，高职院校的人才培养规划与地方政府、企业行业、科研院所等所需存在着严重的脱节等问题。高职院校只沿着传统的人才培养规划进行人才培养，这种体制必然会制约高职院校的协同创新发展。

（二）高职院校体制问题的改革

高职院校的体制问题主要表现在高职院校与地方政府、行业企业以及科研院所的协同创新中，因此对高职院校存在的体制问题进行改革，才能更好地实现高职院校外部的协同创新发展。

完善高职院校管理体系的监督。高职院校领导班子的党政位置相对平衡，才会产生积极的效应。因此要完善高职院校管理体系的监督。要制定党委领导下的校长负责制的领导规则，改变主要靠个人素养、人际关系来保证这一领导体制作用正常发挥的人治方式。建立高职院校党政领导产生的选拔体制，制定党政领导的分工体系，加强对领导权力实施的监控系统。任何权利的拥有都应该与义务相对应，要建立完善的监控系统，以保障权利的正常运行和有效监控。没有管理的权利一样可能偏离正确的轨道而最终受到处罚。因此我们要建立监管系统，防微杜渐，让我们的权利始终运行在正确的轨道上。高职院校的党政系统要互相监督，同时要实现群众的监督，让群众给予年度的考评。我们高职院校的管理体系还要有政府的专门机构实施监管，但监管的是高职院校最终发展的方向，不是高职院校办学的具体过程。

建立高职院校的现代大学制度。高职院校的管理制度行政化问题比较突出，要改变管理制度的行政化问题，就要促使行政管理规范化。改革高职院校人才培养体制可以从建立现代大学制度的方式入手。那么什么是现代大学制度，它的基本内涵是对政府与大学的关系进行界定，大学的治理结构要明确，要以规范性的章程作为保证。高职院校可以制定大学章程，作为大学正常运行基本制度的保障。大学章程规定了大学的基本体制，对大学相关部门的权、责进行了明确规定，将成为大学运行的最高法。因此要对大学管理制度改革进行积极推进，就要先从制定大学的章程入手，对高等教育的体制进行改革，才能建立现代大学制度的新局面。高职院校要建立本校的章程，确立好高职院校管理体制的规定，构建大学与政府的新型关系，转变政府职能，落实大学自主权；构建大学与社会的合作关系，引入市场机制，加强社会外部联系，重构大学与政府、市场、社会的关系。高职院校的管理最终将归结到行政管理制度的规范化。

建立未来的规划战略。在国际国内的形式快速变化的今天，我国高职院校要认真分析自身所面临的现状，高瞻远瞩，改变高职院校在人才培养方向与专业上存在的趋同现象。要依据高职院校自身内在发展的需求，明确并制定高职院校未来的人才培养规划。在协同创新的当今，高职院校要明确自身的战略定位，要依据自身的发展现状，建立未来的发展规划战略，建立高职院校与外部的新型关系。引入市场机制，建立高职院校与科研院所、行业产业、地方政府的合作关系。高职院校与科研院所可以共同研究科研课题，高职院校的人才与科研院所的人才联合起来，对企业和政府的课题进行研究，实现尖端课题攻关研究；高职院校与社会企业进行合作，根据市场社会的需求，调整人才培养的结构和方向，加大高职院校人才培养的外部联系，使人才培养与社会的需求方向一致；高职院校与地方政府的关系进行调整，应由政府直接管理的方式转变为政府有效地监管，使高职院校拥有充分的学术自主权，实现大学自身的活力。

深入研究高职院校机制、体制的改革，才能破除高职院校内部、外部协同创新的壁垒，促进高职院校各种资源的有效整合，更好地推动协同创新机制在高职院校的运行，全面提高高等教育人才培养质量，实现高职院校的人才培养与社会所需的有效对接，全面提升高职院校人才培养服务社会的能力。

第二节　高职院校协同创新模式改革

高职院校的机制、体制问题极大地制约了高职院校的协同创新，高职院校在进行内、外部机制体制改革的同时，还要进行一系列的协同创新模式改革。国家、省市的文件，鼓励探索建立适应于不同需求、形式多样的协同创新模式。围绕区域经济和社会发展的重大战略性需求，高职院校要逐步形成协同创新的管理模式。同时高职院校要从实践经验出发，结合所在区域发展的重大需求，建立学院内部的、学院与学院的、学院与科研院所的、学院与企业的、学院与政府的联合协同创新平台模式。

一、协同创新的管理模式改革

(一)科学有效的管理体系的构建

高职院校可以在高职院校与外部主体之间建立协同机制，建立多方参与的协同管理组织架构及运行机制，包括协调机制、决策机制、责权机制等等，完善高职院校外部的协同；同时要理顺高职院校内部的协同机制，建立起能统筹整合和发挥学科、人才和资源优势，同时又充满活力的、可持续发展的内部管理体系的组织模式。通过高职院校内部和外部机制体制的改革，构建科学有效的管理体系，达到协同创新。

（二）新型人事管理制度的探索

在高职院校中建立新型的人事管理制度。可以在高职院校中建立多向流动的人才管理机制，破除制约人才流动的壁垒和制度性的障碍，以推动高职院校与科研院所、行业企业之间人才的多向流动。在人才的引进上，要建立以任务为牵引的人员聘用方式，以增强高职院校对国内、外优秀人才的吸引力，调动大家的积极性和创造力，造就协同创新的领军人才。

（三）高素质人才培养机制的推行

在高职院校中要推行高素质人才培养机制，推动人才培养机制的改革。高职院校要以提升学生实践能力为基本要求，以科学研究和实践创新为主导，以高水平科学研究为支撑，建立与科研院所、行业企业及国际创新力量等多种主体联合培养创新人才的新模式，探索高职院校人才培养与社会需求对接的协同育人机制，深入推进科教结合，提高人才培养质量。

（四）资源整合长效机制的建立

高职院校要进行资源整合，建立开放共享的资源配置。高职院校要以学科交叉为导向，重点投入、注重特色，建立资源的有效配置与高效的使用机制。充分利用现有的资源，广泛汇聚社会和国际资源，建立资源整合的长效机制。建立高职院校与其他协同主体之间、高职院校之间以及高职院校内部教学科研设备平台等创新资源的开放共享机制，形成可持续发展的共享服务管理模式和运行机制。

（五）新的评价机制的形成

高职院校要改变过去的评价机制，改变那种单纯以论文、获奖为主的考核评价方式与追求数量的人才培养评价导向，鼓励竞争合作、动态发展，避免频繁考核、过度量化，形成以质量和贡献为导向的新的评价机制。在新的评价机制中，要注重建立创新机制和解决重大现实需求实效的机制。

二、协同创新的平台模式构建

(一)高职院校内部资源整合模式的构建

高职院校要在学院内部构建学院的技术平台，统一分享教学、科研、实训基地等成果，形成专业技能、教科研技术等联合创新的分享机制。专业技能建设的联合创新包括专业、专业群、重点专业、专业信息化资源和课程等项目的改革与建设。高职院校可以在本校内部调整优化专业、专业群的布局，整合重点专业的教学资源，打造重点特色专业；可以构建教学专业信息化资源库，提高专业教学质量；可以加强课程建设与改革，不断优化课程体系的建设。教科研技术分享平台是指围绕平台的共同目标，由平台各主体形成的内部关系结构和共同规范的协调系统。高职院校可构建学院教学平台，实现教学成果共享；构建学院的科研平台，实现科研发展优势互享；构建实训基地平台，实现学生实践资源共享。

(二)高职院校间“资源融合协会”的组建

高职院校可以成立“资源融合协会”，负责区域内高职院校的资源统筹。“资源融合协会”可将各院校相同的专业资源、师资、科研等各方面资源汇总登记，使各院校同类资源得到共享。同时可以共同开发新的资源，互相学习，互相利用，使同类资源得到充分的发挥。同类专业的优秀师资可以互聘，通过知名专家的流动知识讲座和教学，使不同院校的学生受益。科研方面的研究，可采用联合攻关的形式，共同承担大型的科研攻关项目，充分利用各院校的特色优势、学科优势、技术优势，集中各院校的同类人才，共同申报、开发、研究，更好地服务地方、企业、教学。

(三)高职院校与科研院所“协同创新中心”的建立

高职院校与科研院所之间具有互动性和互补性。高职院校可以与科研院所建立“协同创新中心”，围绕国家重大战略需求、重大科技计划研究、重大工程专项研究等，集中高职院校的科研人才与创新科研团队，依托科研院所的科研资源优势，来进行科研的协同创新，开展相关的理论和技术的研究。由“协同创新中心”与“资源融合协会”联系，将高职院校与科研院所的科研项目与资源平台链接整合起来，实现无缝对接，更好地构建高职院校的创新人才培养模式。

（四）高职院校与企业行业“协同创新发展中心”的搭建

高职院校可以与企业行业合作，搭建“协同创新发展中心”。“协同创新发展中心”可将高职院校的特色专业和学科优势与企业行业的特色优势与地域优势集中管理，形成优势链接，实现资源共享。高职院校与企业行业通过“协同创新发展中心”，集中多方优势力量，选择具有全局性、战略性的重大工程项目，进行科研技术攻关，突破技术核心问题，提高高职院校服务企业、行业的能力，实现校企合作、协同创新、共同发展。同时通过“协同创新发展中心”，可以构建高职院校与企业、行业联合培养工程创新人才的新机制，实现工程技术人才培养的新模式。

（五）高职院校与地方政府“协同育人平台”共建

我们要加强人力资源的开发和建设，为现代产业体系提供技术技能人才的支撑。各地方政府可与区域内的高职院校互相配合，共建“协同育人平台”。“协同育人平台”可包括地方文化研究院、区域产业技术研究院、行业技术研发中心等等。通过“协同育人平台”，促进高职院校、政府的科技资源向行业企业和社会开放，带动区域产业结构调整和新兴产业发展。通过“协同育人平台”，加大技术技能人才的培养。高职院校的学生可实现在各种研究中心的实战锻炼，提高实际的科研能力和创业能力。同时“协同育人平台”的开发，能更好地能促进高职院校学科交叉型、复合型、应用型创新人才的培养，为现代产业体系提供更加强大的人才支撑。

总之，高职院校可以通过机制体制改革和资源整合等，完成高职院校协同创新模式的构建，大力转变高等教育的发展方式，提高人才培养质量，推进创新型国家的建设。

第三节　高职院校资源有效整合的协同创新

高职院校在积极提升原始创新、集成创新和引进消化吸收再创新能力的同时，要积极推动协同创新。在推进协同创新中，高职院校应有所作为，也大有可为。在教育部下发的《关于实施高等学校创新能力提升计划的意见》中，明确提出了要探索建立面向科学前沿、行业产业、区域发展以及文化传承创新重大需求的四类协同创新模式。许多地方政府开始了制定地方中长期教育改革和发展规划纲要，以及区域、校、地协同创新联盟章程，其宗旨是有效整合地方、区域、高校各方面的创新资源，汇集智慧之光助推地方、区域、高校的大发展。高职院校可在协同创新中完成资源的有效整合，实现高职院校创新创业的改革目标。

一、高职院校内部的资源整合协同创新

目前我国各高职院校都正在举办“创新强校”活动。高职院校应根据工作实际情况，就高职院校内部的协同创新思想、专业技能、技术等形成分享机制。

（一）创新思想作为协同的保障

统一思想认识。实施协同创新，就是要坚持科学发展观，全面落实党和中央科教兴国战略和创新强校战略的重要举措，也是高职院校发展历史中的一次重大机遇和挑战，对高职院校建设具有鲜明地方特色的高职院校，具有重大的现实意义和深远的历史意义。高职院校要认真学习、深刻体会有关文件精神，充分认识实施协同创新的重大意义。

成立领导小组。高职院校要成立由分管院领导任组长，相关职能部门负责人参加的协同创新建设领导小组，制定规划，筹措资金，协调关系，解决实施过程中的重大问题。领导小组下设办公室，一般设在教务处，制定实施方案，组织项目的申报、实施、检查与评估，负责“创新强校”的日常工作。

分解工作任务。根据实施方案，分解“创新强校”的工作任务，责任到人。实行“创新强校”一把手负责制：院长是全院实施创新强校的第一责任人，各系（部）主任是本系（部）的第一责任人，要亲自抓创新强校的活动，从系部学科、专业的强项开始入手，加强与外部企业的合作，从而更好地促进高职院校在提高教学质量、深化教育改革方面工作的开展。

（二）专业技能建设的联合创新

“创新强校”的专业技能建设是高职院校的核心工作，包括专业、专业群、重点专业（特色、示范性和品牌）、专业信息化资源和课程等项目的改革与建设。

“创新强校”期间高职院校应进行的创新模式包括：

调整优化专业布局，整合专业教学资源。为了实现创新强校的办学目标，提高高职院校教学资源的利用率，应集中精力打造重点、特色专业，充分发挥重点、特色专业的辐射作用。学院要根据省委省政府、市委市政府对高职院校的办学定位、区域产业结构及发展前景和现有办学基础，对高职院校的专业建设发展开展以重点专业带动专业群发展的建设思路。可在对区域产业发展和兄弟院校广泛调研的基础上，对高职院校现有专业按专业群建设思路，进行布局调整。根据专业之间的关联关系，将现有专业划分为几大专业群，整合专业及教学资源(包括师资、实训场所、设备、校外实训基地等)；为每个专业群确定1–2个重点、特色专业，树立全方位打造品牌专业的战略思想，以品牌专业带动专业群发展；暂停部分规模过小、报到率低、没有专业群和校企合作背景的专业，适时开设适应市场需要的新专业。

树立品牌战略意识，打造重点特色专业。树立品牌战略意识，全力打造高职院校重点特色专业。要制订品牌战略方案，集中高职院校的人力、物力、财力，加大专业建设资金投入的力度，从人才培养模式、人才培养方案制订、师资队伍(教学团队)建设、校内外实训基地建设、校企合作项目、产学研与社会服务以及教学成果建设等方面全方位打造重点(特色)专业，突出高职院校的建设重点，同时要加大力度申报新的和建设已经获得的中央财政支持重点专业、省级重点培育专业和市级重点专业，以及市级示范性建设专业等，实现高职院校的建设目标。

构建专业教学信息资源库，提高专业教学质量。随着多媒体教学、网络教学手段的广泛应用，信息化教学资源库已经成为现代教育教学的重要支撑，也是提高专业教学质量的重要因素。学院要以网络教学平台为基础，以专业为主线，以课程和实习实训项目为主体，构建专业教学信息资源库，作为专业教学提高的手段，也作为“创新强校”期间高职院校专业建设的重要内容。

加强课程建设与改革，不断优化课程体系。要加强课程建设与改革，加大教学内容改革力度，通过教学研究和改革，建立适应相关产业和领域的新发展、新要求的课程内容体系。同时，要加大校企合作共同开发课程的力度，根据职业岗位能力需求变化，不断优化课程体系。将行业标准融入课程标准建设当中，建立以适应社会需求为目标，以应用能力培养为主线的高职院校课程体系。

“创新强校”期间，高职院校应以精品视频公开课和精品资源共享课建设为抓手，充分发挥精品课程(优质课程)的带头作用，提高学院整体课程建设水平，促进专业建设水平和教学质量的提高。

(三)教科研技术分享平台建设

教科研技术分享平台的组织结构是指围绕教育、科学研究平台的共同目标形成的内部关系结构和共同规范的协调系统，以人才培养需求为导向，突出高职院校人才培养的核心功能，实现各类教学资源的整合，科研发展促进教学改革。构建高职院校的教科研技术平台，教职员工可分享高职院校的教学、科研等成果。

构建高职院校的教学平台，实现教学成果共享。教学平台可以在高职院校现有校园网的基础上构建。教学平台将收集教职工已经取得的教学资源信息，包括课程资源：精品课程、网络课程；教学资源：教学名师、教学团队；专业建设：示范专业；教改科研：教改项目；实训基地等项目，最大程度地把现有的有价值的各种教学资源呈现出来，达到教学资源的交流、协作、示范、互补，以实现内部教学成果的高职院校利用和共享，可以避免教职工对教学资源的重复开发和建设。

构建高职院校的科研平台，实现科研发展优势。网络信息的优点就是及时性，科研平台的建立可以使高职院校有关的科研信息及时得到公布和传播。科研平台可以公布国家、省、市的最新科研动态和通知；院校已经获得的各类纵向课题和横向课题的申报情况、中期检查情况以及结题情况；研究成果包括教师公开发表的论文、公开出版的著作以及专利情况等等。这样可以使高职院校的教职工不再重复研究同类课题，不发表重复的论文，可以在学院已有的科研成果基础上开创新的领域和新的课题研究，推进教学和科学研究迈向更高、更新的台阶，实现科学研究发展的内部优势。

实训基地平台建设，实现学生实践资源共享。实训基地平台建设，包括：基础类综合实训室的建立，如各类专业课程教学、各类等级考试和技能鉴定等同时使用的实训室。专业教学需求的专业实验教学平台的建立，如创业工场、服装技能实训中心等。跨学科跨专业的综合实验教学平台，如商务谈判综合实训室、ERP实验室、会展综合实训室等。各类实训模拟教学仿真软件室的建立，如企业管理、汽车综合模拟实训、电子商务应用等仿真教学软件。实训基地平台的建设，可以满足高职院校教学实验、实习、实训等实践性教学工作，为教学提供保障条件，以实现学生实践资源的共享。学院内仿真实训室还可以让学生感受到实际工作环境和氛围，熟悉企业运作流程及企业操作规范等，提升学生的综合素质和职业能力。

二、高职院校外部的资源整合协同创新

高等教育已经进入了注重内涵式提升的新的发展阶段，正在大力推进“高等学校创新能力提升计划”（2011计划），要求高职院校要坚持“三个面向”，打破分散封闭、加强协同创新、促进科教结合和产学研用结合等发展理念，突破高职院校与其他创新主体间的壁垒，充分释放人才、资本、信息、技术等创新要素的活力，大力推进高职院校与高职院校、科研院所、行业企业及地方政府的深度合作，探索适应于不同需求的协同创新模式。在协同创新期间，高职院校要进行资源整合，汇聚成一种高效的、资源共享的协同创新新模式。

（一）高职院校之间协同发展模式

高职院校在进行了高职院校内部的资源整合之后，院校与院校之间的同类专业、师资、科研等各方面可以相互融合。各院校的同类专业资源可以交流、共享，互相学习，互相利用，共同开发，使专业建设资源得到充分的发挥，加大、加快同类专业的发展；同类专业教师可以互聘上课，扩大单个学院的某一领域的师资力量，也可以请同类专业的知名专家到其他院校开办专家讲座，使同类专业的学生受益量增加；科研方面最明显的是高职院校的科研课题在申报、评审、开题、结题等一系列的活动中，不同院校间科研处长、教务处长等专家、教授的参与，可以根据不同院校同类研究的经验，给教师更好的修改意见，提升教师的科研能力。同时还可以集中各院校同类资源联合申报科研课题，共同进行科研开发、研究，这样会取得更大的科研成果，更好地服务教学。

（二）高职院校与科研院所交互融合

高职院校与科研院所创新体系之间具有相互支持性。高职院校在科研上没有各类本科院校的优势，但与科研院所之间仍然具有互动性和互补性。高职院校具有实践型、技能型、职业性等特点，可以利用科研院所搭建的科研平台，发展职业教育的理论与研究，实现职业院校与科研院所的互动。高等职业教育具有更偏重实践的特点，在进行理论研究的同时进行实践的检验，弥补了科研

院所与本科院校的合作仅注重理论研究的缺陷，实现了高职院校与科研院所的互补。

（三）高职院校与行业企业深度融合

高职院校可以与企业合作，成立合作促进会，以此作为校企合作交流的平台，加强高职院校教育教学资源和行业企业资源的高度合作，资源共享，从而形成招生链、就业链、产业链、师资链等，促进各成员单位实现互利双赢，共同发展。促进会可以构建：（1）校企共订人才培养方案平台。高职院校引入行业和企业的工作岗位标准，根据合作企业“毕业即能上岗”的要求，加强实践课程的建设，并在教学过程中不断进行调整和优化。（2）校企共赢订单培养平台。学院可以发挥人才订单培养模式的特殊优势，组建企业冠名的订单班，力求人才培养目标与用人标准对接，进一步提高毕业生就业质量，实现学院、企业、学生多方共赢。（3）校企互通人才资源平台。高职院校可以从会员企业中引进专业基础扎实、操作技能娴熟的专业技术人员和管理人员担任兼职教师，与企业合作，共建国家级教学团队和省级教学团队。同时，高职院校也可以选派骨干教师参与会员企业的科研开发和员工培训，提供社会服务。（4）校企共享技术成果平台。高职院校可以与会员单位合作申报科研立项，由校企双方组建专兼结合的技术团队，成为高职院校和会员单位解决教学和生产技术难题的重要保障。

（四）高职院校与地方政府大力配合

高职院校与行业企业的深度融合中，地方政府发挥着引导的作用。政府是整个协同创新大环境的主要构成者，政府在政策、制度以及舆论等方面的作为，对整个协同创新的环境起着决定性的作用。因此，可以由政府开创面向区域发展的协同创新中心，以切实服务区域经济和社会发展为重点，通过推动省内外高职院校与当地支柱产业中重点企业或产业化基地的深度融合，成为促进区域创新发展的引领阵地（2011计划）。同时政府可以聚集高职院校中的人才资源集中使用，进行科研课题的评审和验收。例如广东省科技专家库、广州市青少年科技教育专家库、番禺区科技专家库等的建立。政府有关部门发文，对高职院校的有关人员进行登记，符合条件的各专业的专家均纳入了专家库，对广东省各类科技项目进行评审和验收，实现了高职院校的人才资源与地方政府的合作共享。

在国家“协同创新”的号召下，高职院校要积极响应，寻找内部和外部的协同模式，实现高职院校同类创新资源的整合，有效地提高办学水平和人才培养质量，推进创新型国家的建设。

三、协同创新教育资源整合平台的构建

协同创新平台的搭建能够更好地实现高职院校教育资源的有效整合。协同创新平台可以从以下3方面搭建：一是建立创新创业教育基地平台，二是建立创新创业成功人士入驻校园平台，三是建立创新创业校友会平台。

（一）建立创新创业教育基地平台

创新创业教育基地平台包括创新创业教育孵化平台、创新创业孵化模拟平台和创新创业孵化实践平台。创新创业教育基地平台结合社会多种资源而建立，形成专门为学生提供创新创业政策咨询服务、项目推荐、创业培训、市场论证、创业场地、专家指导、市场开拓、成果展示等一系列创新创业服务的综合平台，它不仅是创新创业教育和创业活动的基础工程，更是创新创业实践的重要阵地，使学生们真实地感受到了实战氛围和气息，具有很高的针对性和社会实效性。

1. 创新创业教育孵化平台

结合各高职院校实际情况对其教学手段进行改革，充分利用现在的网络平台，令其多样化的教学实现方式，变为高职院校创业孵化的辅助教育平台。网络创业教学模式有：网络实践模拟。高职院校可以自行设计网络平台，如税务部分企业登记注册、政策咨询、各类扶持资金申请、新公司成立等一系列仿真的网络平台。可在网络实景中，进行角色扮演来体验创业者的创业经历虚拟过程，也可利用校园网资源，完成创业实践在线模拟操作。其次通过“一赛一平台”的隐形推进，可有效提升大学生的创业实践能力。“一赛”是创新创业训练、市场策划、产品创作、青年创业论坛等各系列大赛。“一平台”是网络创业平台，创业实训基地将以该平台作为主要的载体。

2. 创新创业孵化模拟平台

依托产学研联动，将校内创建的实训基地视为创业孵化模拟平台，进而实现地方、产业、行业、企业和高职院校等方面的共赢和联动。首先在校内实训基地营造较浓的企业文化氛围与环境，将企业文化与校园文化紧密联结起来，

进而使学生的综合职业素质不断提升，令其更快更好地成为职业人和社会人。其次加强仿真实训基地的建设，引入创业教育测评软件和创业实战系统，为创业能力培养提供仿真平台。通过“实战”训练，全方面地培养与提升学生们的素质、沟通能力、团队合作、组织管理、操作技能等，以达到实施个性化的训练与培养。

3. 创新创业孵化实践平台

借助各地区的创业园、校企合作，创建创业基地。充分发挥创业基地在创业活动中的指导和引领作用，有效引导学生选择更符合自身实际情况的创业项目，指导学生们参与各行业的实际创业活动，将创业基地视为创业孵化的实战平台。让更多想创业的学生走上创业的成功之路，为经济社会平稳较快发展做出贡献。高职院校要把毕业生就业放在突出位置，加快建设一批投资少、见效快的大学生创业园或创业孵化基地。在有效推进大学生创业活动中，大学生创业孵化园的建设起到了举足轻重的作用。具体包括以下几个方面：一是较优惠的创业措施与政策，为大学生创业过程中进行申请、政策咨询、扶持资金、企业登记注册等，提供了便捷的“一条龙”服务；二是便于交流创业经验和参加各类型的创业培训；三是大学生创业孵化园为了便于大学生选择投资项目和服务对象，通常设在产业相对集中、科技智力资源丰富和高职院校较聚集的地方；四是提供价格相对低廉的场地。大学生创业孵化基地是以大学生创业项目为载体，以营造创业环境与各种孵化服务为手段，依托各种创业孵化优势资源，形成“培训、研究、孵化、成果转让”等一体化的实用性创业孵化平台，更是服务于开放型基地。大学生创业孵化基地降低入驻项目的成本，帮助创业企业的成长，加速科技成果转化，提高创业成功率，为支持与鼓励大学生创业，提供实质性的社会公共资源服务，更好促进大学生创新创业、全面成才。

（二）建立创新创业成功人士入驻校园平台

高职院校可以建立创新创业成功人士入驻校园平台，由经济管理类专家、工程技术类专家、政府经济部门专家、成功企业家、孵化器的管理专家和风险投资家及律师等人员组成一支教师队伍，专门指导学生创业实践，通过面对面地讲述自身的创业成功经历，和学生一起分享他们在创业经历中是如何做人、如何做事、如何圆梦，以激发大学生创业的激情，引导大学生转变就业观念，为学生创业提供技能和经验方面的支持，用他们的成功历程和人生感悟让学生在教育中感受到真实的案例，解读成功与失败，使学生积极投身于创新创业的实践中。

（三）建立创新创业校友会平台

因专业相近的成功人士针对性更强，为此在高职院校举办本科生校友访谈活动。高职院校校友会是联络广大校友，架起母校、校友和社会三者的重要沟通桥梁和纽带。高职院校要不断完善校友会在就业创业上的职能，团结校友以支持母校的发展，挖掘和整合校友资源，鼓励校友回馈母校，积极发挥校友会在促就业、促创业工作中的重要作用，激发校友们在自己的工作岗位上建功立业。校友会在服务于大学生就业创业工作中，具有天然的优势。充分发挥校友会在就业创业方面的职能，有助于高职院校改善人才培养方案、开拓就业市场和提升就业创业指导与服务水平，同时可以营造促就业、促创业的良好氛围与舆论环境。首先创业校友会是就业、创业信息资源的重要发布者。创业校友会在原有的开发校友资源和拓展招生就业市场职能的基础上，建立高职院校与校友所在单位、企业人才供需的长效合作机制，并且及时、有效掌握就业创业资讯，更好地为学生们提供讯息通畅、准确、及时的就业创业服务。其次创业校友会是人才培养的重要参与者，作为社会人的校友们是最清楚怎样的人才，才是企业发展壮大、单位高效运转最紧迫的需求。高职院校的人才培养方案的制定、教学方案的修订等工作都离不开校友们积极的参与，这有利于高职院校培养大批视野宽阔、基础扎实、创新创业能力较强的高素质人才。校友会还是就业实习基地与岗位的关键开辟者，校友们渴望对母校作出自己的贡献，并怀着一种特殊的情感，有着“校荣我荣”的独特情怀，积极与母校建立就业创业实习基地，为在校学生提供了许多实习场所，提高了学生的实践实训能力，并提供了就业岗位。同时校友依托母校的专业支撑，也实施了自己公司的品牌策略，提升了自身的品牌效应，最终实现了校友、学生、母校等各方共赢的局面。

总之，高职院校教育资源的有效整合通过协同创新平台的搭建能够更好地实现。

参考文献

[1] 陶晓艳. 创新性人才培养模式的研究[D]. 中南大学，2003.

[2] 许广敏. 关于高等职业教育内涵的分析与思考[J]. 机械职业教育，2007(9).

[3] 武正林. 坚持就业导向培养高职人才的社会适应度[J]. 中国高等教育，2006(24).

[4] 陈春法.高职院校就业创业互动体系的构建实践[J]. 教育与职业，2011(5).

[5] http://www.moe.edu.cn/publicfiles/business/htmlfiles/moe/s3265/201412/180810.html中华人民共和国教育部.

[6] 曹扬. 转变经济发展方式背景下高校创新创业教育问题研究[D]. 东北师范大学博士论文，2014.

[7] [美]弗兰克·HT·罗德斯. 创造未来—美国大学的作用[M]. 北京：清华大学出版社，2007.

[8] [美]彼得·德鲁克. 创新与企业家精神[M]. 蔡文燕，译. 北京：机械工业出版社，2009.

[9] 牛长松. 国高校创业教育[M]. 上海：学林出版社，2009.

[10] 李坚，付冬娟，张朋飞等. 英国高校创业教育保障体系的探究及其启示[J]. 现代教育科学，2013(3).

[11] 荣军，李岩. 澳大利亚创业型大学的建立及对我国的启示[J]. 现代教育管理，2011(5).

[12] 高万里，柏文静. 创业基础[M]. 北京：中国人民大学出版社，2015.

[13] 杰克·M·卡普兰，安东尼·C·沃尼. 创业学[M]. 冯建民译. 北京：中国人民大学出版社，2009.

[14] Robert C. Ronstadt. Enterpreneurship [M]. Lord Publishing Co.，1990.

[15] 蒂蒙斯. 创业者[M]. 周伟民，译. 北京：华夏出版社，2002.

[16] 曹尉. 社会资本对个人电子商务创业绩效影响因素研究[D]. 复旦大学硕士论文，2008.

[17] 郁义鸿，李志能. 创业学[M]. 上海：复旦大学出版社，2000.

[18] 张澍军，王占仁.作为理念和模式的创新创业教育[N].光明日报，2013-03-14.
[19] 邹云龙.创业发展论[M].北京：人民出版社，2013.
[20] 刘福军，成文章.高等职业教育人才培养模式[M].北京：科学出版社，2007.
[21] 胡昊.我国研究型大学创业教育模式研究[D].浙江大学硕士论文，2011.
[22] 董晓红.高校创业教育管理模式与质量评价研究[D].天津大学博士论文，2009.
[23] 王道俊，郭文安.教育学[M].北京：人民教育出版社，2009.
[24] 单中惠.我们为什么需要补读杜威[N].中国教育报，2007-03-02.
[25] 柴福洪.高职院校创新教育不可或缺[J].武汉职业技术学院学报，2011(10).
[26] 万文清.基于Timmons模型的创业风险管理研究[D].南京理工大学硕士论文，2008.
[27] 周建松，唐林伟.高职教育人才培养目标的历史演变与科学定位[J].中国高教研究，2013(2).
[28] 中国高等职业技术教育研究会.20年回眸——高等职业教育的探索与创新(1985—2005)[M].北京：科学出版社，2006.
[29] 教育部.中国短期职业大学和电视大学发展项目报告[Z].1982.
[30] 教育部.三所高等技术专科学校座谈会纪要[Z].1985.
[31] 国家教育委员会，中国人民解放军总后勤部.关于试办邢台高等职业技术学校的通知[Z].教计[1991] 10号.
[32] 国务院.关于大力发展职业技术教育的决定[Z].国发[1991] 55号.
[33] 朱开轩.在全国职业教育工作会议上的讲话[Z].1996.
[34] 中共中央，国务院.关于深化教育改革，全面推进素质教育的决定[Z].中发[1999] 9号.
[35] 国务院.关于国务院授权省、自治区、直辖市人民政府审批设立高等职业学校有关问题的通知[Z].国办发[2000] 3号.
[36] 教育部.关于加强高职高专教育人才培养工作的意见[Z].教高[2000] 2号.
[37] 高等教育司.全国高职高专教育产学研结合经验交流会论文集[M].北京：高等教育出版社，2003.
[38] 教育部高等教育司.第二次全国高职高专教育产学研结合经验交流会论文集[M].北京：高等教育出版社，2004.
[39] 教育部高等教育司.第三次全国高职高专教育产学研结合经验交流会论文

集[M]. 北京：高等教育出版社，2004.
[40] 教育部. 关于全面提高高等职业教育教学质量的若干意见[Z]. 教高[2006] 6号.
[41] 教育部. 关于推进高等职业教育改革创新引领职业教育科学发展的若干意见[Z]. 教职成[2011] 12号.
[42] 教育部. 关于印发《国家教育事业发展第十二个五年规划》的通知[Z]. 教发[2012] 9号.
[43] 郭俊朝，陈晗. 高职人才培养目标的演进与重构[J]. 职教通讯，2014(7).
[44] 国务院. 国务院办公厅关于深化高等学校创新创业教育改革的实施意见[Z]. 国办发[2015] 36号.
[45] 木志荣. 我国大学生创业教育模式探讨[J]. 高等教育研究，2006(11).
[46] 仇志海，洪霄. 依托专业教育开展创业教育与实践范式研究[J]. 高等教育研究2010(2).
[47] 李涛. 论高校创业教育与专业教育的融合[J]. 创业经济，2010.
[48] 刘康生. 在高职教育中融入创业教育的思考[J]. 商业文化，2010(7).
[49] 张瑶祥，蒋丽君. 高职创业教育与专业教育融合的路径选择[J]. 中国高等教育，2011(20).
[50] 陈璐. 连锁专业教育与创业教育融合的思考[J]. 长沙铁道学院学报，2012(3).
[51] 李文英，王景坤. 澳大利亚高校创业教育模式探析[J]. 比较教育研究，2010(10).
[52] 向东春，肖云龙. 美国百森创业教育的特点及其启示[J]. 现代大学教育，2003(2): 79.
[53] 张帏，高建. 斯坦福大学创业教育体系和特点的研究[J]. 科学学与科学技术管理，2006(9).
[54] 罗嫒. 美国高校创业教育探析[J]. 比较教育研究，2010(10).
[55] 张瑶祥，蒋丽君. 高职创业教育与专业教育融合的路径选择[J]. 中国高等教育，2011(20).
[56] 陈亮，王燕萍，邹建华. 高职创业教育与专业教育融合共生模式实践[J]. 职业技术教育，2012(32).
[57] 张瑶祥，蒋丽君. 高职创业教育与专业教育融合的路径选择[J]. 中国高等教育，2011(20).
[58] 刘京. 高职毕业生就业能力提升策略研究[J]. 河北师范大学研究生论文，2014(12).

[59] Ronstadt，R. The educated entrepreneurs；A new era of entrepreneurial education is beginning. In C.A. Kent（Ed.）. Entrepreneurship education. New York：Quorum Books，1990：69-88.

[60] MeMullan，W.E. & Long，W.A.Entrepreneurship education in the nineties. Journal of Business Venturing，1987（2）：261-275.

[61] 李海宗，郭欲丹. 论我国高职创业教育课程体系的构建[J]. 职业技术教育，2010（4）.

[62] 黄兆信，曾纪瑞，曾尔雷. 以岗位创业为导向的人才培养体系研究与实践[J]. 教育研究，2013（6）.

[63] 李昆益. 基于创业过程的高职创业教育课程体系构建[J]. 中国职业技术教育，2011（21）.

[64] 姚金凤，张芬. 高职院校创业教育教师成长研究[J]. 教育与职业，2013（18）.

[65] 邓桂兰. 高职“双师结构”师资队伍建设研究[J]. 当代职业教育，2012（8）.

[66] 王瑾. 高职院校校内教学质量监控体系的构建与实践[J]. 职业技术教育，2014（5）.

[67] 朱有明. 高职创新创业教育教学质量监控运行机制的研究[J]. 中国市场，2012（36）.

[68] 周志春. 全面质量管理理论在创新创业教育教学质量监控中的应用 [J]. 黑河学刊，2012（11）.

[69] 缪兵. 高职院校教学质量监控体系：内涵、特征与功能[J]. 中国电力教育，2010（9）.

[70] 欧阳泓杰. 面向创新创业能力培养的高校实践教学体系研究[D]. 华中师范大学硕士论文，2014.

[71] 刘帆，王立军，魏军. 美国高职院校创业教育的目标、模式及其趋势[J]. 中国青年政治学院学报，2008（4）.

[72] 施永川，黄兆信，李远熙. 大学生创业教育面临的困境与对策[J]. 教育发展研究，2010（21）.

[73] 邬小撑，吕成祯. 走出大学创业教育实践体系构建的困境[J]. 复旦教育论坛，2015（5）.

[74] 舒铁，余文华，周凌宇，许剑颖. 论高校创新创业教育实践体系建设[J]. 产业与科技论坛，2011（9）.

[75] 王生根. 高职院校内部教学质量保障与监控体系的问题和对策[J]. 教育与职业，2013(2).

[76] 王瑾. 高职院校校内教学质量监控体系的构建与实践[J]. 职业技术教育，2014(5).

[77] 宁滨. 高校在协同创新中的地位和作用[N]. 人民日报，2012-04-19.

[78] 周春应. 高校教学科研资源共享问题研究[J]. 科教文汇(下旬刊)，2010(10).

[79] 体系、体制和机制的含义. http://wenda.so.com/q/1404312959728616?src=140,2014.06.30.

[80] 叶澜. 深化高等学校内部管理体制与运行机制改革的研究报告[J]. 教育发展研究，2000(9).

[81] 薛澜，刘军仪. 建立现代大学制度改革高校人才培养体制与机制[J]. 清华大学教育研究，2011(5).

[82] 傅建球，张瑜. 产学研合作创新平台建设研究[J]. 工业技术经济，2010，29(5).

[83] 王迎军. 构建协同创新机制 培养拔尖创新人才[N]. 中国教育报，2012-04-24.

[84] 丁静，丁洁琼. 浅谈高校教学信息资源共享与交流平台建设[J]. 职业技术，2008(12).

[85] 应晓红. 基于区域经济特色的高职学生创业孵化平台创建研究——以宁波为例[J]. 高等职业教育，2013(4).

[86] 谭玲玲. 大学生网络创业实训及创业孵化机制研究[J]. 科技信息，2011(8).

[87] 李兴华. 协同创新是提高自主创新能力和效率的最佳形式和途径[N]. 科技日报，2011-09-22.

后　　记

2011年笔者参与了广州市第四批教育教改课题：高职院校专业教育与创业教育融合的策略研究，同时有相关论文公开发表。随后笔者围绕着创业教育开展了一系列的研究，在取得研究成果的基础上，于2013年获得了广东省高职教育创业教育教指委教学改革项目“高职院校专业教育与创业教育融合的人才培养模式研究”的立项。2014年作为主持人获得了广东省教育厅高校人文社科项目的立项，同年笔者参加了广东省创业教育教职委的年会和在珠海举办的广东高职创业教育研讨会。会议邀请的全国各高职院校以及各类职业教育的研究专家的发言、讲座对笔者有很大的启发意义，同时也奠定了笔者开展高职创业教育研究的基础和今后开展研究的方向。2015年笔者创业教育方向的研究又获得了广东省广东教育教学成果奖(高等教育)培育项目立项，同时获得了广州市教育科学“十二五”规划课题的立项。2015年笔者主持的广东省高职教育创业教育教指委教学改革项目顺利结题，同时经广东省高职教育创业教育教指委专家组评审，结题成果获得广东省创业教育教指委教学改革成果研究二等奖，使得笔者在“高职院校专业教育与创业教育融合的人才培养模式研究”的研究成果得到了肯定。在这期间笔者一直从事高职创新创业教育的研究，在该书创作的过程中查阅了大量国家、教育部等文件以及有关高职创新创业教育的研究资料，汲取了文件精神和许多新的研究成果，作为该书写作的参考。笔者对高职院校创新创业教育的探索研究成果，期望对高职院校创新创业教育有一定的指导作用，这是作为一个教育工作者最大的快乐。

该书的出版基金来源于广州市教育科学“十二五”规划课题：基于学生能力培养的高职院校多维度的人才培养质量评估系统，项目编号1201422015；广东省教育厅广东教育教学成果奖(高等教育)培育项目：高职专业教育与创业教育深度融合人才培养模式研究，粤教高函[2015]72号中1055号。

在该书的出版过程中得到了广东技术师范学院学报主编王川教授，暨南大学方言研究中心主任、博导甘于恩教授，中国人民大学出版社罗社长、徐编辑，广州科技贸易职业学院教务处曾兰燕老师的帮助，在此一并表示感谢！

在著书期间，我的先生邹新鹰老师给予我许多的照顾，也在此表示深深地感谢！

范　琳

2016年4月18日